Os quatro medos que
nos impedem de viver

Eudes Séméria

Os quatro medos que nos impedem de viver

Tradução: Gabriela Mitidieri Theophilo

principium

Copyright © 2023 by Editora Globo S.A. para a presente edição
Copyright © Albin Michel, Paris, 2021.

Todos os direitos reservados. Nenhuma parte desta edição pode ser utilizada ou reproduzida — em qualquer meio ou forma, seja mecânico ou eletrônico, fotocópia, gravação etc. — nem apropriada ou estocada em sistema de banco de dados sem a expressa autorização da editora.

Texto fixado conforme as regras do Acordo Ortográfico da Língua Portuguesa
(Decreto Legislativo nº 54, de 1995)

Título original: *Les quatre peurs qui nous empêchent de vivre*

Editora responsável: Amanda Orlando
Assistente editorial: Isis Batista
Preparação: Luísa Tieppo
Revisão: Mariana Donner, Lara Gouvêa e Pedro Siqueira
Diagramação: Abreu's System
Capa: Miriam Lerner | Equatorium Design

1ª edição, 2023

CIP-BRASIL. CATALOGAÇÃO NA PUBLICAÇÃO
SINDICATO NACIONAL DOS EDITORES DE LIVROS, RJ

S473q

    Séméria, Eudes, 1964-
        Os quatro medos que nos impedem de viver / Eudes Séméria ; tradução Gabriela Theophilo. — 1ª ed. — Rio de Janeiro: Principium, 2023.
        368 p.; 21 cm.

        Tradução de: Les quatre peurs qui nous empêchent de vivre
        ISBN: 978-65-88132-36-4

        1. Medo. 2. Ansiedade. 3. Mecanismos de defesa (Psicologia). 4. Técnicas de autoajuda. I. Theophilo, Gabriela. II. Título.

23-86145
        CDD: 152.46
        CDU: 159.947:616.89-008.441

Meri Gleice Rodrigues de Souza — Bibliotecária — CRB-7/6439

Direitos exclusivos de edição em língua portuguesa para o Brasil
adquiridos por Editora Globo S.A.
Rua Marquês de Pombal, 25 — 20230-240 — Rio de Janeiro — RJ
www.globolivros.com.br

*Para minha mãe, Gil Guido, professora de história
e geografia, escritora, etnóloga apaixonada pela África,
amiga fiel dos doyos e dos tuaregues, humanista
e mulher livre que se esforçou até o fim para ser
sempre melhor para si mesma e para os outros.*

Para minhas filhas Emma e Marie.

Sumário

INTRODUÇÃO 9

I – O MEDO DE CRESCER 15
POR QUE SE TORNAR ADULTO É TÃO ASSUSTADOR?

1. A parte da infância 21
2. A entrada na vida adulta 79

II – O MEDO DE SE AFIRMAR 125
POR QUE É TÃO DIFÍCIL SABER QUEM SE É?

3. A busca de uma imagem de si 129
4. A busca de um lugar.................................... 181

III — O MEDO DE AGIR 217
POR QUE É TÃO COMPLICADO AVANÇAR NA VIDA?

5. Do medo de escolher à ruminação mental 221
6. Do medo de agir à procrastinação 251

IV — O MEDO DA SEPARAÇÃO 287
POR QUE TEMOS TANTA DIFICULDADE
EM NOS RELACIONAR?

7. A relação consigo mesmo 291
8. A relação com o outro 321

PEQUENO EPÍLOGO: À MORTE, À VIDA 355
BIBLIOGRAFIA 361
NOTAS 363

INTRODUÇÃO

*Qualquer coisa que aumente o sentimento
de responsabilidade contribui para a cura.*

HELMUT KAISER, PSICÓLOGO EXISTENCIAL[1]

NOSSOS MEDOS COTIDIANOS

MEDO DE DECEPCIONAR, de fazer mal, de ser julgado, abandonado; medo de incomodar, de expressar minha opinião, de expressar meus sentimentos. A quem o adulto que sou pode confiar seus medos de todos os dias? E por onde começar? Pelo medo do meu corpo, da minha imagem, do olhar dos outros? O medo de meus pais, de minha esposa, de meu marido; o medo de ficar doente, o medo do futuro, o medo de faltar, de fazer más escolhas, de me comprometer, de amar, de fracassar, de ficar sozinho?

É normal ver inúmeros pequenos desafios em toda parte e sentir por vezes faltar autoestima, confiança e coragem? Que adulto confessaria ainda ter medo do escuro, medo de ir deitar, de remoer pensamentos, de dirigir, de telefonar, de entediar-se, de lidar com tarefas burocráticas, de dar uma olhada em sua conta bancária?

Eu deveria me sentir envergonhado por ter medo de ruborizar, de gaguejar, de dizer o que penso, de ficar preocupado, ansioso ou estressado em circunstâncias nas quais um adulto "normal" estaria calmo e sereno? E, aliás, como fazem esses adultos? Eles não têm medo?

Digamos logo de início: todo mundo tem medo e é normal e útil ter medo. Mas, assim como é pertinente ter medo de um precipício ou de um cachorro agressivo, parece estranho e desproporcional com trinta, quarenta ou cinquenta anos ter medo de falar em público ou de fumar na frente dos pais.

Para dizer a verdade, os medos cotidianos ainda são muito mal compreendidos porque os psicólogos interessam-se sobretudo pelas fobias, ou seja, pelos medos irracionais e incontroláveis que surgem em situações sem perigo objetivo (como o medo de pombos). Mas e quanto ao medo do escuro em adultos? Fobia ou medo comum? Difícil decidir. Se Freud dividiu os medos em duas categorias, com as fobias de um lado e os "verdadeiros medos" de outro, percebe-se que a fronteira entre eles é tênue. É por isso que outros autores propuseram distinguir os "medos construtivos" — aqueles que permitem avançar na vida — e os "medos inadequados" — aqueles que causam sofrimento significativo e duradouro, e que impedem de viver plenamente a vida. Tentou-se também uma classificação separando medos biológicos (quando a vida está em jogo), medos sociais (como falar em público) e medos existenciais (como o medo da morte). Mas essa classificação não traz nenhum esclarecimento particular, assim como a diferenciação entre medos infantis e medos adultos, já que os dois se sobrepõem largamente. Portanto, talvez falte um modelo global e coerente de nossos medos cotidianos, um modelo que permitiria compreendê-los e superá-los. Este é o objetivo do presente trabalho.

OS QUATRO MEDOS FUNDAMENTAIS

Com base em minhas observações clínicas em terapia, apoiadas nos trabalhos de inúmeros psicólogos existenciais, propus dividir todos os medos da vida cotidiana em quatro grandes medos fundamentais. Veremos ao longo deste livro o que justifica tal classificação. Os quatro medos são os seguintes:

- **O medo de crescer** ou de assumir realmente sua condição de adulto. Os medos que daí resultam estão ligados à questão da autonomia e expõem claramente a persistência de comportamentos herdados da infância (medo do escuro, de seu corpo de adulto, da sexualidade, da autoridade dos pais, de adoecer etc.).

- **O medo de se afirmar** ou de definir-se, de ocupar um lugar e um papel preciso entre os outros (medo de não estar à altura, de ser um "impostor", de ser uma nulidade, de não ser reconhecido, de incomodar, de ser rejeitado etc.).

- **O medo de agir**, ou dificuldade de tomar decisões e agir, de se projetar e de construir uma evolução pessoal por si e para si (medo de fazer escolhas, de faltar, medo de espaços públicos ou fechados, medo de se comprometer, de passar à ação, de fracassar etc.).

- **O medo da separação** ou de confiar em laços com outras pessoas, manifestando principalmente o medo da separação e do abandono (medo de suas emoções e sentimentos, da solidão, de não ser amado, de ser agredido, enganado, abandonado etc.).

Estes quatro medos fundamentais abrangem todos os medos que encontramos na vida cotidiana. Eles estão relacionados entre si pelo fato de que todos surgem de um conflito constante dentro de cada um de nós, um conflito entre a criança que não somos mais e o adulto que estamos tentando nos tornar. De um lado, há forças "pulsionais" e desordenadas que tentam negar a realidade, e de outro lado, o pensamento refletido e consciente que se esforça para impor limites.

Este conflito interno entre criança e adulto não poupa ninguém, e digamos francamente: talvez não haja um único adulto nesta Terra. Há apenas pessoas que sentem menos medo do que outras e que talvez sejam menos suscetíveis à dúvida e à ansiedade.

Na França, uma em cada sete pessoas não sabe nadar e tem medo de água; muitas não sabem andar de bicicleta; outras têm medo do próprio corpo, medo de si mesmas, medo dos outros. Muitos de nós somos, assim, assombrados por medos que nos impedem de viver nossas vidas de forma plenamente satisfatória. Medos invasivos levam frequentemente a uma perda do sentido da vida, um mal-estar difuso, a impressão de andar em círculos e o sentimento de "passar ao largo de sua própria vida". "Se eu não tivesse mais medo, seria feliz!", diz-se frequentemente. Mas isso é possível?

COMO CURAR-SE DOS MEDOS?

Como todo mundo, eu já tive medo muitas vezes ao longo de minha vida. Medo de monstros escondidos sob a minha cama, medo de dormir no escuro, medo da solidão. Ao sair da infância, comecei a ter medo de que meus pais morressem, e eu não adormecia sem desejar morrer antes deles. Próximo ao fim da adolescência, depois de um acidente, descobri o medo de morrer muito jovem, o medo de ficar doente, o medo de enlouquecer. Durante muitos anos, a angústia se fez presente, passei por muitos ataques de pânico (a ponto de, um dia, parar um carro na rua para ser levado com urgência ao hospital). Ao longo do tempo, houve também duas depressões tendo como pano de fundo a legião de medos cotidianos, o medo do vazio, o medo de decepcionar, o medo de falhar.

A lição que eu aprendi com esses anos, após ter me tornado psicólogo clínico,[2] é que é possível desfazer-se destes medos irracionais que nos paralisam e nos envenenam a vida. Como?

Medindo até que ponto se é adulto ou não. Não é uma questão menor... Para isso, talvez o leitor precise muitas vezes apelar a seu senso de humor, porque nunca é agradável apontar as próprias fraquezas. Mas ao longo da descoberta dos quatro medos fundamentais e de suas fontes, ele terá oportunidade para analisar as mudanças que pode operar por si mesmo e as alavancas que pode acionar para enfim viver de forma mais serena.

Este livro é ao mesmo tempo teórico e prático. Nele, o leitor encontrará todos os medos possíveis, ou seus equivalentes, até o medo de telefonar, de ruborizar, de engordar, entre tantos outros. Cada capítulo apresentará, inicialmente, uma descrição do medo em questão com suas causas existenciais, depois dará exemplos clínicos (testemunhos de pacientes), e proporá, por fim, soluções práticas e concretas testadas em terapia. Todo o desafio, como se verá, consistirá finalmente em uma coisa muito simples: tornar-se mais adulto e mais você mesmo.

I

O MEDO DE CRESCER

Antes de curar alguém, pergunte à pessoa se ela está pronta para abandonar as coisas que a deixam doente.

HIPÓCRATES

POR QUE SE TORNAR ADULTO É TÃO ASSUSTADOR?

COMO ADOLESCENTES, FREQUENTEMENTE OUVIMOS frases como "Assuma suas responsabilidades!", "Cresça", "Seja adulto!". O que entendíamos por essas expressões? Que a partir dos dezoito anos seria necessário estudar e trabalhar, conquistar independência financeira, pagar impostos, criar filhos, cumprir compromissos. Mas, se fosse apenas isso, todos seriam adultos. No entanto, muitos de nós, mesmo bem inseridos na sociedade, não se sentem completamente "adultos", mesmo sendo legalmente maiores, com idade para procriar e assumir responsabilidades sociais e profissionais.

Mas, então, o que é ser *verdadeiramente* adulto?

O psicólogo existencial pode propor a seguinte definição: ser adulto é reconhecer os *limites* da condição humana. Efetivamente, o ser humano é limitado: limitado no tempo, já que vai morrer; limitado na relação com o outro, já que chega sozinho neste mundo e, em geral, parte sozinho; limitado na sua compreensão da existência, já que não pode saber de onde vem nem para onde vai, nem o que faz na Terra; limitado por suas escolhas, que também são renúncias.

Fundamentalmente, todas as nossas angústias têm origem no confronto com esses limites. Por isso, preferimos empurrá-los para fora de nossa consciência. Mas, ao fazer isso, recusamo-nos a nos tornar plenamente adultos e continuamos a pensar como crianças.

A morte? Nós nos imaginamos como se fôssemos imortais, ou pensamos nela o mínimo possível, o que dá no mesmo.

O isolamento? O psicólogo Helmut Kaiser escrevia que "a vida do adulto comporta um isolamento total, fundamental, eterno e insuperável".[1] Para esquecê-lo, nós criamos uma ilusão de fusão com nossos próximos, nós nos fundimos na massa, ou ainda procuramos acreditar que não precisamos de ninguém.

O sentido da nossa vida? Deixamos que seja determinado por outros, por nossas crenças, pelo acaso, pelo destino.

Nossas responsabilidades? Gostamos de delegá-las a outras pessoas, a instituições, à hierarquia, ao acaso das circunstâncias; às vezes, agimos como se não pudéssemos mudar nada em nossas vidas, ou, pelo contrário, nos iludimos com a ideia de que não há limite para o que podemos realmente fazer.

Todos somos muito bons em negar nossas angústias existenciais! Desde a mais tenra idade, recorremos com bastante naturalidade a essas estratégias defensivas de apagamento de si ou de onipotência. No entanto, idealmente, deveríamos abandonar pouco a pouco o mundo "mágico" da infância para admitir, com lucidez, nossa condição limitada. Por quê? Porque sem isso, teremos pouco controle sobre a realidade e, portanto, sobre a própria vida. Às vezes tentamos permanecer ou voltar a ser a criança tímida que podia se refugiar atrás do adulto, ou a criança heroica a quem nada podia atingir. É verdade que assim nossas angústias existenciais poderão ser diminuídas; no entanto, nossos medos infantis continuarão a invadir e a criar obstáculos em nossa vida.

De fato, como se pode viver da mesma forma que uma criança e, ao mesmo tempo, sentir-se à altura das outras pessoas nas diversas situações da vida adulta (trabalho, sedução, sexualidade etc.)? Como encarar a organização de sua vida cotidiana e as múltiplas responsabilidades que se apresentam a todo momento? Como tomar decisões, agir, sentir-se em segurança?

Essa é a escolha que todos nós devemos fazer em um certo momento de nossa trajetória: viver com os inumeráveis medos da infância ou assumir os limites da existência adulta.

I

A PARTE DA INFÂNCIA

Bom dia, eu testei "a idade adulta" e não estou mais interessado. Gostaria de cancelar minha assinatura. Há um responsável com quem eu poderia falar?

ANÔNIMO

O MEDO DE SAIR DA INFÂNCIA

"EU SEI QUE NÃO há monstro embaixo da minha cama, mas não tenho coragem de verificar." Muitos de nós sinceramente acham que já superaram a infância, mas ainda mantêm — muitas vezes sem perceber — hábitos infantis que prejudicam o seu desenvolvimento pessoal. Na verdade, todos os psicólogos sabem muito bem disso: vivemos em um mundo cheio de crianças disfarçadas de adultos. Então, aqui está uma pergunta crucial: até que ponto podemos ter certeza de que somos adultos?

Você dorme a noite toda?

Quando um bebê nasce, toda a família espera com ansiedade que ele "durma a noite toda", que ele adormeça tranquilamente e só acorde pela manhã, perfeitamente descansado. Mas as crianças, sem dúvida, não gostam de ir para a cama. O mesmo vale para muitos adultos insones, convencidos de que seu sono não depende de sua boa vontade, mas das restrições da vida cotidiana. Alguns têm trabalho para terminar à noite, pois querem aproveitar seu tempo livre assistindo séries ou lendo, o que os mantém acordados até as duas ou três horas da manhã. Outros conseguem ir para a cama a uma hora razoável, mas não podem deixar de pensar nas suas preocupações, levantam-se duas ou três vezes, voltam a pensar com ansiedade no dia passado ou no que se aproxima, e têm todas as dificuldades do mundo em adormecer. Ainda há aqueles que adormecem com muita facilidade, mas acordam inevitavelmente uma ou duas horas antes do toque do despertador. Se esse for o seu caso, você pode até chamar isso de insônia, mas seria mais simples afirmar que você ainda não dorme a noite toda.

Para além de patologias médicas comprovadas, essas perturbações do sono significam geralmente uma "recusa de dormir". Talvez seja difícil admiti-lo, mas, no fundo, assim como a criança que fomos, podemos não querer ir dormir. É claro que pode-se protestar dizendo que é só isso que pedimos: dormir! É por isso que devemos esclarecer que essa recusa em dormir não é consciente e deliberada: apenas não conseguimos. Há várias razões para isso.

Começando pelo medo do escuro, esse medo que tanto nos assombrou quando éramos pequenos. Como quase todas as crianças, pedíamos que se deixasse a porta aberta e nos tranquilizávamos escutando o ir e vir da casa. Quando nos tornamos adultos, esses comportamentos infantis apenas tomam ares mais aceitáveis, ou seja, mais dissimulados, inclusive a nossos próprios olhos. Na prática, de agora em diante é a televisão ou o computador que faz o papel de luz noturna, às vezes vinda de outro cômodo. Isso quando não deixamos as janelas e as cortinas abertas para aproveitar a impressão de vida que vem da rua. Muitos são aqueles que adormecem com os fones do celular nos ouvidos, deixando-se tranquilizar durante toda a noite por música ou vozes. É verdade que o medo da escuridão é acompanhado frequentemente de um medo do silêncio, que não é nada além de uma escuridão auditiva.

O quarto de dormir tem, afinal, ares de túmulo: é preciso deitar-se no escuro e não se mexer, fazendo com que se pense espontaneamente na morte. Não são raros aqueles que, após terem apagado a luz, a reacendem logo em seguida para se certificar de que não ficaram subitamente cegos. Como se a escuridão tivesse o poder de sugar nossa vitalidade! E quantos têm medo de não despertar? De parar de respirar? Mesmo para um adulto, a escuridão do quarto pode tornar o ambiente pesado, a ponto de parecer sufocante.

Edmond de Goncourt, fundador da academia e do prêmio literário de mesmo nome, descreve muito bem em seu famoso diário[1] o sentimento apavorante que pode ser suscitado pela escuridão: "Sempre a sombra da cegueira; a ameaça do sepultamento ainda vivo durante a noite". Em sua época, na segunda parte do século XIX, abusava-se bastante de morfina para dormir. Hoje em dia usamos outros meios, como álcool, drogas, ansiolíticos ou soníferos. Não porque esses expedientes tenham o poder de nos fazer dormir, mas porque eles nos tiram o medo infantil de nos entregarmos ao sono.

O quarto mergulhado na escuridão tem tamanho poder de evocação da morte que é compreensível que queiramos evitá-lo a todo custo. Assim, as coisas que fazemos antes de dormir ou durante as horas de insônia muitas vezes não têm outro fim senão o objetivo mágico de *anular a noite*, como para saltar diretamente ao dia seguinte. É o velho sonho da criança que gostaria que "fosse logo manhã", que gostaria que a vida fosse um dia eterno, sem noite alguma a interrompendo. Para ela, como para inúmeros adultos, dormir e morrer são implicitamente a mesma coisa.

Mas que truque de mágica poderia "cancelar a noite"? Basta ficar acordado até pelo menos quatro da manhã. Não importa como: lendo, saindo, usando telas, remoendo pensamentos, escrevendo... Por que quatro da manhã? Porque é precisamente o momento em que o sol começa a levantar-se e em que os parâmetros fisiológicos do indivíduo (temperatura do corpo, frequência cardíaca, pressão arterial etc.) começam a subir novamente. É a hora na qual começamos a retomar todo nosso vigor. Naquele momento, a noite termina. E se os insones se abandonam enfim ao sono, não é porque estão exaustos, mas porque sentem, instintivamente, no mais profundo de seu organismo, que o dia começou. Sabem que conseguiram fechar as contas, conectar o "dia anterior" com o "dia seguinte", de modo que a noite não aconteceu, ela foi, de certa forma, "anulada".

Compreendemos, a partir disso, que para dormir a noite toda é preciso renunciar ao modo de pensamento mágico da criança e reconhecer o limite entre o dia e a noite — o que remete, simbolicamente, ao limite entre a vida e a morte. Dito de outro modo, para crescer, é preciso aceitar morrer um pouco todas as noites.

Mas é preciso desconstruir também uma antiga crença infantil destinada a contrariar a angústia da morte. Ela dita que, para não morrer, é preciso agitar-se, estar sempre ativo, movimentar-se, pensar. A tendência sistemática à agitação e à velocidade é uma permanência da infância, um antídoto arcaico à angústia da morte. Em sessão, eu peço às vezes a pacientes particularmente agitados para permanecerem totalmente imóveis durante um breve minuto, proibindo-os de pensar em outra coisa além do momento presente. Depois, quando lhes peço para descrever o que sentiram durante aquele breve intervalo, eles invariavelmente evocam uma sensação física de morte.

É evidente que dinamismo, eficácia e rapidez podem ser considerados atributos importantes no trabalho e na vida em geral, mas com uma condição: ser capaz de reconhecer o limite entre a ação e o repouso, outro equivalente simbólico do limite entre a vida e a morte. Caso contrário, um sono tranquilo e reparador não será possível. Além disso, agitação e velocidade sistemáticas só podem levar ao desgaste e à exaustão, ou seja, ao inverso absoluto do objetivo pretendido (viver), já que, de todo modo, a degradação física nos aproxima da morte.

Por conseguinte, no lugar de se proteger das angústias existenciais, a recusa infantil em reconhecer os limites só as torna mais intensas. Ela apenas reforça medos como o de falhar, desapontar, ser rejeitado, o que, por sua vez, causa ainda mais agitação, tensão, busca de eficácia. Certamente, a negação dos limites pode ter sido útil na infância, mas não pode mais ser útil na idade adulta, porque não é mais possível adiar as escolhas de vida. O real faz valer seus direitos.

É preciso ainda evocar um outro medo infantil que talvez diga respeito ao leitor: o medo de dormir sozinho. Dormir, com efeito, é encontrar-se profundamente só e aproximar-se do abismo intransponível que separa a nossa consciência de outras consciências. Mas se nos recusamos a reconhecer esse limite radical entre si e o outro, surge então a necessidade de ter perto de si um ser amado que nos dê uma sensação de proteção. Fazendo isso, procuramos recriar (ilusoriamente) um velho hábito da infância, o de dormir com a mamãe. E, caso não tenhamos nossa mãe por perto (o que é frequente na idade adulta), a ilusão de uma fusão tranquilizadora poderá ser obtida por meio de um cônjuge, um cão, um gato, eventualmente de um objeto-fetiche, também conhecido como "objeto transicional".

Você tem um "objeto transicional"?

Trata-se de um pequeno objeto do qual qualquer bebê mais cedo ou mais tarde se apropria, geralmente uma boneca, um lenço, um objeto macio qualquer. Esse objeto tem algo de especial: é o primeiro em que a criança investe como uma coisa externa a si mesma e sobre o qual exerce um poder. Nesse momento, ela começa a sair da relação fusional com sua mãe e a entender que não se confunde com as coisas e seres no seu entorno. Ela toma consciência dos limites de sua pessoa e de seu poder de ação no mundo.

Esse pequeno objeto, tão importante para a criança, o psicanalista Donald Winnicott (1896–1971) nomeou-o "objeto transicional", porque tem a função de acompanhar a criança na sua abertura ao mundo exterior e de protegê-la da angústia que pode provocar o afastamento dos familiares.

O objeto transicional permitirá que ela cresça em relativa segurança psíquica. Com o tempo, a criança aprenderá a ficar sem suas pelúcias e brinquedos. Ainda que, se prestarmos atenção, o objeto transicional jamais suma completamente. Ele persiste no adulto sob a forma de objetos sobre os quais ele continua a investir tal como faz a criança, ou seja, conferindo a ele um poder mágico de proteção. O pudor, porém, fará com que se deixe de falar em objetos transicionais e pelúcias, substituindo-os por objetos-fetiche e amuletos da sorte.

Assim, muitos têm escondido em uma bolsa um velho cobertorzinho, ou deixam uma pelúcia sobre a cama, num canto do quarto, escondida dentro de um armário, presa no retrovisor do carro ou num chaveiro. Alguns chegam ao ponto de falar com estes objetos e lhes atribuir pensamentos e emoções; sentem-se incapazes de separar-se daquele amuleto, como se se tratasse de uma pessoa ou de um animal de companhia. Finalmente, há aqueles que colecionam objetos, tranquilizando-se pelo acúmulo.

Você come de qualquer jeito?

Você se sente dominado por seus desejos? Talvez você sinta que está completamente sujeito à sua alimentação, incapaz de resistir ao famoso trio gordura, açúcar e sal. Todos nós tentamos fazer esforços, mas nos enganamos muito. Os efeitos benéficos da pequena salada do almoço são rapidamente anulados pelos desvios repetidos ao longo do dia. No geral, pensamos que somos relativamente moderados, mas no final não temos ideia das quantidades reais que ingerimos. Claro, fazemos questão de esquecê-las. E lutamos constantemente contra pequenas e grandes "falhas", como as das dezessete ou das vinte e duas horas. É o famoso problema do chocolate da noite ou do bolo, supostamente destinados a resolver problemas emocionais — e que nós devoramos de preferência sozinhos e às escondidas. A comida, de fato, parece anestesiar a tristeza, o sentimento de solidão, a contrariedade, o tédio, a insegurança. Assim, oscilamos constantemente entre excessos e privações, com dietas frequentes, todas igualmente inúteis. Alguns assumem abertamente a necessidade e o desejo de comer demais, ao mesmo tempo que defendem com orgulho valores como convivialidade, amizade e o espírito *bon vivant*. Dizemos com humor: "Não se pode comprar a felicidade, mas pode-se comprar chocolate, que é quase a mesma coisa". Muitos fingem decidir livremente comer o que querem, como se assumissem seus excessos e o sobrepeso, mas acabam sofrendo secretamente por isso. Especialmente quando sua própria imagem ou saúde vêm lhes lembrar que, no fundo, eles não têm controle de nada.

Essas pessoas geralmente detestam fazer compras ou cozinhar, coisas que consideram restrições ou perda de tempo. Decerto, sua alimentação se assemelha àquela que conheceram na infância: querem apenas alimentos prontos para consumo, que haja alimentos em abundância (sempre em excesso), e têm o hábito de terminar suas refeições afirmando: "exagerei de novo!".

Estamos enfrentando um conflito entre a boca e o estômago. O sabor na boca sempre será mais importante do que as sensações do estômago, e muitas vezes não somos capazes de identificar o momento em que seria sensato parar de comer. Além disso, estimular a boca (como no tempo da chupeta) é fazer um *loop* em si mesmo, abrigar-se em uma bolha protetora e reconfortante. É por isso que não percebemos que estamos engordando até atingir um peso relativamente elevado, ao passo que logo percebemos quando emagrecemos.

Em que medida tais comportamentos revelam certa imaturidade? Naquela em que *comer sem limites* é uma característica própria de recém-nascidos! Tão logo chega ao mundo, a primeiríssima coisa que a criança faz depois de seu primeiro suspiro é comer. Este é um reflexo inato e poderoso, cuja função evolutiva é fazer o bebê crescer o mais rápido possível. Trata-se de sua sobrevivência, de sua resistência às agressões externas, ao frio, às infecções e de sua capacidade de responder às demandas de um organismo em pleno crescimento. Lembremos que um recém-nascido que não engorda assinala um problema de saúde e que um recém-nascido que emagrece é um caso de urgência médica.

Ora, se comer sem limites é um problema que enfrentamos diariamente como adultos, então isso só pode significar uma coisa: não crescemos, pelo menos não o suficiente, não completamente. O reflexo inato de comer e engordar sem limites deveria ter diminuído e se extinguido gradualmente ao longo do crescimento. No entanto, talvez ainda estejamos agindo como se fosse uma questão de vida ou morte. Assim como para uma criança pequena, comer é uma maneira de liberar suas angústias e, especialmente, suas angústias de morte, separação, abandono e solidão.[2]

Você tem uma "criança interior"?

Você não tem medo do escuro, não tem um objeto transicional, come de modo saudável? Que seja. Mas, como podemos observar, os comportamentos infantis são muitos, e não desaparecem tão facilmente. E isso é ainda mais verdadeiro quando estamos fascinados pela nossa infância. Temos uma imagem por vezes positiva dela, como uma época de despreocupação, inocência e pureza, e por vezes negativa, porque ela pode ser também um período de ansiedade e tristeza. Além disso, a sociedade nos incita a buscar nossa "criança interior", suposta fonte de criatividade e espontaneidade; somos incentivados a ceder ao culto à juventude, que nos leva a assumir comportamentos infantis. A propaganda e o marketing sem dúvida contribuem para isso, pois é bem sabido que crianças compram qualquer coisa.

A propósito, você compra qualquer coisa? Às vezes? Frequentemente? Tende a encher seu armário de roupas ou sapatos sem quase nunca os usar? Você tem outros comportamentos impulsivos? Às vezes, sente que suas emoções transbordam? Você tende a procrastinar no trabalho? Vive em permanente desordem? Você espalha migalhas por todos os lugares quando come? Está constantemente esbarrando em paredes e móveis? Chora por nada? Em suma, você sente que uma força irresistível age dentro de você e que sua vontade ou atenção não pode se opor a ela? Se assim for, então é tempo de explorar as fontes desses comportamentos que revelam em nós a presença de dois mecanismos de defesa psíquicos característicos da criança: o "apagamento por fusão" e a "onipotência heroica".

O *apagamento por fusão*

Confrontada com a dura e inquietante realidade, a criança pode, muito cedo, manifestar uma tendência a recuar e tentar desaparecer. É um mecanismo de defesa que pode persistir em algum grau na idade adulta. Para enfrentar suas angústias existenciais (morte, solidão, falta de sentido, responsabilidade), o indivíduo busca, de alguma forma, viver nos "bastidores" da sua vida. Para isso, ele desenvolverá um modo de ser caracterizado pelo que a psicologia existencial chama de "fusão", no qual ele procura *fundir-se* com os outros, apagando os contornos de sua individualidade. É comum que se apresentem os seguintes traços:

- Dificuldade em fazer escolhas e tomar decisões.

- Necessidade de que os outros assumam suas decisões e suas responsabilidades.

- Dificuldade em dizer não por medo de perder a estima dos outros.

- Necessidade de aprovação dos outros.

- Sentimento de impotência diante da vida.

- Necessidade de se colocar a serviço dos outros, mesmo que sacrifique os seus próprios interesses.

- Tendência à dependência emocional, medo de ficar sozinho, dificuldade em romper uma relação, mesmo quando ela já não é satisfatória.

- Medo da separação e do abandono.

- Falta de autoestima e de autoconfiança, autodepreciação.

- Sensação de inferioridade em relação aos outros.

Atenção: se você se reconhece nessa lista, não tire conclusões precipitadas. Nenhum desses traços é em si mesmo patológico. Qualquer adulto equilibrado e responsável pode, de tempos em tempos, duvidar de suas qualidades, preocupar-se com o distanciamento de alguém próximo ou deixar alguém decidir por ele. Por outro lado, se vários dos traços citados descrevem comportamentos sistemáticos, então o medo de crescer se expressa essencialmente pelo apagamento por fusão. Assim, tendemos a nos colocar numa posição de inferioridade, dependência e passividade diante dos outros. As outras pessoas parecerão sempre mais adultas, mais competentes, mais responsáveis. Estabeleceremos com elas uma relação comparável àquela entre criança e adulto, buscando sempre ficar sob as asas de um protetor.

Entretanto, mesmo aqueles que recorrem ao apagamento por fusão apresentam igualmente comportamentos que, de maneira esquemática, são a imagem inversa desse mecanismo: trata-se da onipotência heroica, outro aspecto característico da infância.

A *onipotência heroica*

O apagamento por fusão tem o objetivo de afastar as angústias para longe da consciência, mas ele mesmo pode ser fonte de angústia. Com efeito, a partir de certo ponto, o autoapagamento pode provocar o medo do completo desaparecimento. Surgem, então, como forma de compensação, comportamentos que não estão voltados ao *apagamento* dos limites de si, e sim à *superação* desses limites. Em vez de se fundir ao ambiente, a criança procurará distinguir-se, excedendo ou mesmo transgredindo todas as fronteiras. As principais características a observar são as seguintes:

- Tendência a tomar decisões precipitadas, de forma rápida e impulsiva, sem uma reflexão prévia sobre as consequências.

- Necessidade de assumir responsabilidades, mesmo que elas ultrapassem suas capacidades ou competências.

- Autoestima excessiva.

- Tendência a desejar que os outros se ponham ao seu serviço, não como auxiliares, mas como "assistentes".

- Ilusão de autossuficiência e necessidade de independência.

- Tendência a impor seu ponto de vista e a querer ser o centro das atenções.

- Tendência a se sentir superior ou mais maduro do que os outros.

É fácil compreender por que se utiliza aqui o termo "heroico": o herói é um ser que se situa acima dos meros mortais. Não é difícil ver uma criança pequena em seus momentos heroicos, quebrando tudo o que toca, sem o mínimo cuidado com as coisas, nem mesmo com os outros, monopolizando a atenção e ignorando os riscos que corre. Da mesma forma, o adulto dito heroico não se sente constrangido pelos limites da condição humana e julga-se invulnerável; age muitas vezes por impulso, apresentando comportamentos de risco. Coloca-se numa postura de superioridade ou de destaque em relação aos outros; mostra-se hiperativo, ambicioso e enérgico. Ele quer ser o centro, o líder, o pilar, o primeiro. Ele se sente importante e estima poder fazer o que quiser, quando quiser.

Todos fusionais e heroicos

Apagamento por fusão e onipotência heroica: em qualquer adulto, aspectos desses dois tipos de comportamento permanecem fortemente misturados. Mais uma vez, não há motivo para alarme. Especialmente se estamos inseridos na sociedade, é evidente que a parte adulta (aquela que é capaz de estabelecer limites) consegue moderar mais ou menos esses dois polos entre os quais se oscila conforme as circunstâncias. Trata-se, sobretudo, de uma chave de leitura que nos permitirá, ao longo do livro, compreender melhor os quatros medos fundamentais e como podemos remediá-los.

Contudo, ainda não terminamos a investigação do que, eventualmente, pode ter restado de nossa infância.

O MEDO DE ASSUMIR O CORPO DE ADULTO

A rejeição das características adultas

O medo de crescer se manifesta através da rejeição e da vergonha em relação às características do corpo adulto. Às vezes, logo no início da adolescência, surge um desconforto em relação às transformações físicas, como o surgimento de pelos, seios, quadris, músculos, formas em geral, bem como preocupações sexuais. O adolescente que está crescendo percebe que o olhar sobre ele está mudando. Ele não é mais uma criança, mas ainda não é um adulto. Imperceptivelmente, cria-se uma distância entre ele e seus pais. Ao crescer, ele sente que trai a criança que foi até então — e ele pode eventualmente carregar esse sentimento por toda a vida. Talvez ele também sinta que essa "traição" (o próprio fato de crescer) é a causa de um certo afastamento de seus pais, mais preocupados com sua intimidade e às vezes incomodados com a mudança em seu corpo.

Essa vergonha e culpa ligadas às mudanças físicas, frequentes e normais na adolescência, podem posteriormente persistir de forma discreta, mais ou menos consciente, através da escolha de roupas largas, unissex, mantendo no corpo uma espécie de indiferenciação. As mulheres podem mostrar certa aversão à maquiagem, saltos altos, roupas que expressem uma feminilidade muito explícita ou madura. Os homens, da mesma forma, buscarão neutralidade, roupas práticas ou que expressem descontração em vez daquelas associadas à maturidade, como gravata, terno etc. Ambos também podem mostrar repulsa, possivelmente misturada com fascinação, pelas pessoas que assumem de forma muito aberta suas formas erotizadas.

Com efeito, no âmbito da onipotência heroica, o medo de crescer pode manifestar-se na forma de exibicionismo, em roupas provocantes, chamando a atenção para o corpo. Nesse caso, a pessoa dará a impressão de assumir as características do corpo adulto, às vezes até de gostar de exibir sua nudez. No entanto, como inúmeros pacientes, a pessoa poderá revelar que, na realidade, não se sente nada à vontade no corpo de adulto sexualizado que expõe tão complacentemente. Paradoxal? Não tanto quanto parece, porque o corpo aqui é exibido em sua glória para melhor esconder uma secreta autorrejeição. No limite, a exibição poderá, aliás, limitar-se à ridicularização do corpo através de uma encenação erotizante completamente fictícia e infantil, significando que o corpo não conta e que se pode jogar melhor com ele na medida em que o desprezamos. Na verdade, é o corpo da criança, e não o do adulto, que é mostrado. Não sendo o corpo investido sexualmente, sua erotização aparente não corresponde de modo algum a um verdadeiro desejo de sedução, mas simplesmente a uma pura provocação, uma transgressão, como no conhecido exibicionismo infantil.

Engordar ou emagrecer em vez de crescer

Mas o corpo adulto também pode ser negado de outra maneira, tão frequente quanto a dissimulação ou a exibição. Alguns de nós, durante a adolescência, sonhavam em desacelerar seu crescimento, já que sentiam de maneira instintiva que crescer é morrer. No entanto, sem poder agir diretamente no desenvolvimento biológico, tinham à disposição outro meio: em vez de crescer, poderiam engordar. Os quilos e as curvas serviam naturalmente para ocultar as formas específicas do adulto, afogando-as em curvas infantis. O reflexo inato de engordar era assim utilizado, intensificado, e a comida podia se tornar uma verdadeira obsessão. Uma obsessão que os pais explicavam — o que é bastante irônico — pelo fato de que o adolescente estava em pleno crescimento, quando na verdade ele buscava impedir esse crescimento...

A ansiedade associada ao crescimento físico também pode levar a restrições alimentares drásticas, já que o corpo é sempre percebido como muito grande, ou seja, muito crescido. A pessoa que continua a se sentir internamente como uma criança rejeita um corpo que não consegue sentir como seu. A bulimia ou a hiperfagia, que correspondem a uma tentativa de apagamento por fusão (perda de controle, recusa de responsabilidade, abandono), podem então alternar com a ortorexia* ou a anorexia, que correspondem à onipotência heroica (necessidade excessiva de controle, ilusão de autossuficiência, ilusão de maturidade). O ponto comum entre essas duas tendências infantis (engordar, emagrecer) é que todo o corpo deve ser ao mesmo tempo anestesiado e negado. A partir de um certo momento, ele não é mais observado, habitado ou sentido. As sensações físicas positivas ou negativas são negligenciadas, exceto aquelas trazidas pela comida.

Aos poucos, o corpo é, portanto, literalmente perdido de vista — e, mais tarde, será aos poucos proibido de aparecer em espelhos e fotos e, em seguida, quase totalmente rejeitado, o que levará a uma verdadeira dissociação corpo/espírito. "O corpo é apenas a coisa que carrega a minha cabeça", dizia-me uma mulher aborrecida com o sobrepeso, sem suspeitar por um segundo que a rejeição ao seu próprio corpo poderia ser uma causa importante de sobrepeso, assim como sua dificuldade em sentir-se adulta.

A recusa em se definir

A rejeição do corpo torna difícil ou mesmo impossível uma percepção de si como "homem" ou como "mulher". Por exemplo, você é capaz de declarar: "sou homem", "sou mulher"? Se isso o deixa desconfortável, se você real-

---

* Distúrbio de comportamento alimentar que se manifesta por uma obsessão pela alimentação saudável, podendo conduzir à má nutrição, associada a carências de nutrientes, e às vezes à anorexia e ao isolamento social. A ortorexia ainda não está integrada na classificação internacional de doenças, como a CID-10.

mente não acredita nisso, então ainda não concordou em deixar a infância.

Quando abordo essa questão na terapia, as pessoas respondem-me frequentemente que "homem" e "mulher" são palavras que não podem se aplicar a elas. Expressam condições que lhes parecem inacessíveis. Elas se contentam em definir-se como "rapazes" ou "moças", ou ainda como "pessoas" ou "seres humanos". Mas o que é, no fundo, um homem ou uma mulher? Será que cada pessoa não poderia definir isso à sua maneira, de acordo com sua personalidade e suas preferências? Será que é absolutamente necessário entrar à força em uma caixa? Eu ousaria responder que sim, pois o que distingue o homem e a mulher da criança é a condição de adulto, e o adulto, ao reconhecer os seus limites, torna-se capaz de se categorizar e de se definir, especialmente em oposição à criança e, sobretudo, pela renúncia à infância. O que, na verdade, não é tão simples.

"Recorro à fofura", disse-me um dia um advogado próximo dos sessenta anos. Externamente, ele tem tudo de um homem feito, é responsável, maduro e profissional. Aliás, é muito bem-sucedido em sua carreira. Entretanto, declara lucidamente que não se sente um "homem". Além disso, ele está perfeitamente ciente de ter vivido até agora desenvolvendo características infantis, como ser "fofo", bondoso, sorridente, divertido, gentil e acolhedor. Como ele, muitas mulheres também se consideram especialmente dotadas de fofura. Basta se mostrarem reservadas, discretas, gentis, prestativas, dispostas a ajudar, aconselhar, consolar e até mesmo ser "divertidas".

No modo da onipotência heroica, essas pessoas muitas vezes se sentem investidas da missão de animar grupos de amigos ou colegas, procurando ser o centro das atenções, fazendo malabarismos. Às vezes gostam de provocar, apreciam o humor de mau gosto ou inadequado, sabendo que serão perdoados, já que as crianças podem fazer tudo.

Alguns perguntarão: mas, se essas pessoas conseguem, apesar disso, levar suas vidas adiante, onde está o problema?

Elas certamente podem estar bem inseridas na sociedade, criar seus filhos, ganhar a vida... Mas, em outros aspectos, o saldo às vezes é negativo. Essas pessoas nunca encontram a serenidade ou a paz de espírito que desejam. Elas continuam com medo, medo do abandono, medo de não serem realmente importantes para os outros, medo de ficarem entediadas, medo de não encontrarem sentido em suas vidas. Recusar-se a crescer realmente tem um preço alto e apresenta desvantagens em múltiplas áreas. Por exemplo, na sexualidade.

O MEDO DO SEXO

"Tenho vergonha de ser mulher aos olhos dos meus pais", disse-me uma mulher de 45 anos. Ela queria dizer: vergonha de ser mulher adulta suscetível de ter uma vida sexual. Tem a impressão de que, se seus pais perceberem que ela não é mais uma menina inocente, ficarão mortificados. Porém, eles devem desconfiar de algo, já que sua filha é mãe de duas crianças.

Crescer é perder a inocência, e isso dificilmente podemos impedir. No entanto, mesmo que descubramos do que se trata a sexualidade, pode persistir uma profunda incompreensão do que realmente está em jogo na relação sexual. Como crianças, podemos então ser atormentados pelo medo, pela vergonha e pela culpa.

A sedução sem sexualidade

O ideal do adulto que se recusa a crescer é ficar no estágio do encanto infantil. Há, assim, sedutores e sedutoras que não podem deixar de brincar com fogo, sem qualquer intenção de se envolver verdadeiramente em um relacionamento romântico. Basta-lhes ter a certeza de que agradam, de que são apreciados, amados, cobiçados. Eles geralmente seduzem como a criança alegre, cheia de vida. Demonstram gentileza, alegria e atenção. Avançam, e então, de repente, retiram-se do jogo, deixando às vezes nos outros apenas esperanças vãs. Não que a sexualidade não lhes interesse, mas eles têm muito medo para se renderem a ela. Sempre que experimentaram relações sexuais, não obtiveram nenhuma satisfação especial.

Adriana,[*] uma mulher de trinta anos com energia infantil e saltitante, dizia-me que não podia deixar de seduzir os seus amigos e colegas, mas nunca ia até ao fim. Isso era

---

[*] Todos os casos clínicos relatados neste livro foram anonimizados. Todos os nomes próprios são pseudônimos.

fácil para ela por causa de sua aparência atraente. Ela era casada e tinha dois filhos pequenos. Mas se via constantemente em situações difíceis, trocando mensagens de texto em segredo com possíveis conquistas e depois procurando fugir delas. Nunca traiu o marido. Não era seu objetivo. Apenas a sedução a interessava, o restante não lhe despertava nenhum ímpeto. Com isso, ela revelava uma avidez afetiva, uma dependência do olhar do outro, um medo de ser rejeitada que ela tinha conhecido muito pequena e que nunca a tinha deixado. Ela estava agindo exatamente como a menina ignorada por seus pais.

"De qualquer forma, eu abandonei a ideia de virilidade", disse Charles, um homem de 46 anos, "isso não me interessa." Trata-se de um homem imponente, barbudo, que fuma charuto, e sem qualquer vestígio de equívoco sobre a sua orientação sexual. No entanto, sob o terno de três peças muito elegante, há um menino.

Sua história é surpreendente e ilustra bem como alguns podem recusar a condição de adulto. Charles experimentou um problema hormonal quando estava com dezoito anos, o que lhe valeu um desenvolvimento anormal dos seios. Desde então, e durante os 27 anos seguintes, ele nunca conseguiu se despir na frente de ninguém. Diz que ganhou peso para "igualar" sua aparência. Ele renunciou à piscina e ao mar. Conheceu uma mulher com quem ele se acostumou a fazer amor mantendo-se de camisa. Mas suas relações sexuais rapidamente pararam. Já se passaram mais de dez anos. Ele não sofre com isso. Charles está cercado de pessoas e congratula-se por ser o amigo ideal, apreciado por sua benevolência e capacidade de ajudar os outros. Ele também gosta de seduzir as mulheres que encontra, antes de se afastar bruscamente.

Pode-se pensar que a história desse homem foi determinada por seu problema de aparência física, ou seja, o desenvolvimento dos seios. Pelo menos é o que ele mesmo afirma. Mas essa explicação não faz sentido. Por que razão ele não foi operado logo aos dezoito anos, sabendo que a cirurgia é relativamente simples? Talvez porque havia ali um pretexto para não crescer? Charles conseguiu se passar por adulto, adotando quase todos os sinais e códigos dessa fase da vida. Isso lhe possibilitou ter sucesso profissional, mas no fundo permaneceu um menino, graças — e não *por causa da* — à anomalia física. Como ele diz, ela permitiu-lhe abandonar a ideia de virilidade, isto é, abandonar, na verdade, características adultas.

Isso o fez pagar muito caro. Na verdade, Charles sofre de medo do abandono; tem ataques de ansiedade e desconfortos repetidos que o obrigam a ligar regularmente para a emergência. Ele vive com temor constante de ataque cardíaco e de morte súbita.

O sexo sem vontade

O medo da sexualidade não é uma questão de idade nem de experiência. Muitas pessoas — de todas as idades — têm uma atividade sexual frequente e consensual, mas dolorosa e vivida mais ou menos como sofrida, como um mal necessário. Vivendo como uma criança de doze anos, não se pode deixar de ter medo do olhar desejoso do adulto, do qual, afinal, não se entende muito. A recusa a crescer, como vimos, leva a pessoa a rejeitar seu corpo, a desvalorizá-lo, a negá-lo. Ele é visto apenas como um empecilho ou uma coisa suja e vergonhosa, no lugar de ser concebido como meio de um acordo mais profundo consigo mesmo e com o outro. Assim, as pessoas que se recusam a crescer estão, antes de tudo, à espera de ternura, mas dispensariam de bom grado a relação sexual propriamente dita.

É verdade que, para compreender a sexualidade, seria necessário acessar a noção de *alteridade*. Ora, aqui o outro não é percebido como *outro*, como sendo radicalmente distinto de si mesmo. Não é uma *pessoa*, é, na melhor das hipóteses, uma silhueta com "dois braços protetores", como dizia uma paciente. Não passa de uma presença tranquilizadora, protetora; não há, portanto, espaço para se viver um verdadeiro encontro intersubjetivo.

É assim que algumas pessoas sentem a necessidade de alterar sua consciência antes de ter relações sexuais. Sentem-se obrigadas a beber ou a recorrer a substâncias ditas recreativas. Desse modo, realizam um apagamento por fusão bem-sucedido, um desaparecimento parcial de si mesmas, graças ao qual lhes será fácil depois negar (aos seus próprios olhos) o que aconteceu. Terão tido relações sexuais, mas se convencerão de que não estavam realmente lá, que não fizeram de propósito. Em casos extremos, há pessoas que só concebem a relação sexual como pseudoviolência. Elas fazem de tudo para se colocar em uma situação em que não são forçadas, mas são levadas pela vontade do outro. Elas se entregam deliberadamente como se não pudessem fazer nada a respeito, negando assim todas as suas responsabilidades.*

Quanto às pessoas capazes, apesar de tudo, de viver relações sexuais na plena posse de sua consciência, elas passam frequentemente seu tempo a controlar os gestos, perguntando-se "se é assim que deve ser feito". Preocupam-se se o outro está satisfeito, colocam-se a seu serviço e ignoram completamente os próprios desejos ou sensações; ou permanecem quase inertes, olham para o teto e retiram de tudo isso um profundo sentimento de vergonha, solidão e vazio.

Após anos vivendo assim, alguns percebem, na sessão de terapia, que, no fundo, jamais fizeram sexo, já que não compreendem o que é a relação com o outro. Eles não compreendem o que é a *alteridade*, sem a qual, de fato, não é possível chegar a uma sexualidade adulta. Como explicá-lo de maneira simples? Uma comparação me vem à cabeça: todo mundo sabe que você não pode fazer cócegas em si mesmo. Para sentir cócegas, é absolutamente necessário que outra pessoa a provoque. O mesmo vale para o relacionamento sexual: para ter acesso à sua magia e ao seu mistério, é absolutamente necessário reconhecer o outro na sua radical diferença. Algo que adultos que não deixaram a infância, fusionais e heroicos, não são capazes de fazer.

---

* É evidente que não há aqui nenhuma negação da realidade da violência e do estupro em geral. Em todos os casos clínicos a que me refiro, a pessoa considerada (homem ou mulher) não recusava a relação sexual e não expressava nenhuma recusa: elas buscavam, unicamente, não assumir a responsabilidade do ato.

46 *Eudes Séméria*

O sexo em excesso

Às vezes, os pacientes me pedem conselhos técnicos sobre como proceder para "fazer um bom sexo". Por exemplo, sobre o ângulo que a cabeça deve ter quando beijamos o outro; sobre a intensidade do prazer que "normalmente" deveríamos sentir; sobre os gestos que convém fazer neste ou naquele momento. Respondo-lhes que não tenho qualquer embasamento para dar conselhos sobre o assunto, mas que posso, ainda assim, sugerir-lhes o seguinte: quando você tem vontade de um bolo de chocolate e está prestes a comê-lo, você certamente não se pergunta em que ângulo vai mordê-lo ou se há gestos especiais para fazer. Você o mastiga e dá vazão ao seu desejo e à sua espontaneidade.

Mas todo o problema está aí, justamente: se o outro não é percebido como outro, não pode haver desejo real. Só há medo: medo de decepcionar, medo de ser rejeitado. É assim que aqueles que agem sob a onipotência heroica poderão multiplicar as experiências sem chegar a uma verdadeira sexualidade adulta. Em busca de seu "corpo heroico", eles estarão obcecados pelo desempenho, pela quantidade, duração, energia e perfeição. Apesar de tudo, eles manterão um olhar exterior e frio e terão um comportamento mecânico do qual só retirarão um prazer puramente físico, sem aquele que provém do imaginário e da fantasia. Todo o extraordinário do encontro, da breve e mágica fusão dos seres, permanecerá fora de alcance.

A instabilidade do desejo e da orientação sexual

Às vezes nos perguntamos se estamos fixos em uma orientação sexual bem definida. Podemos ter dúvidas; ideias vagas passam por nós, que não entendemos muito bem. Por exemplo, uma paciente que dizia ser heterossexual pensava às vezes na sua melhor amiga e imaginava que talvez... Talvez estivesse melhor com ela do que com um homem. Os homens pareciam-lhe tão complicados.

Como essa jovem, alguns hesitam. Mas, pensando bem, nem sequer é certo que se trate de sexualidade. A atração por uma amiga (ou por um amigo, no caso de um homem) não é aqui — isto é, no âmbito da recusa de crescer — uma atração sexual, mas, ao contrário, trata-se da supressão ou da fuga do desejo sexual. Com efeito, a infância é um estado de indiferença relativa, em que a própria ideia de uma "orientação sexual" não tem sentido. É claro que há uma forma de sexualidade na criança, mas não tem nada a ver com a do adulto. É uma sexualidade exclusivamente centrada em si, e que não deixa espaço para o outro. Assim, a suposta atração por um amigo ou amiga do mesmo sexo e a hesitação quanto à orientação sexual geralmente não têm nada a ver com a homossexualidade, e sim com certa imaturidade, encontrada na idade em que os meninos acham que "as meninas são bobas" e vice-versa, quando se prefere brincar com colegas do mesmo sexo.[*] No final,

---

[*] O que não significa de maneira alguma que uma orientação homossexual ou outra seja necessariamente uma questão de imaturidade. Trata-se aqui apenas de casos bem particulares, enquadrados na recusa em crescer.

e não sem angústia, o adulto que luta com sua indecisão pode se perguntar se ele é normal.

O MEDO DE FICAR DOENTE

A *hipocondria e o medo de doenças*

A hipocondria propriamente dita é relativamente rara (3% das pessoas que se consultam). Trata-se de um distúrbio que, de acordo com os manuais de diagnóstico, se caracteriza pelo medo excessivo de ficar doente ou sofrer de um distúrbio grave, bem como pela preocupação constante com os sinais e sintomas físicos, interpretados de forma catastrófica. A ansiedade persiste, apesar dos repetidos exames médicos, e a vida diária é intensamente perturbada.

Sem sermos hipocondríacos no sentido estrito, muitos de nós temos medo de doenças, germes e problemas que podem ocorrer no corpo. Mas, como fóbicos, alguns vão evitar tudo o que possa lembrar o mundo médico, procurarão ser constantemente tranquilizados, evitarão apertar as mãos, prenderão a respiração ao cruzar com pessoas na rua, aumentarão as visitas ao médico, ouvirão atentamente o seu coração bater ao se deitar etc. O menor sinal incomum, a menor dor e a mais simples das espinhas pode desencadear uma ansiedade intensa.

Esse medo desproporcional aparece frequentemente no final da adolescência ou no início da idade adulta. Na verdade, marca o fim da inocência e da fusão com os pais. De repente, o jovem adulto percebe que é responsável por sua própria existência. Até agora, essa responsabilidade era suportada pelos pais. Sua própria morte só poderia assustá-lo através da morte dos pais, um pouco como se vivesse dentro deles (que é o princípio da fusão). Mas a entrada na vida adulta força de certa forma a tomada de consciência de nossa responsabilidade pessoal, pois a ideia de que precisamos deixar o ninho familiar opera metaforicamente como um segundo nascimento, ou, se preferirmos, como uma segunda "expulsão" (no sentido empregado para falar do nascimento do bebê). Ora, por ocasião dessa expulsão, o nosso corpo, cujas características adultas negamos até agora, aparece-nos. Nós o descobrimos, e ao mesmo tempo descobrimos sua vulnerabilidade fundamental. Nossa negação da morte é então despedaçada, e os menores distúrbios físicos parecem confirmar que vamos morrer em breve. No entanto, trata-se de pura ilusão, pela qual muitos se deixam enganar. O grande filósofo alemão Immanuel Kant, que durante toda a vida foi hipocondríaco, preocupava-se constantemente com a sua saúde e procurava meios de preservá-la. Mesmo grandes gênios podem carregar em si uma boa dose de imaturidade.

Mas que ilusão é essa? A ilusão de que a nossa morte é para breve, quando na realidade é apenas *real e certa*. Sabemos disso, mas queremos esquecer. Sob o choque da redescoberta, de repente a vemos em primeiro plano, ignorando o fato de que ainda está muito distante. No fundo, compreendemos que ela está em nós, que faz parte de nós, que dela não poderemos escapar, apenas adiar. Estamos, de alguma forma, revivendo a insegurança básica do recém-nascido e do recém-expulso do corpo da mãe. Nós nos sentimos sozinhos e indefesos, impotentes, e, assim como o bebê, incapazes de nos tranquilizar por nós mesmos. A partir daí, sentimos a necessidade de construir defesas psíquicas adaptadas à nova situação. Há várias soluções disponíveis: podemos procurar refúgio em um relacionamento fusional ou, ao contrário, desenvolver um sentimento heroico de invulnerabilidade. Ou podemos cultivar a ilusão de que a própria doença pode, em alguns casos, nos proteger das angústias de morte, solidão e responsabilidade.

O desejo de ficar doente

A doença tem muitas vantagens ou "benefícios secundários". Todo psicólogo já ouviu pacientes confessarem o desejo secreto de ficarem doentes, de ter um câncer ou um acidente grave e acabarem no hospital. Como explicar esse desejo? Pelo fato de que os outros cuidariam de você, gerenciariam sua vida, seriam compreensivos; você estaria isento de suas responsabilidades habituais. Você seria servido, mimado, tranquilizado. Uma "bolha protetora" se formaria ao seu redor, mobilizando seus parentes e amigos, mas também profissionais de saúde que o tratariam sempre de forma mais ou menos infantilizada. Seria preciso, de fato, ajudá-lo a andar ou a ir ao banheiro, monitorar suas refeições, seu sono, seu bem-estar, certificar-se de satisfazer seus desejos. No final, você se encontraria na cama de hospital à margem da vida adulta, como se vivesse uma nova infância cheia de despreocupação.

A doença representa a oportunidade de ser passivo e receber compaixão dos outros (ilusão de fusão), confere a aura de sobrevivente corajoso (ilusão de onipotência) e fornece a oportunidade de estar no centro da atenção (ilusão de importância).

É raro, porém, que alguém vá até o ponto da automutilação para obter tal satisfação. Em geral, limitamo-nos, quando muito, a exagerar um pouco as nossas dores e os nossos sintomas para que os outros se compadeçam de nós (no limite, os "heroicos" assumirão por vezes riscos imprudentes que os levarão "sem querer" ao acidente). Podemos também desenvolver todo o tipo de manifestações ditas psicossomáticas, sempre bastante benignas, embora dolorosas ou incômodas: dor crônica na coluna, constipação, diarreia, psoríase, eczema, rinite, hipertensão arterial, taquicardia, úlcera, inflamações, náusea[*] etc. Inconscientemente, isso nos permite manter um relacionamento próximo com um ou vários médicos, bem como psicólogos e outros especialistas ou prestadores de cuidados, agindo todos como equivalentes parentais para o adulto que luta para crescer.

Lembro-me de um paciente octogenário que tinha passado a vida doente. Ele dizia que sua mãe havia "interditado sua saúde". Apaixonada pela homeopatia, ela passou

---

[*] Devemos observar, de todo modo, que tais problemas são sempre multifatoriais, as causas psicológicas juntam-se às sociais e ambientais.

a vida cuidando dele para tudo e qualquer coisa. Muito depois da morte da mãe, como filho obediente, esse homem tinha assumido o comando e não tinha passado um único dia sem encontrar uma espinha, uma vaga tosse, uma vermelhidão inquietante ou uma dor suspeita. Como resultado, ele gastou uma fortuna em médicos de todas as especialidades e sessões de terapia com o único propósito (inconsciente) de permanecer a criança pequena que precisa de cuidados. Apesar de ter honradamente conquistado sua vida, ele a passou inteira sentindo medo, dia e noite.

Outra maneira frequente e mais sutil de instrumentalizar a doença manifesta-se em uma recusa de curar, ou melhor, em não se tratar, sendo negligente com a própria saúde, o que, evidentemente, equivale a negar responsabilidades pessoais e a permanecer a criança de seus pais.

O MEDO DE SE LIBERTAR DOS PAIS

Nunca esqueci desta magnífica declaração que ouvi em sessão: "Muitas vezes ligo para minha mãe para saber se estou bem".

Com a recusa de crescer, a dificuldade de se libertar dos pais é inevitável, quer você os veja regularmente, quer raramente. A ligação com os pais é sempre muito forte, e a educação que nos deram desempenha, evidentemente, um papel importante em nossa capacidade de nos tornarmos autônomos.

Atenção: não se trata aqui de estigmatizar os pais, de explicar a recusa de crescer pelos caprichos e defeitos da educação recebida. A maioria dos pais faz o seu melhor, mesmo que cometam erros, alguns deles com as melhores intenções do mundo. "Os pais, meu Deus, eles realmente fazem o que podem, sejam eles quem forem, mesmo os mais rigorosos, mesmo os mais frágeis. Todos os pais são frágeis", escreve Christian Bobin.

Por outro lado, as crianças crescem com as suas próprias ansiedades e com mecanismos de defesa que tendem a travar o seu impulso de crescimento, a sua necessidade de desenvolvimento individual. A obediência, por exemplo, é um desses mecanismos que podem trazer alguma segurança psíquica, pois nos dispensa de fazer escolhas e, portanto, de nos sentirmos responsáveis. Mas todos os mecanismos de defesa protegem e reprimem ao mesmo tempo. Daí o interesse, para quem procura evoluir e crescer, em tomar consciência das imposições e das proibições parentais que o mantêm na infância.

As proibições parentais

Até que ponto somos capazes de desobedecer a nossos pais?

A educação é, em grande parte, feita de proibições. A criança deve obedecer: é isso que garante sua segurança e desenvolvimento. Todos conhecemos os famosos "Não ponha os dedos na tomada", "Não se debruce na janela", e outras ordens absolutamente salutares. Mas prestamos menos atenção, e com razão, às injunções que não são formuladas de maneira explícita e que são inconscientemente internalizadas pela criança. Esses imperativos, muito numerosos, persistem na idade adulta e tendem frequentemente a manter a criança numa posição de dependência em relação aos pais.

Uma dessas injunções diz respeito à necessidade de manter a coesão familiar e sua estrutura hierárquica: é preciso haver união e considerar que quem manda são os pais. Essa ordem pode ser formulada simplesmente da seguinte maneira: "A minha família vem em primeiro lugar".

É difícil para a criança questionar tal máxima, naturalmente. Trata-se aqui de *lealdade familiar*: uma vez no mundo compreendemos, por vontade própria ou à força, que temos uma dívida a pagar com nossos familiares, aqueles que nos protegem e nos ajudam a crescer (mesmo que nos maltratem). Essa dívida é paga dando apoio e ajuda aos outros membros da família, sempre que necessário. Mas essa obrigação de solidariedade inclui, de forma tácita, o dever de os filhos nunca se libertarem da autoridade dos pais, inclusive quando adultos. O respeito pelos idosos quer que os pais permaneçam sempre em posição de destaque e que os seus princípios morais prevaleçam sempre sobre os dos filhos. O que muitas vezes ajudará, é claro, a manter a criança que se tornou adulta em uma posição de filho-de-seus-pais. Alguns apreciarão de bom grado essa situação assimétrica, na medida em que se sentirão confortáveis na sua recusa em crescer. Outros tentarão escapar, tomando distância ou rebelando-se, mas sem nunca conseguir evitar alguma influência dos pais. Tanto mais os que tiveram pais "tóxicos".

Os quatro medos que nos impedem de viver   55

Os *pais tóxicos*

A palavra "tóxico" está na moda e não significa nada muito claro. Digamos que, aqui, significará que alguns pais podem ter se comportado, conscientemente ou não, de maneira a envenenar a vida de seus filhos. Mais precisamente, vamos nos concentrar naqueles que fizeram e fazem com que seus filhos não consigam se emancipar ou tornarem-se autônomos — mesmo com boas intenções.

Há pais que, de fato, nunca conseguiram admitir sua própria condição de adultos. Com seus filhos, eles podem se mostrar desajeitados, indiferentes, tirânicos, fusionais. Podem demonstrar falta de tempo, empatia; podem ter dificuldade em expressar suas emoções, dificuldade em controlar sua raiva; podem ser verbal e fisicamente violentos.

Graças ao trabalho dos psicólogos familiares, sabemos que esses pais tendem a impor à criança a internalização de injunções particularmente prejudiciais. Por exemplo, a criança deve concordar em não ser levada em consideração. Ela entende que não deve perturbar ou incomodar: não deve existir. Claro, ela não deve questionar os princípios dos pais. Deve, portanto, se esforçar para seguir o modelo proposto por eles e, assim, não desenvolver uma personalidade própria. Nessas condições, ela não recebe nenhuma confiança ou encorajamento e, às vezes, nenhum sinal de afeto. A criança é constantemente alertada de que agir por conta própria é perigoso. Pode ser repelida, rejeitada, desvalorizada e às vezes sufocada por falsos afetos. Mantém-se, dessa forma, num estado passivo e dependente.

Mas como nada é simples, tudo isso pode se tornar extremamente complicado e paradoxal. Essa mesma criança a quem se pede que não exista pode, por exemplo, ser incumbida de responsabilidades avassaladoras. Um pai deprimido ou dependente exigirá de seu filho que o apoie, que sirva de "muleta" ou que carregue a família em seu lugar. A criança será, então, mergulhada em expectativas que superam suas capacidades, ao passo que seus méritos jamais serão reconhecidos. Ela terá que obedecer sempre, apoiar, sacrificar-se, negar a si mesma e, pior ainda, terá que agradecer aos pais!

Você pode se reconhecer nessas descrições. Você pode ter tido um pai depressivo que precisou ou ainda precisa ser carregado, apoiado, ajudado e que se recusa a aceitar que você tenha sua própria vida; você pode ter vivido com pais que o desprezavam, menosprezavam e não lhe valorizaram suficientemente.[3] Mas você também pode ter crescido em uma família "feliz", aparentemente equilibrada, que, de todo modo, ainda tem uma certa influência sobre você.

Para simplificar, digamos que existem dois tipos de famílias com alto grau de toxicidade: famílias fusionais e famílias heroicas. Nas primeiras, a imposição de solidariedade acaba por encerrar a criança numa espécie de bolha invisível da qual ela terá a maior dificuldade para sair. Ela será criada com a ideia de que não se deve criar laços sérios fora da família. Também terá que respeitar um princípio de transparência concordando em não ter nenhuma intimidade ou vida privada.

Em famílias heroicas, ao contrário, os filhos serão levados a se individualizar além da medida e a partir o mais rápido possível. Os vínculos geralmente serão bastante distantes e a atitude dos pais (ou de um deles) pode beirar a indiferença, às vezes o desprezo. No entanto, insidiosamente, os pais se apresentarão como modelos, e sobretudo como modelos insuperáveis, suscetíveis de esmagar o filho, de o confrontar com a sua suposta (e insuperável) insuficiência.

Dependendo da personalidade e da trajetória dos pais, pode haver uma infinidade de misturas e variações entre esses dois tipos de famílias: uma mãe com ciúmes da filha, que se compara constantemente com ela, que veste suas roupas, quer interferir no seu grupo de amigos, faz com que ela se sinta culpada quando sai de seu lado; um pai incestuoso* que não mostra pudor ou relata grosseiramente suas experiências sexuais; uma mãe que não hesita em rebaixar o filho com palavras e depois lhe dá presentes, tenta controlá-lo; um pai que se sente em competição com os filhos e não perde a oportunidade de mostrar sua superioridade; uma mãe provedora que constrange a filha ao comer e a culpa por estar acima do peso; um pai depressivo e suicida que faz seus filhos sentirem que têm nas mãos a responsabilidade de sua vida; pais que exigem telefonemas várias vezes por semana, visitas todos os domingos... Poderíamos multiplicar os exemplos ao infinito: violência e danos

---

* Incestuoso, noção proposta pelo psicanalista Paul-Claude Racamier, designa um ambiente que insinua o incesto, sem que haja incesto propriamente dito. Fala-se, às vezes, de "incesto moral".

físicos ou psicológicos, amor sufocante, culto à família, dependência emocional.

O *medo de desobedecer*

No entanto, parece fácil desobedecer. Basta esperar por circunstâncias favoráveis. Todas as crianças fazem isso, e também os adultos, que continuam a fazer em segredo coisas que seus pais desaprovam. Por exemplo, adultos que fumam ou bebem e, embora tenham mais de quarenta anos, são incapazes de assumir isso na frente de seus pais. Imaginam que esses pequenos segredos não são importantes. Eles estão redondamente enganados. A prova é que temem contradizer os pais, decepcioná-los ou entristecê-los. Acham muito difícil questionar a autoridade dos pais. No final, tornam-se os artífices de seu próprio sofrimento porque, ao persistirem na submissão e na dissimulação, interditam *de fato* o caminho para se tornarem eles mesmos.

Tomemos o exemplo desses pais que têm as senhas da conta bancária do filho que já é adulto há muito tempo. Os pais a utilizam principalmente para doar dinheiro, mas também podem exercer uma certa forma de vigilância. Também podem manter sua autoridade de várias outras maneiras, seja jogando com a lealdade familiar ou fazendo doações, fornecendo ajuda, conselhos e serviços. É uma coleira dourada que mantém as crianças cativas quando se tornam adultas. Em troca de todas essas atenções, você tem que obedecer.

Seus pais têm as senhas da sua conta? As chaves da sua casa? Eles vão à sua casa sem avisar? Criticam seu modo de vida? Tendem a decidir por você o que é bom ou ruim para seus filhos? Exigem saber onde você está, o que está fazendo? Esteja ciente de que submissão e obediência muitas vezes se manifestam quando você fala sobre seus pais para amigos ou colegas dizendo "papai" ou "mamãe", em vez de "meu pai" ou "minha mãe".

Costumo sugerir aos pacientes envolvidos que tirem os pais do poder. Não é tão fácil, porque sentimos que estamos cometendo uma traição. Nos sentimos culpados, ingratos e tristes. Sem falar que alguns apreciam seu estado de dependência, pois contam com os pais para assumir suas responsabilidades. Exigem sua validação e autorização antes de agir; continuam a ter o apelido que receberam quando eram crianças: "gracinha", "pequena" etc. Agindo assim, concordam em permanecer na condição de filhos. Mas se essa situação é tranquilizadora do ponto de vista psicológico, pois os poupa de enfrentar a vida adulta, ela também os condena a correr atrás de seus pais em busca de um reconhecimento que jamais obterão.

Nossos pais estão dentro de nós

Por que "jamais"? Porque, na realidade, eles esperam que os pais os declarem adultos e lhes concedam aquela estima e confiança que devemos a um adulto. No entanto, a condição de adulto não é algo que se peça. Não há permissão de quem quer que seja a ser dada. A condição de adulto deve ser obtida. Melhor ainda, é algo que se rouba e se impõe aos pais. O status de adulto só pode vir de si mesmo, de sua decisão pessoal de emergir, de fazer sua própria vida. Se esperamos isso de nossos pais, na verdade ainda estamos em uma relação de dependência. E não acredite, como alguns pacientes, que basta esperar a morte de seus pais para finalmente se sentir livre. O fato de seus pais morarem a dez mil quilômetros ou de terem falecido não os liberta de seu domínio. Porque os pais também estão dentro de nós. E é aí que se encontram algumas chaves para deixar a infância.

EM TERAPIA

PARA SAIR DA INFÂNCIA

Ao longo da leitura, você deve ter notado a presença, dentro de si, de uma parte muito mais substancial de sua infância do que imaginava no início. É possível que isso pareça algo muito importante, mas não há motivo para se afligir. Pelo contrário: é uma vantagem estar ciente disso. Ademais, saiba que esse é o destino da maioria das pessoas (incluindo psicólogos). Vamos repetir: não há um único adulto verdadeiro nesta Terra. Estamos todos a caminho. A questão é justamente saber como seguir pela trajetória que leva à maioridade. O que você pode fazer concretamente para sair da infância e assim começar a superar seus medos?

Algumas palavras sobre a teoria do apego

Primeiramente, é preciso fazer um pequeno desvio pela teoria do apego, que lança uma luz fundamental sobre o modo como os indivíduos tecem relações sociais ao longo de suas vidas.

A teoria do apego foi formulada pelo psiquiatra britânico John Bowlby (1907-1990). Ele demonstrou que o recém-nascido expressa uma necessidade básica e primária: a de ter alguém a quem recorrer em caso de estresse ou perigo, alguém com quem desenvolver interações sociais seguras. Deve ficar claro aqui que o apego não é uma questão de sentimento ou amor: é apenas uma questão de segurança, uma questão de sobrevivência. "O objetivo do sistema de apego é o estabelecimento de proximidade física com a figura de apego em caso de alarme ou angústia do bebê",[4] escrevem os especialistas Nicole e Antoine Guédeney. As pessoas (pai, mãe etc.) que cercam a criança representam para ela o que se chama de "base de segurança". Essa base de segurança corresponde à "confiança na ideia de que uma figura protetora e solidária estará acessível e disponível quando necessário".[5] A criança pode afastar-se dela para explorar o seu ambiente e voltar a ela em caso de perigo, fadiga ou mesmo ansiedade. No entanto, dependendo da personalidade dos pais, cada criança desenvolve uma certa forma de viver com essa base de segurança. Existem basicamente três formas.

Um experimento famoso tornou possível determinar três tipos de apego. Essa experiência é chamada de "situação estranha". Foi concebida por Mary Ainsworth (1913-1999), uma psicóloga do desenvolvimento. Consiste em confrontar um bebê de doze meses e sua mãe com diversas situações: primeiro, os dois estão em um quarto, a criança está brincando;

um adulto desconhecido entra e conversa com a mãe e então se interessa pela criança; a mãe sai, deixando o bebê sozinho no quarto com o estranho; ela volta depois de um curto período.

Observar o comportamento da criança nessa sequência permitiu a Mary Ainsworth identificar três perfis principais:

- O tipo seguro: a relação entre a criança e a mãe é ótima; quando a mãe sai do quarto, a criança chora e pergunta por ela, mas se mostra ativa e disposta a explorar o local; quando a mãe volta, a criança expressa sua alegria por encontrá-la. Ela é facilmente tranquilizada e rapidamente recupera a compostura. Quando adulta, pode facilmente citar seus amigos, enquanto outros tipos têm dificuldade em fazê-lo.

- O tipo inseguro ambivalente (ou ansioso): quando a mãe sai do quarto, a criança fica inconsolável. Diante de sua volta, ela hesita entre duas atitudes, a alegria e a raiva. Expressa, assim, uma falta de confiança no vínculo. Muitas vezes é observado que os pais dessa criança por vezes são superprotetores, noutras, indiferentes. Mais tarde, a criança mostrará propensão à ambivalência, alternando sedução e agressividade, experimentando muitas vezes um sentimento de solidão.

- O tipo inseguro evitativo: quando a mãe o abandona, a criança parece indiferente. A mesma coisa em seu retorno. Ela inibe suas emoções e finge ser desapegada. É comum que sofra no dia a dia uma forma de indiferença dos pais, ou falta de atenção, deboche etc. Posteriormente, ao crescer, essa criança tenderá a idealizar os pais e apresentará grandes dificuldades nos relacionamentos com os outros, demonstrando pouco interesse por laços afetivos.

Talvez você se reconheça em um desses três tipos? De fato, a forma como nossos relacionamentos são estruturados na idade adulta está intimamente ligada ao estilo de apego na infância. De modo que, se ainda resta uma parte da infância em nós, é aí que ela está ancorada. Podemos nos livrar dela ou estamos condenados a manter a mesma forma de apego por toda a vida? Para responder a essa pergunta, precisamos abordar a noção de "base de segurança".

A noção de "base de segurança"

Como dissemos, a base de segurança é representada pelas figuras de apego, principalmente o pai e a mãe. A criança cresce dentro dessa base de segurança (imagine uma espécie de círculo ou enclausuramento em torno dos pais). Em princípio, ela aprende pouco a pouco a sair desta bolha, afastando-se para descobrir o mundo. Seus próprios pais podem encorajá-la a distanciar-se para construir relacionamentos com amigos, diversificar seus contatos, suportar separações cada vez mais longas, tornar-se independente, explorar o mundo. Assim que a criança se sentir ansiosa, ela pode retornar à sua base de segurança.

Com isso, pode-se entrever que crescer significa conseguir afastar-se cada vez mais da base original de segurança até que, por fim, ela se torne prescindível.

No entanto, muitas vezes as exigências dos pais podem contradizer essa emancipação, mesmo quando estão fazendo seu melhor para incentivar a criança a sair da zona de conforto. Uma bolha invisível, composta de exigências implícitas, pode impedir a criança de alcançar sua autonomia.

E tem mais: é preciso saber que o indivíduo carrega dentro de si essa base de segurança. Faz parte de sua psique. Lembremos que nossos pais estão "dentro" de nós, na forma de obrigações internalizadas a que obedecemos cegamente. É por isso que tendemos a contribuir, nós mesmos, para nossa permanência no estado infantil. Por exemplo, continuando a aceitar os apelidos que nossos pais nos deram quando éramos jovens, voltando regularmente para as suas casas, por vezes para encontrar ali uma espécie de "quarto-museu" que data da nossa adolescência, idealizando a "família de antes", aquela em que crescemos. Portanto, é preciso observar atentamente para descobrir como ainda vivemos em nossa antiga base de segurança.

O caso Ariane, prisioneira de sua base de segurança

Ariane tem 47 anos. Ela tem uma vida amorosa particularmente caótica. As experiências sucedem-se sem nunca conduzir a uma relação estável. Ela se diz desamparada, angustiada e passa muito tempo chorando. Ela se sente abandonada, sozinha, ansiosa por amor, como uma criança pequena.

Recentemente, ela decidiu reencontrar seus antigos namorados, aqueles com quem teve um romance entre os dezesseis e os dezoito anos. Ela os procurou e retomou o contato com alguns deles a fim de revê-los. No entanto, ficou muito desapontada com esses breves reencontros românticos ou sexuais, que a deixaram mais amarga do que nunca. Ela pensou que estava recuperando seu antigo frescor, mas isso só piorou a sensação de estar "passando ao largo da própria vida".

Observe que Ariane perdeu os pais há alguns anos. Ela ocupa um cargo de responsabilidade em uma grande empresa. Considera-se plenamente adulta, se saiu bem profissionalmente e criou dois filhos. Mas isso é realmente suficiente para torná-la adulta?

Quando peço a ela que observe com atenção a decoração de seu apartamento, ela percebe que as lembranças deixadas por seu pai e sua mãe são onipresentes. Suas fotos, seus móveis, pinturas que os representam, objetos herdados como baús antigos, brinquedos e ferramentas de sua época, obras escritas pelo pai... Para onde quer que ela se volte, tudo a lembra constantemente de seus pais. Ela vive dentro da base de segurança de sua infância. Nunca a deixou. A prova é que ela ainda imagina seus amores como a adolescente de dezesseis anos que foi. Amores inconsequentes, que pouco têm a ver com os encontros sérios que ela diz desejar agora. É verdade que um encontro "sério" a afastaria de seus pais e, portanto, de sua base de segurança. De fato, ao investir em outra pessoa, ela desviaria grande parte do carinho e da lealdade que "deve" à sua família. Ela descobre assim que, para crescer, para viver sua vida adulta, é necessário trair seus pais.

É preciso "trair" seus pais

Podemos até certo ponto escapar do estilo de apego construído na infância, com uma condição: saber como sair da base original de segurança. De que modo? Mostrando uma verdadeira desobediência em relação a seus pais. Em outro livro, descrevi essa desobediência da seguinte maneira:

> Desobedecer verdadeiramente aos pais não é simplesmente quebrar suas regras, nem se comportar de maneira irresponsável, mas afirmar as próprias regras contra as deles. Deve ser um confronto aberto que consista, idealmente, em transmitir-lhes a mensagem: "Minha vida não é mais determinada pelo que vocês decidiram para mim; eu tenho agora minhas próprias regras, e eu as assumo". Somente sob esta condição podemos falar de verdadeira desobediência, ou seja, de reconhecimento pelo indivíduo de sua liberdade de ser o que realmente quer.[6]

Desobedecer escondido, como uma criança, não é desobediência "real": na verdade, não assumir a responsabilidade pelo que se faz é ainda reconhecer que o que conta é a autoridade e a vontade dos pais.

A família não é uma democracia, mas uma monarquia, e trata-se de fazer uma revolução. É por isso que podemos falar de "traição", em vez de desobediência. Afirmar as próprias regras, as próprias prioridades e princípios de vida, a própria autonomia e liberdade de decisão face aos pais é pôr em causa a lealdade familiar que até então prevalecia; é transgredir a regra de ferro que determina que "a família está sempre em primeiro lugar". É derrubar prioridades, hierarquias, a velha ordem. É preciso que se admita o seguinte: a vida adulta só pode começar realmente quando você for capaz de dizer aos seus pais: *eu não sou mais sua criança. Continuo sendo seu filho ou sua filha, mas não sou mais sua criança.*

Mesmo assim, a palavra "traição" não é um pouco forte?

Não, porque essa traição já está inscrita em nosso crescimento físico. Crescer, mudar fisicamente, passar de bebê para criança, depois para adolescente e adulto, já é uma forma de traição. Inconscientemente, pais nostálgicos lamentam essas mudanças ("Crianças não deveriam crescer!") — ou então estão sempre surpresos com a transformação de seu bebê em um indivíduo com formas, com pelos e sexualizado, capaz de expressar seu próprio desejo.

Trair não significa, porém, rejeitar ou romper com sua família! Este é um vínculo valioso de pertencimento. É desejável, portanto, conservar um lugar importante na vida para a família de origem, mas não mais de forma *incondicional*, não mais a ponto de negar e renunciar a si mesmo. Trair os pais é, na realidade, deixar de trair a si mesmo. É graças a essa traição que o indivíduo pode começar a se descobrir e a conquistar maior autenticidade.

O caso Émilie, criança parentificada

Émilie cresceu sozinha com a mãe. O pai morreu quando ela tinha quatro anos. Émilie herdou uma grande soma de dinheiro de seu pai. Desde então, a mãe, que sonhava em ser artista, viveu sem trabalhar, da herança da filha, idealizando tristemente o marido perdido e recusando-se a iniciar uma nova vida e exercer uma atividade profissional. Hoje, Émilie tem 27 anos. Ela continua a apoiar sua mãe e a prover suas necessidades. Desde a infância, ela foi parentificada.

Ser "parentificado" significa ser obrigado, durante a infância, a assumir responsabilidades que normalmente cabem aos pais. A criança parentificada cuida dos afazeres domésticos, de seus irmãos e irmãs, de seus pais; ela é implicitamente solicitada a não perturbar, a ser discreta; negando assim sua condição de filha ou filho para se tornar "pai dos seus pais", seja porque estão fracos ou doentes, seja por maus-tratos. A relação com os pais é de certa forma invertida, mas a criança não amadurece por isso. Pelo contrário, sob a forma de um adulto obediente e vulnerável, ela permanece estagnada, ainda mais porque seus méritos raramente são reconhecidos de forma explícita. Mais tarde, quando se descobre adulta, percebe que na realidade ainda não abandonou a infância.

A mãe de Émilie é amorosa, mas deprimida. Ela manteve um relacionamento fusional sufocante com a filha. Não assumiu seu papel de mãe, e sim o de irmã dependente, sempre em apuros, exigindo da filha uma total transparência e uma presença contínua. As ferramentas para sair da base de segurança parecem ter sido bloqueadas.

Émilie, portanto, nunca conseguiu se afastar de sua mãe sem sentir uma culpa muito grande. Cada vez que ela tentava viver sua própria vida — saindo para estudar, por exemplo —, a mãe adoecia, obrigando Émilie a voltar. Hoje, Émilie se curva sob o peso dessa carga esmagadora que a mantém prisioneira. Ela obedece à ordem implícita de sua mãe, nunca claramente formulada, mas que poderia ser traduzida assim: "Não se afaste jamais". Isso explica por que ela abandonou os estudos e rompeu com o namorado, embora seja mais provável que ela acredite que a única razão para seus impasses seja que ela é um "fracasso". Na realidade, Émilie faz de tudo para permanecer a filha cativa de sua mãe. Uma criança não precisa fazer faculdade, não tem namorado. É assim que, inconscientemente, Émilie sabota tudo o que pode envolvê-la e torná-la adulta. Infelizmente, ela paga por isso com uma angústia permanente.

O que podemos fazer quando nos encontramos numa situação como essa?

Uma chave: mudar de lugar

Esta simples frase representa todo o objetivo de uma terapia existencial voltada para a superação do medo de crescer:

Para crescer, é preciso mudar de lugar.

Lembre-se dessa fórmula, porque ela voltará ao longo deste livro e será progressivamente enriquecida com outras chaves terapêuticas. Como se deve compreendê-la? Como sabemos qual é o nosso "lugar"? E o que significa mudar de lugar? Imagine um tabuleiro de xadrez. Você é uma das peças do tabuleiro. Seu "lugar" é definido pelo conjunto de relações que você tem com todas as outras peças. Mais precisamente, o lugar é o *conjunto de regras que regem, de forma conscien-te, ou não, suas relações com os outros e com o mundo ao seu redor.* Para identificar essas regras, podemos fazer uma lista de "deveres" e "obrigações" que orientam e regem nosso comportamento. Aqui estão alguns exemplos (simplificados).

Perfil marcado pelo apagamento por fusão:

- Devo ser útil, fazer com que as pessoas me amem, colocando-me a serviço dos outros.

- Devo esquecer-me de mim em benefício dos outros.

- Tenho que facilitar a vida dos meus pais.

- Devo considerar que sempre sou pior que os outros.

- Não devo dar minha opinião, porque minha opinião é irrelevante.

- Eu sempre tenho que me afastar dos outros.

- Tenho que esconder meu corpo.

- Tenho que ser discreto, porque não tenho e não quero personalidade alguma.

- Tenho que levar a vida que meus pais imaginaram para mim, pedir seus conselhos, obter sua validação.

Perfil marcado pela onipotência heroica:

- Tenho que ser o centro das atenções.

- Tenho que definir o clima no grupo.

- Devo ser o primeiro, o melhor em todos os lugares.

- Tenho que fazer as pessoas me amarem.

- Tenho que ser aquele que decide.

- A minha opinião deve prevalecer sobre a dos outros.

- Devo ser capaz de resolver os problemas que surgem.

- Não devo falhar ou cometer erros.

- Tenho que ser o mais forte.

Essas listas podem ser muito longas. Todos nós podemos, é claro, nos encontrar um pouco nos perfis fusional e heroico. O principal é que essas injunções permitem descrever o lugar que ocupamos em relação aos outros. É então possível começar a operar uma mudança de lugar, um deslizamento gradual do lugar de criança dos pais para outro. Aqui está um exemplo.

O caso Brice, "pilar" de sua família

Brice tem 45 anos. Ele está de licença médica devido a um esgotamento no trabalho. Diz que sofreu assédio moral. Desde os dezessete anos, ele também sofre de bulimia intermitente e atualmente está dez quilos acima do peso. Ele tem vários meses pela frente para se recuperar e pensar em seu futuro.

Brice é o mais velho de cinco irmãos. Ele sempre desempenhou o papel de pequeno "ajudante" de seus pais. Era um menino prestativo, inteligente, discreto e sério. Completou seus estudos brilhantemente enquanto cuidava de seus irmãos e irmãs, mas também se apagou, colocando-se de lado. Atualmente, ele passa muito tempo cuidando de seus pais idosos. No trabalho, sempre apresentou a imagem de um homem particularmente responsável e organizado, atencioso com os outros. Em suma, o "lugar" de Brice é o de "pilar", tanto na família como no trabalho. Ele é ao mesmo tempo "fusional" — na medida em que considera que sua família vem antes de tudo, inclusive de si mesmo — e heroico, já que se acredita indispensável e capaz de "carregar" toda a família. Apagamento e onipotência se misturam aqui de forma muito sutil.

Como Brice fez para mudar de lugar?

Começou indo menos à casa dos pais e passando o bastão aos irmãos. Antes, ele não ficava parado nos almoços em família: organizava, servia, ajudava a mãe. Agora, ele se contenta em sentar-se à mesa e deixar aos outros os afazeres. Ao mesmo tempo, toma mais tempo para si. Ele se matriculou em aulas de teatro e canto; faz longas caminhadas sozinho, dedica mais tempo ao lazer com os amigos. Brice também lê muito. E nessa tranquilidade escolhida, ele percebe que, focado na sua lealdade à família, nunca havia pensado em viver sua própria vida. Essa é a razão pela qual, sem dúvida, ele sabotou até agora todas as suas histórias sentimentais, relacionando-se apenas com mulheres já comprometidas ou que moravam muito longe, às vezes no exterior. Brice acreditava ser adulto e responsável, mas continuava a ser a criança dos pais, assumindo cegamente a missão que lhe fora confiada quando pequeno: servir aos outros e permanecer na base de segurança original. Ele agora descobre algo muito novo: o direito de cuidar de si mesmo. Certamente tem a inevitável sensação de "trair" sua família ao deixar o papel de pilar, mas as pessoas próximas se adaptam. Especialmente porque Brice aparenta estar muito melhor. Além disso, por várias semanas, ele "esquece" de comer compulsivamente e perde peso de forma natural. E está lentamente saindo da depressão. Também encontra energia para refletir sobre o significado de sua vida. Está pensando em deixar o emprego para ingressar em uma organização humanitária internacional.

Observe que Brice não precisou, para evoluir, trabalhar diretamente em seus múltiplos medos, como o medo de falhar, o medo de ser mal julgado, o medo de errar, o medo de decepcionar quem o ama, o medo de engordar... Ele só refletiu sobre seu lugar de criança-pilar, que sempre esteve sujeita a um fardo esmagador.

Isso também vale para outras questões: não é preciso trabalhar especificamente o medo do próprio corpo, o medo da sexualidade ou o medo de ficar doente para superá-los. Qualquer que seja a situação particular em que se encontre, é a mudança de lugar que conta, e que sempre consiste, de início, em passar da criança ao adulto, isto é, em não mais viver como criança diante de seus pais.

Primeiros passos terapêuticos

Cada caso é único e é obviamente impossível abordar todos eles. É preciso analisar caso a caso, por exemplo, quais objetos ligados à infância formam seu ambiente íntimo, em casa e no trabalho; deve-se examinar como você aceita seu corpo adulto, sua feminilidade ou sua virilidade, como você vive sua sexualidade, que relação você tem com a doença e a saúde, ou como você se situa em relação às múltiplas imposições familiares. É preciso, em seguida, fazer uma mudança em seu relacionamento com a infância. É necessário operar uma modificação que precisa ser implementada através de atos muito concretos, atos da vida cotidiana. Compreender sem agir é absolutamente inútil. Por outro lado, qualquer esforço concreto de mudança de lugar induz a uma profunda reorganização interna. Basta tentar para perceber rapidamente que a maneira como você vê o mundo evolui à medida que você trabalha suas questões, abandonando a perspectiva de baixo para cima da criança para assumir a do adulto, de uma altura maior. Por exemplo, você pode se desfazer do bichinho de pelúcia guardado desde a infância, levá-lo de volta para os pais ou guardá-lo em um armário; pode tentar mudar o estilo de vestimenta para apresentar-se como o homem ou a mulher adulta em que você se transformou; pode considerar a utilidade de deixar de dizer "papai" ou "mamãe" quando se fala dos pais para pessoas de fora da família...

Tudo isso pode parecer inócuo, mas cada um desses atos significativos é muito poderoso. No entanto, talvez seja ainda um pouco vago ou difícil de entender. Portanto, precisamos de indicações mais precisas e outros exemplos.

2

A ENTRADA NA VIDA ADULTA

O MEDO DE LANÇAR-SE EM SUA PRÓPRIA VIDA

SOCORRO, TODOS NÓS VAMOS amadurecer! Entrar na idade adulta é aprender a lidar com o tempo. O tempo que passa e nos leva direto para uma morte inevitável. O tempo da infância é circular, tudo recomeça, tudo é possível. O tempo do adulto é linear e tudo o que fazemos tem consequências duradouras. No entanto, esse tempo linear é o único tempo em que é possível alcançar a verdadeira realização e ter uma vida livre e satisfatória.

Ora, todos nós, às vezes, tendemos a achar que o tempo passa rápido demais. A infância se foi sem que percebêssemos. Quanto ao tempo que se apresenta diante de nós, nem sempre sabemos o que fazer com ele. Assim, o medo de crescer é também analisado através da forma como pensamos e vivemos o nosso tempo pessoal, da importância que damos à nossa memória autobiográfica e das perspectivas que construímos para o futuro.

A *nostalgia da "família de antes"*

A recusa em crescer, como vimos, manifesta-se no prazer que podemos sentir em guardar "objetos transicionais", pequenas lembranças da infância e da adolescência. Esses objetos, se relativamente numerosos, formam um contexto tranquilizador que tende a realizar a ilusão de que o passado está sempre presente. Alguns de nós vão ainda mais longe, concentrando-se no histórico familiar e até mesmo na história da linhagem. Interessam-se por várias gerações de antepassados, a ponto de se tornarem verdadeiros "arquivistas", coletando fotos, vídeos, testemunhos, objetos ligados ao passado da família. Conhecem perfeitamente a história dos pais, dos avós, que retraçam de vez em quando nos muitos álbuns fotográficos. A prescrição "a família vem em primeiro lugar" funciona a todo vapor.

Certamente, querer preservar a memória da família não é algo ruim em si mesmo. No entanto, é necessário medir até que ponto tal atividade não seria, na realidade, justificada pela recusa em admitir que a "família de antes" pertence a um passado que já se foi. Geralmente, o arquivista de família é também aquele que se sente encarregado de manter a coesão da família, que se desdobra para resolver conflitos, transmitir mensagens, ser diplomático ou mediador de todos. Ele tem dificuldade em suportar a ideia de que a "velha família" tenha alguma concorrência, ou mesmo que esteja sendo substituída por outras famílias, aquelas que os irmãos e irmãs criam por conta própria, casando-se e tendo filhos.

Não é incomum que toda a família participe do jogo da nostalgia. Essa prática é reforçada pelas tradições familiares. Passamos, por exemplo, de geração em geração receitas de cozinha, objetos, histórias, mas também valores morais e traços de personalidade, como o orgulho, o dever, a solidariedade. Pode ser uma forma de estruturar a família baseada, digamos, na imposição de que quem manda é a mulher, porque ela tem o "dever" de ter personalidade forte. Em outro caso, podemos também transmitir uma ideia de franqueza segundo a qual "dizemos as coisas uns aos outros, mesmo que isso signifique discutir e depois reconciliar-se". Todos, então, tendem a jogar o jogo da família, que pode, dependendo do caso, assumir ares de comédia ou tragédia — resultando, na maioria das vezes, em uma tragicomédia.

A *tragédia familiar*

As tradições sociais, em particular algumas festas importantes, vêm alimentar e perpetuar a nostalgia da "família de antes". O Natal é o melhor exemplo disso porque é precisamente o momento em que nos reunimos para reafirmar que "a família é sagrada". Celebrar o Natal é encenar a família ideal, algo como uma "família normal", amorosa, hierarquizada, com pai, mãe, filhos, netos, genros, noras. Todos sabem, porém, que é apenas uma ficção. Um pouco como numa peça de teatro, cada membro da família passa a ocupar o lugar preciso que lhe foi atribuído pelos outros: há o extrovertido, o introvertido, o bem-sucedido, o que falhou em tudo, o favorito, o detestado etc. É assim que celebraremos o Natal ao longo de nossas vidas. Quando crescermos e começarmos nossa vida adulta, voltaremos para celebrar a "família de antes", a família de nossa infância. E nossos filhos farão o mesmo depois de nós.

O Natal é um ritual teatral fabricado, normatizado, com sua decoração, suas tradições e seu roteiro. Para todos, no entanto, trata-se de interpretar um personagem ao qual não podem se reduzir. Nessa encenação da "família de antes", há uma regra: não dizer nada nem fazer algo que saia do roteiro previsto. O sorriso deve reinar e é melhor engolir as mágoas com muita simpatia. Mas claro, quanto mais tentarmos silenciá-las, mais as teremos em mente.

A isto juntam-se, por ocasião do Natal, duas especificidades da própria festa. Primeiro, o fato de que, implicitamente, toda festa reencena a guerra, o conflito, o confronto. Vemos isso muito bem, por exemplo, no carnaval, em que é costume jogar confetes, serpentinas e flores uns nos outros. Embora simbólica e inofensiva, a dimensão agressiva está muito presente.

Em seguida, festas representam quase sempre uma inversão de valores. Elas tendem para a transgressão, ou seja, da contenção e da elegância para o relaxamento e a desinibição. Com a ajuda do álcool, muitas vezes criamos condições propícias ao acerto de contas, às discussões, à raiva.

Por isso, subjacente a qualquer festa de família — especialmente o Natal — encontra-se a extraordinária tensão psicológica que reina no seu seio. Uma vez reunidos, lembramo-nos de que temos tantas razões para amar os nossos entes queridos como para lhes ter rancor. É por isso que a família é o lugar, por excelência, do trágico. Os gregos da antiguidade entenderam isso muito bem, e todas as suas tragédias o demonstram: Édipo mata o pai e casa-se com a mãe; Agamenon mata a filha antes de ser assassinado pela esposa, que por sua vez é morta pelo filho; Jasão deixa a esposa Medeia, que, para se vingar, mata os filhos...

O que os mitos gregos nos ensinam é que a traição está no cerne de qualquer família porque a lealdade familiar não pode durar para sempre: os filhos sempre crescerão e oferecerão sua lealdade aos outros, mesmo que apenas criando sua própria família. Pelo menos quando tiverem forças para quebrar a proibição de se afastar e derrubar a ordem estabelecida. Mas alguns se recusarão a fazer por muito tempo, procurando perpetuar essa impossível "família de antes", contra todas as probabilidades, organizando ansiosamente todos os tipos de festas e comemorações. Daí a importância de se trabalhar os medos relacionados ao passado, ao presente e ao futuro.

O MEDO DO PASSADO

A *memória em desordem*

Ao contrário daqueles que se consideram a memória viva da família, há aqueles que não se lembram de nada, ou de muito pouco. Um dia, enquanto eu interrogava um novo paciente sobre seu passado, ele me deu esta resposta inesperada: "Ah, no que diz respeito ao meu passado, você tem que perguntar à minha mãe!". Esse homem, na casa dos trinta, quase não tinha memórias significativas anteriores à idade de dezenove anos. Como acontecia quando criança, sua mãe que deveria se lembrar por ele. Na sessão, à custa de um esforço considerável, ele só pôde encontrar situações vagas e, ainda assim, não na ordem certa. Eram apenas generalidades: ele estudava em tal lugar, vivia em tal rua, praticava tal esporte e assim por diante. Nenhuma memória de episódios detalhados, precisos e datados.

O caso não é tão raro. Muitas pessoas até acham difícil dar a idade, ou mesmo a data de nascimento, sem pensar por alguns segundos. Um véu espesso cobre seu passado. "Sou péssimo com datas", justificam-se. Muitos parecem ter passado a infância e a adolescência em estado quase sonambúlico, lembrando-se apenas das linhas gerais. Na melhor das hipóteses, apenas memórias negativas perduram. No fundo, a memória dessas pessoas assemelha-se a uma piscina onde flutuam, em grande desordem, lembranças vagas, dispersas, difusas, em sua maioria negativas ou dolorosas.

Apenas as etapas profissionais permanecem facilmente identificáveis. Tive a oportunidade de pedir a um paciente de cinquenta anos que escrevesse uma breve biografia, listando os acontecimentos marcantes de sua vida. Na sessão seguinte, ele trouxe uma longa lista com a qual parecia satisfeito. Para meu grande espanto, não encontrei na lista nem o seu casamento, nem o nascimento dos seus filhos, nem a morte de seus pais. Acontecimentos que não são insignificantes! Quando o fiz notar esse fato, ele me olhou com os olhos arregalados, tão perplexo quanto eu: "Nem pensei em colocá-los na lista!". A memória pode ser terrivelmente seletiva.

Observe que não se trata aqui de um déficit cognitivo. Todos esses pacientes a que me refiro podem ser engenheiros, médicos, cientistas da computação etc. Possuem excelente memória, que utilizam sem dificuldade no exercício de sua profissão. O fato é que eles se recusam mais ou menos conscientemente a se situar em sua própria história; não se sentem envolvidos ou responsáveis pelo que viveram. De certa forma, eles vivem como uma criança pequena que é transportada, colocada no carro, deixada lá e que não se importa em saber aonde está indo ou onde está, desde que possa realizar suas atividades. No entanto, desde a infância, lembrar o caminho é admitir a responsabilidade por sua existência e sua condição de ser mortal e estar sozinho.

Diante da angústia que daí pode emergir, o esquecimento ou a amnésia podem então intervir como mecanismos de defesa, permitindo expulsar da consciência essas ideias dolorosas. Mas, se esse tipo de proteção psíquica denota certa eficácia na primeira infância, ela se mostra, para o adulto, tanto uma verdadeira limitação quanto um sofrimento.

O "efeito decalque" e o caos emocional

Um engenheiro reclama por sentir-se deprimido. Todos os anos, no início do ano letivo, que na França começa em setembro, ele de repente se sente triste, irritado e solitário. Além disso, diz que é regularmente dominado por emoções das quais não entende a origem, em particular pela raiva. Quando pergunto sobre seu passado, ele responde sistematicamente que só se lembra de eventos muito vagos. Tudo o que resta é a lembrança penosa de uma infância difícil. Sua mãe, muitas vezes ausente, criava os filhos sozinha em um apartamento frio, onde regularmente faltava dinheiro e comida. A escola em si não era um grande conforto: lá, ele só encontrou humilhação e tédio. Para além disso, restam apenas fragmentos de cenas, difíceis de localizar e datar.

Esse homem, que nunca procurou situar-se precisamente na sua trajetória, contenta-se aos quarenta anos com uma biografia confusa e desordenada. Peço a ele que faça uma lista de eventos de que possa lembrar com a ajuda de um álbum de fotos ou perguntando à irmã. Depois de várias semanas de hesitação, ele se põe a fazê-lo. Começa a transcrever suas memórias, tentando colocá-las em ordem. É então que sente um mal-estar difuso, seguido de vertigens e, por fim, uma profunda vontade de dormir.

Adormecer é bastante clássico nesse tipo de situação e mostra que a ordem "não devo lembrar" é extremamente poderosa. Sob sua influência, parte da psique tende a frustrar qualquer esforço de rememoração, acionando uma espécie de "disjuntor" psicossomático. Tive a oportunidade de ver várias pessoas bocejando, inclinando a cabeça para trás e adormecendo brevemente no sofá do meu escritório enquanto tentavam encontrar suas memórias perdidas...

Tratando-se de nosso engenheiro amnésico, que relação pode haver entre o esquecimento da infância e essa depressão que volta todos os anos em setembro?

Para entender isso, podemos apresentar a seguinte hipótese: quando as lembranças não são corretamente datadas e rotuladas na memória, as emoções que as acompanharam continuam a assombrar o indivíduo. A humilhação ou a raiva originárias da infância continuam operando *como se o tempo não tivesse passado*. Assim, as emoções podem se desprender do evento que as provocou e conectar-se a outra experiência. Por exemplo, você pode ficar com raiva de um colega de trabalho, chegar em casa e descontar sua raiva em alguém próximo a você (que não teve nada a ver com isso). No caso de nosso engenheiro, a recusa em recordar agrava esse tipo de confusão de modo tão pronunciado que cada vez que o ano letivo se inicia ele literalmente revive aquela época de sua infância. Ele, que odiava a escola e ali se sentia humilhado e maltratado, em permanente fracasso, vê-se então invadido por emoções que, a princípio, não têm mais razão de ser. Seu passado, de alguma forma, passa a representar uma camada em seu presente e o leva a um caos emocional cujo tom principal é a raiva. Daí o benefício que ele pode obter ao classificar e organizar essas memórias, o que pode ser feito de uma maneira muito simples. Ao escrever uma simples autobiografia a partir de fotos ou depoimentos, ele pode conferir ordem à sua jornada e, assim, ancorar e fixar suas emoções "flutuantes" no passado. Desse modo, ele se insere resolutamente na passagem do tempo, reapropria-se de sua história e se mune de meios para assumir sua condição de adulto de forma mais serena.

Lacunas e reinterpretações

Além de casos relativamente graves, como o que acabamos de ver, existe uma forma mais branda de negligência com o passado. Talvez ela lhe diga respeito. Você consegue, por exemplo, informar rapidamente a idade de seus pais ou o ano de nascimento deles? O que você sabe sobre seus avós? Consegue encontrar algumas memórias pessoais datadas de 2017, 2012, 2007?

O medo de crescer, no modo de apagamento por fusão, é frequentemente acompanhado por um desconhecimento da história familiar ou indiferença pelo passado. Durante seus primeiros anos, a criança acredita que toda a história começa com ela. Então, crescendo, ela se questiona, faz perguntas sobre sua família. Mas as respostas que recebe não são claras, seja por negligência dos pais, seja porque eles preferem silenciar o passado. É possível, ainda, que a criança não queira realmente obter essas respostas, o que não lhe permitirá, como adulto, se situar na dinâmica da passagem do tempo.

No modo da onipotência heroica, a história familiar não terá muita importância se o indivíduo persiste em pensar que ela apenas começa e assume todo o seu valor com ele. Mesmo quando supervaloriza sua filiação (às vezes inventando uma linhagem ou ancestrais prestigiosos), ele se considera de bom grado sua expressão mais perfeita. Muitos personagens célebres não resistiram a esse tipo de tentação. O próprio Nietzsche sugeriu que descendia de uma família nobre polonesa; Victor Hugo, que afirmava não dar importância a questões genealógicas, disse durante quase toda a sua vida que era descendente de Georges Hugo, capitão da guarda do duque de Lorraine, o que não passava de mentira deliberada. Mas, como escreveu o habilidoso grande homem, "a verdade lendária é a invenção que tem como resultado a realidade".

O desprezo ou a indiferença pelo passado real da família também podem derivar da ilusão infantil de que é possível viver como um elétron livre e libertar-se de todos os enquadramentos e regras.

O MEDO DO PRESENTE E DO TÉDIO

A rejeição de sua época

A atitude do tipo "elétron livre" muitas vezes impede que você se sinta totalmente integrado à sociedade, sua cultura e sua época. Muitas pessoas dizem que não gostam do seu tempo, ou que "nasceram na época errada". Outros acham que nasceram no país errado e se sentiriam mais à vontade alhures.

Mas pode-se suspeitar que muitos desses adultos sentiriam a desagradável sensação de não estarem em seu lugar em nenhum outro tempo ou cultura. Porque, em vez de se aceitarem como adultos, eles procuram uma fuga. Por isso, às vezes fantasiam como crianças, imaginando que poderiam viajar no tempo e viver em uma época considerada mais interessante. Não encontrando máquina capaz de permitir tal viagem, podem sempre recorrer a filmes antigos, rodados décadas antes — nos anos 1950 por exemplo —, porque, sendo um tempo passado, nada mais pode transformá-lo. Até a morte ali parece anulada, esvaziada de sua carga de angústia. Um Raimu, um Mastroianni, um Lino Ventura, uma Romy Schneider, não parecem eternamente vivos? Esses grandes atores podem continuar morrendo no palco ou em vida, não importa mais.

Você sente isso? Parece que você não pertence a este tempo? Ou que antes era melhor? Se assim for, é bem possível que não seja uma questão de época. Ou, mais precisamente, esta "época" que você tanto odeia seria, na realidade, aquela em que você é forçado a se aproximar da idade adulta enquanto vê a infância fugir.

Aliás, a vontade de "ir para longe", para o outro lado do mundo, acreditando que lá escapará à sua condição é uma característica constante no adulto que ainda não se assumiu. No entanto, quando viaja ou encontra-se muito longe do seu ponto de partida, ele descobre que ainda tem de enfrentar sua existência e suas angústias. Descobre que, definitivamente, não pode escapar de si mesmo.

O tédio mortal do tempo presente

Nosso tempo, no entanto, nos oferece muitas maneiras de "escapar". Com a proliferação de telas e conteúdos, hoje quase não há oportunidades de ficar entediado. Graças ao celular, o menor tempo ocioso é instantaneamente aproveitado para entretenimento, trabalho e, vez ou outra, para telefonar. Não aguentamos mais esperar ou não ter nada para fazer. Quem ainda é capaz de ficar em uma fila sem pegar o telefone e ser absorvido por ele? Quase ninguém. Por outro lado, não seria uma perda de tempo ficar sem fazer nada? É o que nos parece, e acreditamos que, ao preencher as horas mortas, ganhamos tempo para mais tarde. Entretanto, nas ocasiões em que finalmente poderíamos aproveitar esse tempo economizado, somos tomados por uma espécie de vertigem: percebemos que, a menos que o preenchamos com atividades que nos permitam estar ausentes de nós mesmos, não sabemos o que fazer com ele. O tempo vazio nos assusta. Por quê?

Porque não fazer nada nos confronta com o próprio *fato de existir*. O tédio é talvez o que torna nossa existência mais dolorosamente sentida. Encontramo-nos, apesar de nós mesmos, confrontados com grandes questões existenciais: de repente, sentimo-nos isolados, separados dos outros, constatamos a absurdidade do tempo que não passa, sentimo-nos inúteis, "andando em círculos". Falamos então de um "tédio mortal", porque parece que enfrentar nossa existência nua, sem nada além da consciência de ser, nos joga para fora da vida e de seu movimento incessante, levando-nos a vislumbrar o nada.

Nas crianças, o sentimento de tédio revela tanto uma percepção ainda restrita do tempo (ela vive em um presente fechado), quanto a dificuldade de viver sem estímulos externos. A criança precisa de uma pessoa ou de um objeto que a anime, como uma bomba capaz de lhe insuflar vida. Esse é também o caso de certos adultos recolhidos a um presente restrito e vagamente assombrados pela impressão de que a inação, assim como a escuridão ou o silêncio, tem algo a ver com a morte. Diante do tédio, o que vem à mente espontaneamente é a sensação dolorosa de um grande vazio interior, sinônimo de morte e nada. Portanto, é preciso se mexer e ser ativo, e a agitação é o meio mais simples de compensar esse vazio. Reconheceremos aqui, sem dificuldade, a criança hiperativa que salta como uma mola, incapaz de ficar parada e particularmente suscetível e ávida por jogos e estímulos externos.

Preencher o vazio a qualquer preço

E você? É capaz de ficar sem fazer nada? Você entra em pânico quando se encontra em uma situação em que não há nada para fazer? Sente-se desconfortável quando está de férias? Está constantemente procurando ocupações? Sente um vazio interior quando não está ocupado com uma tarefa específica?

Se for esse o caso, provavelmente você gosta dos divertimentos que nossa sociedade oferece em abundância: telas, redes sociais, passeios, esportes, vida amorosa, viagens, bem como atividades puramente ocupacionais (limpeza, arrumação etc.). O consumo também é, para muitos de nós, a forma suprema da diversão.

Aqui, nos referimos à palavra "diversão" no sentido pascaliano do termo. O filósofo francês Blaise Pascal (1623–1662), de fato, aponta que a etimologia latina da palavra diversão é *divertere*, que significa: ação de desviar. Ele escreve:

> A única coisa que nos consola de nossas misérias é a diversão e, no entanto, é a maior de nossas misérias. Pois é isso que, principalmente, nos impede de pensar em nós mesmos e nos faz perder imperceptivelmente o nosso caminho.

Citemos também essa célebre passagem:

> Deixe um rei sozinho, sem nenhuma satisfação dos sentidos, sem nenhum cuidado na mente, sem companhia, apenas pensando em si mesmo, e verá que um rei sem diversão é um homem cheio de misérias.[*]

Divertir-se é esquecer-se da própria existência. É isso que queremos dizer quando falamos da nossa ne-

---

[*] Passagem à qual o imenso Jean Giono rendeu homenagem, com seu romance *Un roi sans divertissement*.

cessidade de "fugir", quando dizemos que queremos "esvaziar a cabeça". Esvaziar de quê? Da única coisa que realmente possuímos: nossa presença em nós mesmos. Mas trata-se de uma experiência difícil. Pascal, novamente, formula bem:

> Nada é tão insuportável para o homem quanto estar em completo repouso, sem paixões, sem negócios, sem divertimentos, sem dedicar-se a atividades. Ele então sente o nada, seu abandono, sua insuficiência, sua dependência, sua impotência, seu vazio. O tédio, a escuridão, a tristeza, a dor, o rancor, o desespero imediatamente emergirão das profundezas de sua alma.

Portanto, temos que nos entreter, evitar o tédio a todo custo, inclusive recorrendo a atividades mentais inúteis, como contar nossos passos, degraus de escadas, carros, postes ou simplesmente dormir... Alguns protegem-se do tédio dedicando-se inteiramente à sua profissão e não deixando espaço para mais nada. Outros consagram-se inteiramente aos seus ou mesmo a outros em geral, como voluntários em associações humanitárias, por exemplo, deixando-se dominar e invadir. Outros, ainda, deixam-se levar por diferentes paixões, como álcool, drogas, jogos, atividades sexuais ou sentimentais obsessivas. Para dizer a verdade, não nos faltam falsas escapatórias que nos transformam em turistas de nossas próprias vidas, mas que falham em nutrir nossas existências. Além disso, é bastante irônico que toda uma vida possa ser desperdiçada e sentida como vazia, embora, como a das crianças, esteja cheia de agitação.

O MEDO DO FUTURO

O medo do que pode acontecer

"Todos os dias, eu anoto meus medos. E à noite verifico se eles aconteceram", me disse um paciente, antes de acrescentar: "Assim que acendo a luz de manhã, faço a escuridão aparecer".

O futuro angustia. Afinal, quando consideramos nossas perspectivas de futuro como um todo, a morte se perfila em nossa linha de visão como seu termo inevitável. Alguns preferem viver um dia por vez, ou pelo menos a curto prazo. Eles se encolhem no aqui e agora, como fazem as crianças. Um único dia parece ser curto o suficiente para que não haja o risco de morrer. É possível rejeitar dessa maneira a ideia da morte? Certamente não. A criança pode acreditar que sim, mas não o adulto. A morte reintroduz-se em sua consciência sem dizer seu nome, colorindo todos os seus pensamentos com uma tonalidade de perigo. Com efeito, tudo se passa como se o fato de reduzir simbolicamente sua existência ao dia vivido — isto é, transformá-lo em miniatura de uma vida inteira — tornasse a morte muito mais próxima do que de fato é, de modo que os eventos mais insignificantes parecem estranhamente ameaçadores ou perigosos, arautos de uma desgraça iminente. O ansioso cria ele mesmo, sem saber, essa ilusão. Ele é de bom grado um catastrofista, amplificando todas as dificuldades que estão por vir, das mais triviais às mais substanciais. Não importa o que aconteça, o copo sempre parece meio vazio.

É assim que, com o tempo, ele passa a ter ataques de pânico — ou crises de ansiedade — e de repente surge em sua mente a ideia de que vai morrer nos próximos minutos. Seus sintomas o levam então a correr para a emergência: sudorese, palpitações, sensação de sufocamento, desorientação etc. Alguns chegam a dormir no carro, estacionado perto de um hospital... Em meio a uma crise, essas pessoas estão convencidas de que vão morrer e nada pode convencê-las do contrário. No entanto, elas estão enganadas. Não no fato de que vão morrer, mas apenas nos prazos. Porque elas vão morrer, como todo mundo, mas em muitos anos.

Como se vê, viver um dia de cada vez como as crianças pode ter efeitos perversos. Pessoas ansiosas podem desenvolver o reflexo de se angustiar logo ao acordar, e essa angústia — que antecipa um fim de vida ainda muito distante — invade progressivamente todo o dia. No final das contas, a angústia vem do fato de que "coisas acontecem", ou seja, de que o tempo *passa* e nos envolve cada vez mais. No entanto, para a criança que se recusa a crescer e que busca ficar parada, nada significativo deveria acontecer.

Às vezes, o adulto não assumido é incapaz de se imaginar levando uma vida independente e alcança seu objetivo inconsciente: as condições necessárias para não ter que viver como adulto. Mas o preço a pagar por essa recusa em crescer é exorbitante. Somando-se a depressão às angústias, esse adulto passa a depender de ansiolíticos, antidepressivos, pílulas para dormir, álcool, narcóticos e dos cuidados de terceiros. Além disso, os vários tratamentos médicos e psicológicos tradicionais o tornam cada vez mais dependente, pois às vezes se vê infantilizado e desobrigado de suas responsabilidades.

Todavia, como veremos adiante, existem maneiras de reverter todo esse processo pelo desenvolvimento da responsabilidade pessoal, no lugar de sua rejeição.

A ilusão de um presente perpétuo

A angústia da morte, porém, não é o único obstáculo à nossa transformação em adultos. Se é tão difícil crescer é também porque não renunciamos facilmente a "destinos alternativos". Na criança tudo permanece possível, tudo pode ser consertado. No adulto não, porque ele deve fazer verdadeiras escolhas de vida, e tais escolhas o levam sempre mais longe em uma linha do tempo, reta e sem volta.

Casar-se com A em vez de B, escolher tal área de estudo em detrimento de outras, ter filhos ou não... Cada vez que temos que lidar com esse tipo de escolha, pegamos um caminho e renunciamos a outras possibilidades. O que nos leva às vezes a nos perguntar: "Como teria sido minha vida se eu tivesse feito outra escolha?". Poderíamos ouvir como resposta: "Você estaria se perguntando como seria sua vida se tivesse feito sua escolha atual". Não podemos escapar, em definitivo, do arrependimento de ter desistido de outras vidas possíveis.

A criança não tem este problema. Nenhuma escolha realmente a compromete. Ela pode sonhar em ser bombeira, treinadora de golfinhos ou cosmonauta, e até tudo isso ao mesmo tempo. O adulto, claro, não tem mais essa possibilidade. Ele pode, no entanto, encontrar maneiras ilusórias de viver em uma espécie de presente perpétuo. Por exemplo, nunca terminando nada, fazendo os estudos durarem o máximo possível, multiplicando cursos de treinamento, mudando de emprego regularmente, tornando-se um trabalhador compulsivo cuja tarefa se repete incansavelmente, aumentando o número de conquistas sentimentais para não ter que se comprometer com uma única pessoa, vivendo a vida como um grande centro turístico, ou seja, sempre encontrando novas distrações (viagens, séries de TV, álcool, festas, consumo...), "aproveitando ao máximo", como muitas vezes ouvimos, o que provavelmente significa: refletindo o mínimo possível. Por conta disso, o tempo escorre entre os dedos. Literalmente não o vemos passar, o que é uma forma de anulá-lo. "Matar o tempo" nos permite viver o presente como crianças.

O sono como refúgio

Um sono profundo nos permite viver sem existir. É basicamente uma maneira conveniente de evitar o suicídio. Todos nós já pensamos vagamente nisso (sem acreditar) como uma forma de escapar da busca de sentido ou das dificuldades da vida adulta. No entanto, rapidamente percebemos que o sono é uma alternativa vantajosa: permite que você esteja ausente de sua vida enquanto ainda está lá.

Daí a paixão que às vezes nutrimos pelo nosso quarto. "Mal posso esperar para dormir!" Não estamos enganados sobre o que buscamos lá: um retorno ao "antes" da vida, ou seja, ao ventre materno, ou mais modestamente ao seu equivalente externo, o berço. Em nossa querida cama, vista como uma matriz materna, a consciência da dura realidade desaparece e podemos experimentar a imensa satisfação de voltar a nos aconchegar no coração da "base de segurança" em que crescemos. O retorno à cama é, então, literalmente, um retorno ao cercado — a palavra "cercado" expressando aqui o enclausuramento e a busca da fusão original dentro da base de segurança.

Deste ponto de vista, cada manhã ou cada despertar é um novo nascimento, um momento em que se renova a necessidade de ir ao mundo. Parece então que sair da cama é crescer e, finalmente, morrer. Essa ideia, muito melhor do que o cansaço ou a preguiça, explica a relutância em levantar que todos nós experimentamos de vez em quando. Quanto menos quisermos ser responsáveis pela nossa existência, menos facilmente nos levantaremos.

Não há aqui, alguns perguntarão, uma contradição com a dificuldade em deitar-se mencionada anteriormente? Como podemos passar tanto tempo dormindo e, ao mesmo tempo, ter medo de ir para a cama?

Os quatro medos que nos impedem de viver

Basta considerar que o final do dia e a noite são momentos "fora do tempo"; estão à margem da vida profissional e das exigências sociais. Nesses momentos, toda a casa volta a ser um recinto protetor, uma "base de segurança". Depois das oito da noite, diante de uma simples tela, sentimos que estamos protegidos e livres da necessidade urgente de encontrar saídas para nossas responsabilidades. É aceitável se entregar a um meio-sono seguro. Mas será diferente se tivermos que nos levantar para ir ao nosso quarto, porque de repente a noite nos parecerá muito escura, muito radical, muito evocativa da morte. Muitas vezes preferimos deixar o sono nos pegar no sofá, como quando éramos crianças, em vez de tomar a decisão adulta de enfrentar deliberadamente a escuridão do quarto. Pelas mesmas razões, é sempre mais fácil continuar dormindo pela manhã ou nos deitar durante o dia para tirar uma soneca.

Atos sem consequências

Outra forma infantil de negar o tempo que passou e o que está por vir é desprezar as consequências de nossas ações, ou seja, não as levar em consideração. Olhe para uma criança de quatro ou cinco anos. Ela corre pela sala, empurrando e quebrando tudo em seu caminho, pisando em você sem se importar com sua dor, deixando bruscamente os objetos onde estão quando não interessam mais etc.

No adulto heroico, essa atitude se expressa através de comportamentos arriscados, ações impulsivas, declarações impensadas, um gosto especial por observações inapropriadas ou humor transgressor, uma franqueza mal controlada, dificuldade em respeitar os códigos e as proibições (como o limite de velocidade na estrada), e para simplificar, uma ignorância dos limites; e frequentemente é acusado de "não ter limites"; e pode ocupar muito espaço, ser intrusivo e indiscreto. Ele pode ser o que chamamos uma "personalidade" e mostrar pouco respeito pelas distâncias sociais apropriadas e pela intimidade dos outros. Só percebe as consequências de seus atos depois do fato e, ainda assim, nem sempre as mede bem. Pode imaginar projetos grandiosos, mas sem implementá-los, como se tivessem sido realizados apenas por terem sido formulados.

O adulto fusional, por outro lado, parece mais um sonhador, ausente e desajeitado. Ele também não dá atenção às consequências, mas de uma forma muito diferente do adulto heroico. Ele navega de uma coisa para outra, vive em uma desordem permanente, constantemente perde suas chaves, seu telefone, esquece suas senhas, seus papéis etc. Ele tende a deixar as coisas por fazer, por exemplo, não fechando potes ou portas de armário. Mesmo no banheiro, muitas vezes ele não fecha a porta. Parece natural para ele servir-se do trabalho ou das coisas de outras pessoas. É facilmente influenciado e sensível a estímulos externos a ponto de ser facilmente hipnotizado pela televisão ou pela internet, esquecendo-se do que tem que fazer. Quanto aos seus projetos, muitas vezes são apenas devaneios e paixões sem futuro.

Em ambos os casos, heroico e fusional, se o adulto evoluiu intelectualmente enquanto crescia, parece ter permanecido parcialmente infantil no nível emocional. Tudo se passa (se pusermos uma lente de aumento) como se ele não pudesse pensar corretamente nessas três dimensões: *tempo, espaço, relação com os outros*. Como a criança pequena, ele percebe apenas o lugar onde está, considera apenas o tempo presente e presta pouca atenção às necessidades dos outros. Esse tipo de fechamento sobre si mesmo o protege da ansiedade ligada a tudo o que está para além do lugar e do tempo presentes e da relação com outras pessoas, mas também o torna dependente e desorientado. Para citar apenas alguns exemplos, não lhe parecerá importante saber os nomes das ruas próximas de sua casa, organizará mal sua agenda, seus deslocamentos, seus compromissos, seus trabalhos a entregar; não será proativo nas atividades domésticas, passará seu tempo tentando corrigir de alguma forma suas pequenas falhas, erros e omissões diárias. No modo fusional, ele contará com outras pessoas consideradas ajudantes, enquanto no modo heroico contará com aqueles que considera mais ou menos como "assistentes". No final, suas defesas psíquicas infantis e imaturas, longe de tranquilizá-lo e protegê-lo, irão gerar cada vez mais medos.

O MEDO DE ENVELHECER

O desejo de permanecer jovem

"Ontem eu era jovem e hoje me sinto chamado para o outro lado. O futuro é a morte."

É um animado homem na casa dos cinquenta que fala assim. Embora *animado* não seja a palavra certa. Em vez disso, deveríamos dizer agitado; ele não consegue ficar parado no sofá, muda de posição a cada três ou quatro segundos, chuta o ar impaciente. "O tempo passa tão rápido!", suspira, desapontado.

O angustiado empresário vestido de adolescente — tênis chique, jeans desbotado — ainda não aceita ser classificado como cinquentão, "adulto de verdade", ex-jovem.

Como tantos outros, ele é sensível ao imperativo vigente em nossa sociedade que nos leva a cultuar a juventude e a infância, mesmo que isso signifique recorrer a truques como cosméticos, cirurgias plásticas, suplementos alimentares milagrosos, bronzeamento artificial e academia. Nossa sociedade, de fato, nos prefere jovens e despreocupados, isto é, consumidores impulsivos, eleitores obedientes, adoradores de um "progresso" desenfreado que nos encoraja a trocar de telefone a cada seis meses. Os velhos não são prioridade para o marketing: são muito calmos, muito simples em seus gostos ou muito desiludidos. Para além de suas preocupações de saúde, que constituem uma fonte inesgotável de lucros para as empresas, representam, de resto, um entrave ao bom andamento dos negócios. Portanto, slogans divertidos e cores berrantes nos incentivam a permanecer jovens. E deixamo-nos convencer sem muita resistência, pois parece óbvio que a juventude, garantia de força e saúde, é o maior bem que temos. No entanto, estamos correndo atrás de uma miragem. Tudo o que podemos obter à medida que envelhecemos, graças a alguns hidratantes e cirurgias estéticas, nunca será a verdadeira juventude. Não importa, dirão alguns, você tem que "manter-se jovem em sua cabeça".

Assim como a sociedade, nossos pais também não querem que cresçamos porque a lealdade familiar exige que nada mude. Pais e filhos devem permanecer em seus lugares. Mas as crianças crescem e, assim, inevitavelmente traem a ordem das coisas. Elas pouco a pouco investem sua lealdade fora da família. Muitas vezes sentem isso como uma culpa que não entendem, mas que tentam reduzir desenvolvendo uma recusa em crescer — e, portanto, em envelhecer. Fazem-no ainda mais de bom grado quando dela extraem um considerável benefício secundário, especialmente se têm tendência para a onipotência heroica: a ilusão infantil da imortalidade e a rejeição, para fora da consciência, das angústias da morte.

A premonição de uma vida muito curta

Um pequeno exercício: até que idade você acha que vai viver? Responda sem pensar. Não diga até que idade gostaria de viver, mas sim a idade em que sempre lhe pareceu que sua vida terminaria. Se não puder, tente localizar a idade em que você estima que estará no *meio* de sua vida e deduza sua longevidade subjetiva.

Em alguns daqueles que desejam ardentemente permanecer jovens, várias vezes nos deparamos com um pensamento assombroso: a intuição ou "premonição" de que sua vida será curta. Tenho conhecido muitas pessoas que pensam que não viverão além dos quarenta, cinquenta ou sessenta anos. Bem pouco, certo? Elas não podem justificar racionalmente essa premonição, mas estão convencidas disso, e às vezes desde a infância. Algumas até acham que sabem que vão morrer de câncer ou de ataque cardíaco. Surpreendentemente, falam sobre isso sem o menor traço de angústia! E, ainda mais curioso, quando peço que imaginem uma vida mais longa (por exemplo, visualizando-se com futuros netos), algumas desencadeiam um verdadeiro ataque de ansiedade.

Há razão para a perplexidade! Entretanto, há nesta "premonição" de uma vida breve uma lógica simples, que uma paciente resumiu espirituosamente, dizendo: "A melhor maneira de parar o envelhecimento é morrer".

Claro, isso não é de fato uma premonição. Na realidade, se você tem esse tipo de intuição, é simplesmente porque ainda não consegue enxergar e imaginar a *vida adulta*, ou seja, o status que terá que assumir a partir de uma certa idade, geralmente entre quarenta e cinquenta anos. Se você, de maneira inconsciente, rejeita a idade adulta, não poderá ver nada além de uma certa data e presumirá erroneamente que sua vida terminará ali. Algo vai terminar, claro, mas não sua vida, apenas sua condição de criança.

OS QUATRO MEDOS QUE NOS IMPEDEM DE VIVER

O desejo paradoxal de ser velho

"Estou aposentada desde a infância", diz Natacha, uma mulher de 46 anos que parece um pouco mais velha. Mechas de cabelo branco por todo o cabelo castanho curto. Ela reclama de dores nas costas. Seus passos e gestos são lentos. Parece aérea, aqui e lá ao mesmo tempo. Sua grande paixão na vida: deitar-se cedo e dormir o máximo possível. Ela sonha com a aposentadoria, a verdadeira, e até com a velhice. Por enquanto, finge ser velha. Sem ambição, sem projeto, um trabalho apenas para subsistência, que lhe permite viver com parcimônia, com a necessidade de ficar sempre um pouco à margem da vida, como muitos aposentados. Ela assume muito bem a idade que se aproxima e até afirma sua "velhice" antecipadamente, exagerando um pouco as dores nas costas e nas articulações. Podemos ver em sua estranha atitude uma recusa em crescer ou uma estratégia contra a angústia da morte?

A personalidade de Natacha tende claramente a realizar um apagamento por fusão. Se esse também é o seu caso, não terá passado despercebido que a infância e a velhice têm pontos em comum impressionantes. Em ambos os casos, o tempo parece circular, repetitivo. Você se sente deslocado ou à margem da "vida real", da vida de um adulto ativo. Na infância, como na velhice, o indivíduo é considerado mais vulnerável e, portanto, menos responsável. Ele é desculpável de antemão, exonerado de encontrar o sentido de sua vida futura, como que suspenso, nos bastidores da vida. A velhice é, assim, vivida ou imaginada no modo fantasiado de uma segunda infância. Natacha voltou também a viver muito perto dos pais octogenários e mais uma vez partilha com eles a vida fusional da "família de antes".

Sob o modo da onipotência heroica, acontece também que a velhice seja valorizada. A velhice, de fato, pode trazer todo tipo de vantagens não desprezíveis: credibilidade, experiência, respeitabilidade, assim como uma certa preeminência, tudo o que pode reforçar no herói as ilusões infantis de importância, suficiência e poder. Assumindo sua idade, uma pessoa heroica pode se sentir empoderada para fazer o que quiser, para ocupar o centro das atenções, para não se preocupar muito com o que os outros querem, pensam ou sentem. Ela poderá igualmente libertar-se de todo tipo de constrangimentos, como cuidar da saúde ou da alimentação etc. A velhice antecipada é, em última análise, uma máscara útil para a criança que não quer crescer.

O MEDO DE VER OS PAIS MORREREM

Um medo arcaico

O medo de ver os pais morrerem é talvez um dos medos mais arcaicos, indubitavelmente inscrito no fundo do nosso organismo e da nossa psique. Na selva, perder os pais é morte certa para os pequenos. No bebê humano, esse medo se manifesta muito cedo, desde as primeiras separações, por vezes vivenciadas como abandono. O psicólogo austríaco René Spitz (1887–1974) demonstrou claramente que uma criança privada de uma figura de apego capaz de se comunicar com ela no plano afetivo pode afundar em depressão profunda e deixar-se morrer, mesmo que seja alimentada e cuidada.

A morte de um progenitor representa não só a perda de uma figura de apego, mas também uma perda de amor que a criança, durante muito tempo, fará objeto dos seus piores pesadelos. Ou suas piores fantasias. Porque a criança também pode se surpreender, em um momento de raiva, por exemplo, a *desejar* a morte dos pais. Verdade seja dita, ela não quer realmente isso, mas passa a acreditar que suas meras intenções têm o poder de matar. A partir de então, desconfia dos pensamentos que a atravessam. Um jovem paciente me confidenciou: "Se eu não ligar para meus pais todos os dias, tenho medo de que algo aconteça com eles. E será minha culpa". É assim que um adulto pode pensar que a vida dos pais realmente depende de sua obediência e de sua capacidade de atender às expectativas deles.

A necessidade de "salvadores supremos"

Mas, para entender melhor esse medo, devemos também considerar o papel fantasioso que, quando crianças, atribuímos implicitamente aos nossos pais, ou seja, o de *salvadores supremos*. Nossos pais são esses gigantes protetores, inteiramente responsáveis por nossa existência. Vivemos dentro da "base de segurança" que eles representam. Durante nossos primeiros anos, se estamos doentes, e mesmo se corremos o risco de morrer, parece-nos que nossa saúde ou mesmo nossa morte concernem a eles e não a nós. Até cerca dos dez ou doze anos, podemos, assim, parecer muito corajosos ou mesmo indiferentes perante a doença, porque a nossa morte é problema deles, não nosso. Geralmente é no final da adolescência que percebemos que nossa morte nos diz respeito *pessoalmente*, o que muitas vezes leva ao aparecimento das primeiras crises de ansiedade.

No entanto, em maior ou menor medida, continuamos a ver nossos pais como aqueles que realmente devem lidar com a morte. Como são mais velhos do que nós, logicamente os consideramos "escudos" entre nós e a morte. Eles estão de certa forma na linha de frente enquanto estamos protegidos na retaguarda. É uma posição reconfortante, pelo menos enquanto nossos pais estiverem vivos. Mas se eles desaparecerem, inevitavelmente pensaremos: "O próximo sou eu!". E além do amor que sentimos por eles, além da perda irreparável que essa morte representa, a morte deles anunciará necessariamente a nossa. Nós nos encontraremos na linha de frente, com o sentimento de que se o desaparecimento desses "salvadores supremos", que imaginávamos absolutamente impossível, pode acontecer, então o nosso também é real e cada vez mais próximo e ameaçador. Isso, é claro, mudará radicalmente a visão que temos do nosso futuro e da nossa existência.

EM TERAPIA

PARA ENTRAR NA PRÓPRIA VIDA

Neste momento, antes de abordar novas ideias, é útil recordar as chaves mencionadas no capítulo anterior. A maioria dos nossos medos cotidianos vem desta parte da infância ainda muito presente em nós. Para superá-los, evocamos os seguintes mecanismos terapêuticos:

1) Para tornar-se mais adulto, é necessário mudar de *posição*, ou seja, questionar e modificar as regras que regem nossas relações com os outros, com o mundo e com nós mesmos.

2) Como nossa posição atual ainda está ligada à "base de segurança" representada por nossos pais, o desafio é nos afastarmos gradativamente dela, desenvolvendo uma segurança interna.

3) Crescer significa, antes de tudo, "trair" nossos pais, ou seja, libertar-se de suas imposições.

4) Nossa parte infantil pode esquematicamente assumir duas formas: apagamento por fusão e onipotência heroica.

O "medo de viver" e o "medo de morrer"

Assim como nosso comportamento oscila constantemente entre o apagamento por fusão e a onipotência heroica, temos alternadamente medo de viver e medo de morrer, como mostrou o psicólogo austríaco Otto Rank (1884–1939). À primeira vista, essas duas expressões podem parecer equivalentes, mas na verdade designam duas atitudes diferentes, embora complementares.

O *medo de viver* é bem resumido pelo psiquiatra existencial Irvin Yalom:

> O medo da vida remete ao medo de levar a vida como um ser isolado, o medo da individuação, de "ir em frente", de "emergir da natureza" [...]. A individuação, a emergência ou, como a tenho chamado [...], a afirmação da singularidade pessoal não são sem contrapartida, mas comportam um sentimento aterrador de vulnerabilidade e solidão, um sentimento que a pessoa tenta apaziguar retrocedendo, renunciando à sua individuação, tentando fundir-se, dissolver-se, apoiar-se no outro.[1]

Em outras palavras, quando sentimos medo da vida, tendemos a recuar, a agir no modo de apagamento por fusão. Procuramos ficar nos bastidores, nos esconder atrás de outros. Não queremos entrar na nossa vida e fechamo-nos, então, em uma existência que anda em círculos e na qual quase tudo se repete. A metáfora dos bastidores e do teatro nos fornece uma boa ilustração. Podemos sentirmo-nos confortáveis desde que não estejamos no palco, na frente do público, desde que estejamos sempre *ensaiando*, ou seja, repetindo nosso texto. Mas assim que a cortina sobe surge um terrível medo do palco e podemos então tentar desaparecer e nos esconder. A ilusão mais reconfortante diante do medo da vida é: "Se eu não viver de verdade, não vou morrer de verdade". A consequência é a estagnação e a renúncia ao desenvolvimento.

O *medo de morrer* é um pouco diferente. Ele concerne mais ao medo de desaparecer, de perder a individualidade, de não ser mais você mesmo. Diante desse medo, o indivíduo tenderá então a se jogar de cabeça na vida, no modo da onipotência heroica, mesmo que muitas vezes isso signifique ir um pouco longe demais, mesmo que isso signifique colocar-se em perigo. Muitos exploradores e aventureiros acreditaram ter dominado seu medo da morte assumindo cada vez mais riscos. às vezes até perdendo sua vida. A ilusão mais tranquilizadora diante do medo da morte é a seguinte: "Se estou mais vivo que os outros, então não posso morrer como todos os outros". A consequência é uma existência frenética, repleta de acidentes, vivida com intensidade e sem consideração pelos perigos.

Se o medo da vida se caracteriza por um *apagamento excessivo de si*, o medo da morte é reconhecido pelo desejo de *superação excessiva de si*, havendo em ambos os casos uma dificuldade em entrar verdadeiramente na própria vida, ou seja, em inscrever-se na idade adulta. No modo de apagamento por fusão (medo da vida), a pessoa se manterá aquém da própria vida, adiando-a sempre para mais tarde; no modo de onipotência heroica, a pessoa se colocará além de sua vida, acreditando antecipadamente que seus sonhos grandiosos são realidade.

O que é viver o tempo presente?

Para sair desse estado infantil, devemos então, como muitas vezes nos aconselham, aprender a "viver no momento presente", estar conscientes do que vivemos a cada instante? Essa é uma ideia difundida desde a Antiguidade, principalmente entre os filósofos estoicos. A solução estaria no famoso *carpe diem*, tão caro a Epiteto e Sêneca?

O estoicismo é resumido extraordinariamente bem na primeira frase do *Manual*, de Epiteto, filósofo grego do século I d.C.: "Há coisas que dependem de nós e outras que não". A felicidade estaria contida nesta fórmula que convida a aceitar a ordem do mundo cultivando um certo desapego. Segundo Pierre Hadot, historiador da filosofia, é:

> vivendo cada instante como se fosse o primeiro e o último, sem pensar no futuro nem no passado, observando seu carácter único e insubstituível, que se pode perceber, neste momento, a maravilhosa presença do mundo.[2]

Isso significa que deveríamos ignorar tanto o passado quanto o futuro? Certamente não. Não poderia haver presente sem a consciência de uma dinâmica entre o que foi e o que será. Devemos, portanto, desistir de lamentar nosso passado ou projetar nossos medos e fantasias no futuro, para melhor apreender, na sua duração, aquilo que estamos vivendo neste exato momento.

Para dizer a verdade, esta é uma arte muito difícil. Você pode ter tentado viver o momento, por exemplo, aproveitando ao máximo um raio de sol, saboreando uma boa xícara de chá, ouvindo um amigo falar, talvez até mesmo realizando tranquilamente as tarefas domésticas. Você sem dúvida sentiu um certo prazer nisso. Mas e depois? Isso realmente permitiu que você se inscrevesse na ordem cósmica e se sentisse em paz consigo mesmo? Por pouco tempo, talvez? E então... você mudou para outra coisa.

É que viver o momento presente não se reduz a uma simples questão de sensações, tranquilidade, doçura ou prazer. Caso contrário, qualquer hobby nos permitiria facilmente ter sucesso nesse exercício. Viver o momento presente é, de fato, perceber a própria presença no mundo. O que obviamente levanta a questão do sentido da vida.

A questão do sentido da vida

Qual é o sentido da sua vida? Essa é uma das questões existenciais mais difíceis e até mesmo das mais assustadoras. Quem pode respondê-la? Existe mesmo um significado a ser encontrado? "Se não houvesse absolutamente nenhum sentido possível", escreve o acadêmico François Cheng, "a ideia de sentido nunca nos teria passado pela cabeça."[3] Contudo, não é raro, numa sessão, que os pacientes comecem a chorar, resignando-se a admitir: "Não sei!". Como saber, de fato, o que estamos fazendo na Terra? Por que estamos aqui? Agimos a cada dia em vista de quê? O que nos leva a continuar? Responder a essas perguntas é trabalho para uma vida inteira. A menos que prefiramos não pensar nisso de modo algum. Mas atenção: se escolhermos negar a questão do sentido da nossa vida, afastá-la da nossa consciência, então teremos necessariamente de aceitar sofrer os nossos medos infantis indefinidamente. Portanto, é necessário encontrar pistas, no mínimo. Vamos primeiro especificar que a palavra "sentido" é entendida de várias maneiras.

1) Sentido é *significação*: refere-se ao que minha vida significa, à sua coerência como narrativa, ao que ela quer dizer.

2) Sentido é *direção*: indica para onde minha vida está indo, para o que ela tende, para qual ideal.

3) Sentido, enfim, é *sensação*: indica o que percebo e sinto sobre minha própria presença no mundo.

É claro que podemos fazer muitas perguntas a respeito de cada um desses três pontos, mas corremos o risco de nos perder rapidamente. Por isso é preferível, na terapia, perguntar-nos qual é o nosso lugar. A priori, se você ainda não pode responder, tenha certeza de uma coisa: se existe sofrimento e mal-estar em sua vida (ansiedade, depressão, medos, culpa, dificuldade de seguir em frente etc.), então seu lugar atual não é um bom lugar. Encontramos novamente, assim, a chave abordada no capítulo anterior: para crescer, para viver verdadeiramente a própria vida, *é preciso mudar de lugar.* Mas há mais: se há sofrimento, então podemos dizer que este "lugar errado", que você ocupa no momento, é de alguma forma um "lugar de sofrimento". Eis o que pode servir de ponto de partida para a sua busca de sentido, e talvez para qualquer busca de sentido: não sofrer mais.*

Ora, verifica-se que o trabalho concreto sobre o passado e o futuro pode permitir essa mudança, ajudando-nos a sair do presente fechado da infância para descobrir um presente de natureza completamente diferente.

Recuperar seu passado: a abordagem narrativa

Como você conta a sua própria história de vida?

Se você tiver poucas memórias, o exercício será mais difícil do que se sua memória for rica, mas de qualquer forma seu relato será fragmentado e até, involuntariamente, cheio de memórias reconstruídas, confusas, reinterpretadas, às vezes falsas. Será então uma das funções da psicoterapia existencial explorar os vazios, os enigmas, as contradições,

---

* Vamos observar que esse raciocínio ecoa a filosofia budista, segundo a qual o sofrimento (em todos os sentidos da palavra) é a "primeira das quatro nobres verdades", uma das características principais da nossa existência. Para se libertar dele, os budistas, assim como os estoicos, costumam dizer: "Não fique no passado, não sonhe com o futuro, concentre sua mente no momento presente".

os esquecimentos. Não porque seria necessário encontrar *a* verdade, mas pelo menos para que você acesse *sua* verdade.

Daí o interesse do que se chama de "abordagem narrativa". "O que garante, através do tempo e das mudanças, a identidade de um indivíduo ou de um povo são suas histórias. A narrativa reflete o caráter de um indivíduo ou povo e, em troca, participa também da construção de sua identidade."[4] Assim, quando falamos de nossa vida ou mesmo de nossos sofrimentos, de nossos medos, referimo-nos mais a uma narrativa e a um conjunto de crenças mais ou menos articuladas do que à realidade. Ora, "os indivíduos estão sob a influência de uma história culturalmente dominante. Eles se consideram impotentes e sob o domínio da parte mais problemática de si mesmos. O papel do terapeuta é ajudá-los a formular uma história de sua identidade na qual eles sejam mais atores de si mesmos e 'assumam o controle'".[5]

Existem algumas técnicas para permitir que o paciente conte melhor sua história e ouça melhor sua própria voz. Por exemplo, qualquer narrativa — a sua, a minha — é permeada de *intertextualidade*. Em tudo o que você diz, por vezes são outras pessoas que falam, seus pais, autores que você leu, pessoas que você conheceu ou que ouviu falar. O que pertence aos seus pais? O que você herdou de sua família e até mesmo das gerações anteriores? Estas são certamente perguntas a serem feitas.

O caso Théo: a confusão narrativa

No âmbito de uma terapia narrativa, estaremos sempre atentos às metáforas, à estrutura da história, à forma como o tempo é tratado, ao enredo etc. Penso, por exemplo, nesse jovem paciente de 24 anos, Théo, cuja fala era difícil de acompanhar por ser muito confusa. Ele contava os acontecimentos fora de ordem e eu constantemente me perdia. Fui muitas vezes obrigado a pedir-lhe detalhes sobre as datas e as pessoas envolvidas. Além disso, ele não terminava a maior parte das frases, sempre atravessadas por "não sei", e pulava de um assunto para outro sem preparações ou avisos. Algumas frases eram tão hesitantes e tortuosas que acabavam não fazendo nenhum sentido. Théo me levou, assim, para seu caos narrativo tão característico do apagamento por fusão.

Curiosamente, o jovem escrevia de forma clara e concisa. A confusão só aparecia quando ele tinha que enfrentar outra pessoa. Sua fala espontânea parecia adoecida. Mas era antes sua relação direta com os outros que, de certa forma, estava doente. E, de fato, Théo vivia uma relação fusional com a mãe, uma mulher muito dependente e deprimida, e um pai prestativo, mas sempre muito ansioso. Entre os dois, ele permanecia prisioneiro de sua base de segurança, amedrontado pela necessidade de entrar em sua própria vida. Todas as suas histórias românticas haviam fracassado, e ele chegou a fazer várias tentativas de suicídio. Quanto mais seus pais tentavam ajudá-lo, mais o impediam de sair da depressão. Era preciso, então, que ele trocasse de lugar.

Para fazer essa famosa mudança de lugar, sempre aconselho os pacientes — tenham ou não muitas lembranças — a escreverem uma biografia esquemática. Nada muito complicado. Basta pegar um caderno e anotar no lado esquerdo da folha cada ano de sua vida, desde o primeiro ano até o ano atual correspondente a sua idade. Para cada ano, escreveremos de forma muito simples as lembranças que vêm à mente, os lugares, os acontecimentos marcantes, o nascimento de irmãos, as mudanças etc. É fundamental registrar eventos datados e localizados, ou seja, eventos precisos. Por exemplo: "Lembro-me que em tal dia, em tal lugar, com tais pessoas, fiz isso ou aquilo".

Mas atenção, esse exercício apresenta várias dificuldades.

A primeira está relacionada às defesas do paciente, que tenderão a impedi-lo de se lembrar. Observemos que lembrar é, de fato, concordar em entrar na própria vida e, assim, confrontar-se de uma forma ou de outra com a ideia da própria morte. Além disso, quando você se sentar à mesa e anotar suas lembranças, pode sentir uma forte inércia, um grande cansaço. Como mencionei, vários de meus pacientes quase adormeceram no meio da sessão, depois de muitos bocejos. Outros relataram uma leve tontura, náusea, uma sensação de desconforto geral, possivelmente dor de estômago ou de cabeça. Fique tranquilo, pois nada disso é grave.

Segunda dificuldade: mesmo que você não sinta nada disso, pode se deparar com o problema da página em branco. Teremos então que utilizar todos os meios ao nosso alcance para encontrar vestígios do passado, recorrendo, por exemplo, a fotografias, documentos de família, interrogando nossos familiares, pais, amigos etc.

O caso Louise: em busca de uma história esquecida

Louise está chegando aos quarenta. Ela tem três filhos. É perseguida por angústias permanentes e numerosos medos: medo de falar com os outros, medo de gerir os seus assuntos administrativos, medo de se afirmar no trabalho, medo excessivo pelos filhos, medo do escuro, medo da sexualidade, medo de decepcionar, medo de ganhar peso etc. Ela tem poucas lembranças e, acima de tudo, nunca fala sobre elas. "Meus filhos não me conhecem", ela admite. "E eu mesma não memorizei a infância deles. Quase me envergonho de não me lembrar de momentos tão importantes que passei com eles. E eu sofro com isso."

Louise levou algumas semanas para recuperar seus álbuns de fotos do sótão e mais algumas semanas para abri-los. Ela observa as fotos com apreensão: "A lembrança desse momento volta para mim, mas não vejo o que havia antes ou depois. O mesmo acontece com as fotos dos meus filhos. Estou um pouco perdida. Não consigo me situar".

Pouco a pouco, investigando sua história, Louise consegue escrever uma biografia esquemática e dividi-la em períodos para memorizá-la. Ela se informa sobre sua vida, a de seus pais e avós. Com isso, ela recupera uma parte importante e ignorada de si mesma, extremamente valiosa. Depois de algum tempo, percebe que não é mais a mesma. Há um antes e um depois. A representação de sua vida mudou. Ela se sente mais protagonista de seu passado e presente. Nesse sentido, ela cresce, e percebe imediatamente que seus medos se acalmam.

Qual é o interesse concreto desse trabalho? Ele é múltiplo.

Primeiramente, ele nos situa em uma temporalidade mais ampla. Permite que nos inscrevamos em um tempo "aberto" e que deixemos o "tempo fechado" da infância. Em vez de girar literalmente em círculos, como em um carrossel infantil, esse trabalho autobiográfico nos faz entrar em um espaço-tempo muito mais vasto, com um passado e um presente, etapas, períodos. Ver melhor o caminho percorrido permite considerar a imensidão da paisagem que se abre diante de cada um de nós. É claro que será necessário assumir esse passado, se responsabilizar por ele, reconhecer seu caráter singular e único.

Em seguida, observe que reapropriar-se de *sua* história pessoal é se distanciar da história de seus pais. Às vezes, até mesmo questionar as narrativas da família que se tornaram, ao longo do tempo, verdadeiros mitos sem grande relação com a realidade. Pense em todos os segredos de família que acabam surgindo mais cedo ou mais tarde, nos erros ou falsas lembranças que são transmitidos, nas zonas sombrias que às vezes podemos esclarecer. Revisar sua história, portanto, é realmente desobedecer e trabalhar pela traição necessária aos seus pais. Certamente, ao reconhecer sua filiação, você reconhecerá sua pertença à família, mas ao mesmo tempo reescreverá sua própria história e descobrirá que pode seguir seu próprio caminho. É também isso que significa deixar a "base de segurança" (ver capítulo 1): afastar-se dos pais cultivando um sentimento de segurança interior.

O trabalho narrativo apresenta outra vantagem: traçar sua história leva a uma melhor distinção e localização da infância, por um lado, e da idade adulta, por outro. Será então possível admitir que houve um momento em que a infância realmente terminou — mesmo que tenhamos inconscientemente recusado essa ideia. Com sua biografia diante de seus olhos, será possível, como dizem, "concluir o capítulo da infância". É preciso saber que o abandono da infância é sempre marcado por uma tristeza intensa. No entanto, será possível aceitar essa tristeza e deixar-se atravessar por ela. Isso não será tão difícil, pois geralmente ela vem acompanhada de certa serenidade.

Exercícios existenciais e estoicos

Algumas pessoas são perfeitamente incapazes de se projetar no futuro. Elas conseguem, é claro, prever o que farão nos próximos dias e até conceber os principais eventos do ano em curso, como férias e festas, mas tudo isso permanece muito esquemático e, na verdade, sem realidade. Quando faço a esses pacientes perguntas mais precisas, a respeito, por exemplo, de seus projetos pessoais, o que eles desejam fazer de si mesmos, não veem absolutamente nada. Alguns falam até mesmo de uma espécie de "muralha" que os separa do futuro, de um grande vazio, de um nada. "Eu não consigo imaginar o que vem depois", alguém me disse um dia. "Eu só vivo para o trabalho."

Essa falta de visão de futuro é exatamente a mesma que a de uma criança. A mesma pessoa acrescentou: "Meus pais não imaginaram um futuro para mim", confessando que, mesmo com mais de cinquenta anos, ainda esperava que seus pais fossem responsáveis por sua projeção na vida.

A psicologia existencial, que não hesita em buscar inspiração nas filosofias antigas, propôs alguns exercícios muito simples, às vezes surpreendentes, perturbadores, mas sempre destinados a sair da negação do futuro.

Em terapia, um primeiro exercício consiste simplesmente em trabalhar a idade do paciente. Como você aceita a sua? Alguns ficam tão perturbados com o passar do tempo que precisam de cerca de dez segundos para "lembrar" sua idade ou data de nascimento, às vezes com hesitações, dúvidas, erros (principalmente se estão acostumados a mentir acerca disso). Em seguida, com base na autobiografia esquemática, o paciente poderá ser convidado a traçar uma linha em uma folha e indicar seu nascimento com uma pequena cruz, bem como sua morte. Uma forma simples de aprender a projetar-se no futuro e integrar a ideia da finitude. Se o paciente se sentir capaz, o exercício poderá ser prolongado pela escrita do seu próprio obituário.

Nessa ocasião, o terapeuta deverá prestar muita atenção aos detalhes, postura, expressões faciais e palavras usadas. Em geral, as pessoas ficam agitadas, fazem movimentos mais amplos, coram. Uma grande energia parece se libertar. E isso não é tão surpreendente, porque se você admite a realidade de sua morte futura, uma defesa arcaica (a agitação) o levará, por compensação, a se sentir mais vivo — a menos que ocorra aquele famoso curto-circuito que provoca um desejo quase irresistível de dormir.

Mas não é certo que uma confrontação direta com a ideia da morte seja o melhor caminho — pelo menos no início da terapia. Na verdade, o trabalho de recuperação do passado já permitirá progressos consideráveis, tornando possível vislumbrar um futuro. Então, podem ser interessantes os conselhos de vida propostos há mais de dois mil anos pelos estoicos.

Penso em particular no que foi chamado de "círculo de Hércules". Trata-se de, todas as manhãs, imaginar-se no centro de um pequeno círculo onde, a princípio, há apenas você, e que se expande gradualmente para incluir os mais próximos, os menos próximos, a humanidade inteira e até mesmo todo o universo, para tomar consciência da sua pertença ao grande todo cósmico. Isso é o que chamamos hoje de "consciência plena". Eu aconselharia, de minha parte, incluir também o tempo futuro. Mesmo que não saibamos muito bem o que encontraremos lá, podemos ao menos representar uma espécie de "linha da vida" contendo algumas etapas importantes, tais como projetos profissionais, aposentadoria, netos, velhice... morte. Se necessário, pode-se traçar em um caderno uma "linha da vida" representando essas etapas. E podemos meditar, por exemplo, sobre a velhice e o tempo que passa, seguindo o exemplo de Cícero (*Saber envelhecer*) e de Marco Aurélio (*Pensamentos para mim mesmo*).

Não nos esqueçamos que recuperar nosso passado e considerar nosso próprio futuro é escapar das injunções e projeções parentais. O que eles queriam para nós? O que fizemos com isso? Até que ponto podemos, agora, escolher o que faremos de nós mesmos nesta vida?

Não é necessário responder imediatamente. Lembre-se apenas desta frase de Sartre: "O importante não é o que fizeram conosco, mas o que nós mesmos fazemos do que fizeram conosco".

II

O MEDO DE SE AFIRMAR

POR QUE É TÃO DIFÍCIL SABER QUEM SE É?

"Eu nem sei o que é realmente íntimo em mim", disse uma jovem de 25 anos enquanto lágrimas escorriam por seu rosto. "Eu não sei quem sou."

É fácil descrever nossos gostos, preferências e algumas características, mas dizer *quem somos* é outra história! Muitas vezes, podemos nos comportar de maneiras muito diferentes, dependendo das pessoas que temos diante de nós. Somos mutáveis. Às vezes, somos corajosos, outras vezes covardes, às vezes alegres, outras vezes tristes. Parece que as emoções surgem em nós sem que tenhamos controle sobre elas. Então, buscamos a opinião dos outros. Por vezes, procuramos respostas com videntes, no horóscopo do dia ou em testes de personalidade online, mas no final ficamos sempre desapontados porque não aprendemos nada que já não soubéssemos.

Por que é tão difícil saber quem somos? Por uma razão talvez inesperada: *não queremos saber.*

Muitos preferem permanecer na obscuridade e na insignificância, enquanto outros preferem se imaginar com uma personalidade grandiosa ou excepcional. No fundo, é possível que prefiramos sonhar quem somos e que nosso verdadeiro eu, hoje, não nos interessa muito mais do que quando éramos crianças. E se realmente queremos saber quem somos, estamos prontos para nos questionar sobre o nosso valor e o nosso lugar? Estamos prontos para aceitar a nossa realidade de adultos e o que ela implica?

3

A BUSCA DE UMA IMAGEM DE SI

O MEDO DE NÃO ESTAR À ALTURA

A impressão de ser uma "nulidade" e um "vazio"

A IMPRESSÃO DE SER uma nulidade (ou seja, um "nada") nunca é uma avaliação objetiva de si mesmo: é sempre uma crença forjada desde a infância que permite ao indivíduo fusional negar suas responsabilidades. Quanto mais sou uma nulidade, menos eu existo; menos tenho consciência de existir e menos me angustio.

Para o adulto que não está ciente dos mecanismos de defesa infantis que operam nele, é obviamente um grande sofrimento. Ele se percebe simplesmente como alguém sem autoestima, e não entende por quê. Ele se lamenta por não ser melhor, por não ter mais qualidades ou personalidade. Ao mesmo tempo, mostra uma certa complacência — às vezes um certo prazer — em pensar que é um "nada", em se proclamar uma "nulidade". Ele é descrito como humilde e modesto, realista e prudente. Ou seria ele resignado, derrotista e passivo?

Claro que ele não suspeita que essa atitude o protege na medida em que evita que pense em sua própria morte e solidão, no sentido de sua vida e em suas responsabilidades. Ele suspeita ainda menos que são seus pais que falam dentro dele, que continuam a julgá-lo. Pior ainda: o adulto que ele se tornou não percebe que está obstinado em pensar em si mesmo como uma criança. Uma criança, de fato, tem a tendência em ver as coisas "de baixo". Comparando-se aos adultos, é difícil para ele atribuir a si mesmo qualidades ou mesmo uma interioridade digna de interesse. Ele se sente "insuficiente".

Mas, ao persistir no adulto, essa postura o leva a sentir uma espécie de vazio profundo, que ele mesmo cultiva sem perceber. Por exemplo, faz com que sua interioridade esteja do lado de fora: ele diz tudo, é transparente, não guarda nada para si. Tem poucos ou nenhum segredo, não consegue deixar de revelar seus pensamentos, não tem convicções ou opiniões firmes. Não atribui a si mesmo nenhuma singularidade, tende a ser "como todo mundo", ele é o "se" impessoal de Heidegger. Já que se trata de não existir, é preciso permanecer indefinível. O vazio interior permite que ele deixe espaço para os outros. Ele é como uma luva que espera pela mão que o animará, tomará as responsabilidades e assumirá seus atos e sua existência. Encontrará o benefício de estar relativamente protegido de suas angústias existenciais, mas pagará um preço alto sofrendo com esse vazio interior. Passará o tempo suportando a sensação de ser desinteressante, temerá que os outros o deixem e tentará retê-los por meio de todos os tipos de artifícios infantis relacionados ao vínculo, como culpa, sedução, raiva, culpabilização, conflito, dedicação... No final, ele irá se enclausurar em um círculo vicioso doloroso: a angústia da morte o levará a se proteger mantendo um vazio interior, mas esse mesmo vazio será, por sua vez, fonte de uma angústia de desaparecimento no nada. É por isso que, muitas vezes, na pessoa que se desvaloriza, há contrações musculares permanentes e involuntárias em todo o corpo (dedos dos pés, mãos, mandíbula, costas, pescoço): como se fosse necessário agarrar-se à própria carne para não cair em seu vazio interior.

No modo fusional, o adulto não assumido persistirá em se desvalorizar, em apagar-se cada vez mais, enquanto no modo heroico se mostrará extrovertido e (falsamente) confiante, preservando em si a ideia de que a personalidade barulhenta que ele apresenta é perfeitamente vazia e falsa. A recusa infantil em saber quem se é se expressará, portanto, seja pela autodepreciação, seja pela supervalorização.

A *autodepreciação*

"Como eu sou idiota!"

Quem nunca se maltratou por erros insignificantes, como esquecer o guarda-chuva ou pegar o caminho errado? Ninguém, certo? Todos nós já fizemos e continuamos fazendo isso, sem perceber a violência e a estupidez desse reflexo. Além disso, nunca nos perguntamos como aprendemos a nos desvalorizar dessa maneira.

É preciso reconhecer que ninguém nos disse um belo dia: "Em caso de erro, você deve se insultar". Provavelmente acabamos nos impregnando desse comportamento ao observar os outros fazendo isso. É provável também que seja uma injunção social, derivada de uma moral que implica que cada um de nós seja o juiz e o carrasco de seus próprios erros. Mas insultar-se por ninharias é algo surpreendente! Além disso, observe que essas expressões violentas devem ser ditas em voz alta, e não apenas pensadas. Curiosamente, parece necessário que ouçamos nossa própria voz ou que outros nos ouçam para que a sanção seja realmente eficaz.[1] Experimente: você vai perceber que não pode realmente se insultar mentalmente, o insulto não tem efeito. No entanto, quando você pronuncia as palavras em voz alta, o insulto se torna realmente ofensivo. Ainda que... estejamos tão acostumados com essas violências cotidianas que não lhes damos mais muita importância.

Isso revela que nossa sociedade nunca soube como funcionar de outra forma que não fosse pela violência, degradação e destruição dos indivíduos. A prova disso é que não existe um reflexo inverso à autossanção. Ninguém reage a uma ação bem-sucedida dizendo *em voz alta*: "Como sou inteligente!". É verdade que podemos nos arriscar a fazê-lo em ocasiões específicas, seja em tom irônico, implícito, ou tendo plena consciência de estar transgredindo outra injunção social — a que exige que nunca estejamos satisfeitos com nós mesmos. Se o fizermos mesmo assim, seremos imediatamente repreendidos, zombados pelos outros ou tomados por pretensiosos. Pior ainda: em nosso íntimo, lhes daremos razão.

O autoinsulto deve ser público, enquanto a autossatisfação deve ser privada. Sociedade estranha! Insulte-se por seus erros, mas nunca se parabenize por seus sucessos!

O adulto não assumido que vive sob o modo do apagamento por fusão rapidamente entende a vantagem defensiva que pode tirar dessa injunção. Submisso aos pais e à sociedade, ele participa ativamente, embora sem perceber, de sua própria desvalorização. Para não crescer, é preciso se tornar o menor e mais insignificante possível. Ao longo de seu desenvolvimento, esse indivíduo assume o hábito de selecionar mais fracassos do que realizações; privilegia memórias negativas, tristes e decepcionantes. Assim, talvez alguns de nós ainda estejam remoendo as pequenas humilhações que pontuaram nossas vidas, desde a desconhecida que nos ultrapassou na fila de espera há quinze anos, até aquele que nos ofendeu no pátio da escola e que não soubemos como responder. Lembramos dessas diferentes cenas e agora nos damos o papel principal, em nossa imaginação, com respostas cortantes. Isso nos dá um breve prazer, até percebermos, após horas de ruminação vã, que tudo isso só serve para nos tornar ainda mais decepcionantes aos nossos próprios olhos.

O *medo de ser "feio"*

A autodesvalorização em adultos está associada a uma postura de inferioridade, no modelo da criança pequena que busca subsistir. Assim, o indivíduo fusional assegura a dominação protetora de outros enquanto cultiva a ideia de sua própria impotência diante dos eventos. A vida é injusta, ele pensa com sinceridade, e simplesmente não teve sorte, é isso. A partir daí, procura constantemente outras pessoas capazes de levá-lo sob suas asas, de tranquilizá-lo, de serem indulgentes e prestativas. Ao mesmo tempo, e implicitamente, ele garante que não tirará proveito da ajuda oferecida para evoluir. Por quê? Porque para ele é crucial permanecer numa postura de inferioridade que o impeça de enfrentar sua existência.

Tudo isso muitas vezes leva a uma verdadeira "fobia de si mesmo": ele se odeia, não suporta sua voz, não pode se ver em fotos ou se olhar no espelho, muito menos em vídeo. Vive com o medo constante de ser "feio", não suficientemente atraente. Ele pode acabar insultando-se regularmente diante do espelho, zombando de seu físico, criticando-se diante dos outros. Eventualmente, pode roer as unhas, os dedos, arrancar os cabelos, arranhar-se, sem perceber que isso é uma forma mais ou menos atenuada de automutilação.

Afinal, trata-se de diminuir de todas as maneiras possíveis o "adulto" que nos tornamos e cujo status preocupante nos recusamos, inconscientemente, a assumir; é preciso encolhê-lo, reduzi-lo e enfraquecê-lo, degradá-lo, como se fosse possível regredir magicamente à condição da infância. É preciso escondê-lo, disfarçando-o em roupas ou acessórios como capuzes, cachecóis, colocando constantemente as mãos ou cabelos na frente do rosto, encolhendo a cabeça nos ombros, evitando olhar os outros nos olhos o máximo possível. Na pior das hipóteses, seria necessário fazê-lo desaparecer completamente, até mesmo anulá-lo. Quantos de nós não pensaram, seguindo o filósofo Emil Cioran, "Eu gostaria de não ter nascido"?

A *obesidade mental*

O sentimento de vazio interior (estou falando especificamente do *sentimento* de vazio e não de um vazio real, pois ninguém está vazio) nos leva, sem surpresa, a uma busca febril por distração. O único meio de suportar esse sentimento é, de fato, compensá-lo através de uma espécie de preenchimento compulsivo. Muitos recorrem à comida, mas também à dependência de telas, lazer, notícias, trabalho etc. E isso até o ponto de sofrerem de uma certa "obesidade mental" resultante da absorção de enormes quantidades de informações e sensações, isto é, tudo o que parece "alimentar" a mente, mas que apenas a sobrecarrega com um conteúdo inútil e pesado — inútil porque esse conteúdo não pode de forma alguma preencher o suposto vazio interior. Preencher esse suposto vazio significaria desenvolver-se, cultivar-se e, por consequência, desenvolver *qualidades*, o que contraria a ordem de desaparecer, de não ser nada. Implicitamente, o indivíduo buscará ocupar sua mente com coisas fúteis, perecíveis e superficiais. Canais de informações contínuas, assim como as redes sociais, são feitos para isso. O fluxo de notícias e comentários dá a impressão de se aprender algo, mas não há nada ali que possa realmente ajudar no desenvolvimento pessoal.

A ideia de obesidade mental é útil porque permite diferenciar, desde que sejamos honestos, o que realmente nos constitui e o que é apenas um símbolo externo de riqueza mental. Além disso, permite observar em um adulto não assumido a tendência a engordar (mentalmente) para evitar ter que crescer.

A *supervalorização*

O medo de deixar a infância, o medo de crescer e até mesmo o medo de se afirmar nem sempre se manifestam por timidez e apagamento. Alguns adultos, justamente, enganam e parecem muito seguros de si. Esse é o caso de Patrick, um jornalista de quarenta anos, que é impossível não notar em uma festa. Ele fala alto, empurra gentilmente todo mundo, não hesita em jogar para todos os lados "comentários espirituosos", muitas vezes próximos da grosseria. Nada o detém. Mostra-se à vontade em todos os lugares por onde passa, fazendo barulho e estardalhaço. Felizmente, sua simpatia lhe garante muita indulgência, a mesma indulgência que teríamos com uma criança de quatro anos entrando em uma festa de adultos e derrubando petiscos e garrafas.

Embora tal personagem seja percebido como um adulto por aqueles ao seu redor, não é nada disso. Seus próprios excessos o traem. O adulto heroico muitas vezes se sente (secretamente) tão vazio quanto o adulto fusional, mas ele responde a esse sentimento cultivando uma ilusão de importância, cujos traços principais são:

- Sentimento de ser "especial", "diferente dos outros", até mesmo predestinado.

- Grande necessidade de ser reconhecido pelos outros.

- Tendência a ser centrado em si mesmo em vez dos outros.

- Tendência a nutrir fortes ambições acompanhadas de sonhos de sucesso, grandeza, por vezes de forma desmesurada.

- Tendência à supervalorização de si mesmo.

- Sentimento de superioridade em relação aos outros acompanhado de uma atitude pretensiosa.

- Necessidade de se singularizar, de provocar impressão, de deixar um traço.

- Gosto pelo debate, oposição, contradição, provocação, necessidade de convencer, de dominar.

- Tendência a querer ocupar o centro das atenções.

No adulto heroico, a fobia de si mesmo não é aparente à primeira vista, pois o ego aqui é, como se diz, "superdimensionado". No entanto, é a certeza de ser como todo mundo (ou seja, mortal) que leva esse adulto a se ver como um herói, acima dos meros mortais. A potência heroica é, assim, uma forma oculta de fobia de si mesmo, ou seja, do verdadeiro eu, que deve ser substituído pela imagem ideal de um eu grandioso.

O indivíduo pode então se sentir como um gênio desconhecido, com a fantasia de ser descoberto um dia devido a um potencial que ele próprio considera impressionante. "Quem virá me descobrir e me revelará ao mundo?", ele se pergunta. Muitas ficções jogam com essa fantasia do "eleito", da pessoa aparentemente comum que de repente revela um poder especial ou uma filiação extraordinária. No entanto, se é verdade que esse é um dos enredos universais dos contos populares, infelizmente isso nunca acontece na realidade. Talvez eu tenha boas ideias para um romance, de vez em quando escrevo fragmentos... mas nenhum editor virá bater à minha porta enquanto eu não apresentar uma obra estruturada. O mesmo vale para um eventual "alto potencial" ou "hipercriatividade". Esses potenciais não têm valor algum se não forem expressos. No entanto, o adulto não assumido muitas vezes se prende à ilusão do "grande homem". "Desde criança", me disse um homem de trinta anos, "eu quero me tornar um grande homem. Desde sempre, sinto que não sou como os outros." A ponto de ele se prometer um destino "grande" sem sequer saber como o alcançaria, pois admite que não tem uma vocação particular.

Megalomania? Delírios de grandeza? Certamente não. Este jovem, como muitos outros, está perfeitamente integrado, trabalha, é casado e é razoável em tudo. Parece que o famoso "grande homem" que ele espera se tornar com tanto fervor é, na verdade, sem que ele saiba, o *verdadeiro adulto* visto de baixo, pelos olhos da criança: o grande homem, aqui, é a *pessoa grande*. Todos nós admiramos nossos pais quando pequenos, não é mesmo? Todos nós admiramos e tememos a força deles, sua seriedade, sua capacidade de enfrentar, proteger, salvar ou, ao contrário, punir-nos.

Portanto, são eles os "grandes homens" e as "grandes mulheres" dos nossos sonhos. Nossos pais, pelo menos em sua versão idealizada, nos indicam o que é ser "grande". Mas, se recusarmos a crescer, então transformamos inconscientemente esse modelo de "grandeza" em uma representação heroica, irreal, hiperbólica e inacessível. Tomamos como modelo o grande homem que "fez a História", em vez do adulto simplesmente reconhecido como tal por seus pares. Assim, a simples autonomia financeira será fantasiada na forma de uma fortuna colossal, e a competência profissional ou artística sob a do puro gênio.

Desde o início da adolescência, o indivíduo heroico poderá, de repente, sentir-se desapontado com seus pais reais. Ele descobrirá não apenas suas falhas e fraquezas, mas também sua vulnerabilidade e impotência diante da morte. A partir daí, para repelir suas próprias angústias existenciais, ele começará a mirar muito além do modelo parental, o que o levará, por exemplo, a sentir-se moralmente superior, mais inteligente, mais lúcido e mais maduro do que os pais. Em alguns casos, até poderá desprezá-los, o que tornará a adolescência particularmente difícil. Depois, uma vez adulto, pode permanecer nessa postura de superioridade em relação aos outros em geral. A idade e a experiência, é claro, ajudarão a adquirir benevolência, mas ele continuará querendo ser a pessoa de referência, aquela que anima e organiza, em suma, continuará querendo se ver como o centro de tudo. Em alguns casos, fará muitos e constantes esforços para ser amado, colocando-se em cena, exibindo-se, cultivando bom humor e sendo comunicativo, oferecendo demonstrações barulhentas de afeto, prestando muitos serviços, procurando ser o "favorito" (inclusive na terapia), o amado, o escolhido. Daí uma de suas grandes ambições: ser influente nas redes sociais...

Em outros casos, no entanto, ele pode se mostrar mais distante, mais inclinado à competição. O adulto se torna menos acessível aos outros, mais reservado, mais abrupto, mais dominante, gosta de impressionar, não suporta conselhos e revela-se muito suscetível. É verdade que qualquer ataque a essa imagem ideal que formou de si mesmo poderia abrir a porta para terríveis angústias.

Mas essas angústias, justamente, afloram de tempos em tempos. Seja recorrendo à desvalorização ou à supervalorização, um adulto nunca será tão insignificante quanto gostaria, ou tão superior quanto espera ser. Ele sabe que, no fundo, é apenas um adulto que conta histórias a si mesmo para não crescer.

O MEDO DE SER UM "IMPOSTOR"

A *"síndrome do impostor"*

Setenta por cento das pessoas seriam suscetíveis a, pelo menos uma vez na vida, sentirem que não merecem seu sucesso. Em proporção menor, algumas duvidam de si mesmas constantemente e atribuem seus possíveis sucessos à sorte ou a circunstâncias favoráveis. Têm um sentimento muito intenso de não serem legítimas, o que logicamente está associado a uma baixa autoestima e a uma tendência a se depreciar. Assim, mesmo quando são elogiadas, reconhecidas por sua habilidade, expertise ou competências, persistem em sentir-se como "impostoras".

Uma pessoa que sofre dessa sensação de ser uma "fraude" pode reagir de duas maneiras. Ou ela supercompensa — ou seja, faz mais do que o necessário —, passa muito mais tempo trabalhando do que os outros, vai além de suas responsabilidades e executa tarefas que normalmente não lhe cabem, compensando de alguma forma as deficiências que supõe ter. Ou ela subcompensa, ou seja, faz menos do que os outros, mostra menos iniciativa e energia, validando de antemão o fracasso tão temido. Em ambos os casos, ela se vê como uma trapaceadora, e talvez ainda mais quando tem sucesso efetivo.

Não foi encontrada uma origem clara para esta síndrome. Aliás, as pesquisadoras[2] que a propuseram em 1978 acabaram por se arrepender de a terem chamado de "síndrome" (síndrome significa conjunto de sintomas) e agora recomendam — com razão — falar em "experiência", para não sugerir que poderia ser um distúrbio psicológico. Mas, então, como explicar que essa "experiência", no fundo bastante natural, afeta mais alguns do que outros?

Você finge ser adulto?

"Cada homem esconde dentro de si uma criança que quer brincar", escreve Nietzsche. Mesmo que nos recusemos a crescer, crescemos de qualquer maneira. O corpo se transforma e, a partir de certa idade, os outros e a sociedade como um todo nos consideram adultos, queiramos ou não. Precisamos, portanto, fingir, esconder "a criança que quer brincar".

Talvez esse seja o seu caso e talvez você muitas vezes sinta que está *fingindo ser um adulto*? Pacientes relatam como lidam com esse sentimento. "Eu visto uma fantasia de adulto", conta um deles. "De manhã coloco minha fantasia, e à noite a retiro." Essa "fantasia" não é apenas uma certa roupa (saltos, terninhos etc. para mulheres, terno estrito para homens), mas também uma atitude: rosto sério, entonações de voz; é também a capacidade de fingir se interessar por preocupações adultas, como atualidades, história, política... Enfim, é o traje de um personagem fabricado ao longo do tempo e que permite esconder a parte imatura de si. A astúcia suprema é fazer com que suas características de criança passem por qualidades de adulto, inclusive aos seus próprios olhos. Assim, o medo do conflito e a adaptabilidade infantil são confundidos com gentileza e bondade; a dissimulação é vista como habilidade de ouvir; a passividade é interpretada como equanimidade; a aceitação da vontade dos outros é considerada uma qualidade de relacionamento; o excesso de peso é interpretado como personalidade e as explosões de raiva são vistas como força de caráter.

Claro que manter essa aparência requer esforços constantes: ouvir as notícias para estar atualizado ou ouvir os amigos para poder repetir o que dizem, ler quinze minutos de Zola à noite para obter uma base de cultura, encontrar mil desculpas para não ter que escrever e revelar sua insegurança ortográfica, seguir a moda ou intelectualizar tudo para melhor esconder suas emoções. E, como sempre, podemos expressar tanto nosso lado fusional quanto nosso lado heroico. Quando nos inclinamos para este último, temos a tendência de cultivar a ilusão de maturidade, o que nos permite fantasiar o estado adulto em vez de realmente alcançá-lo. Mostramos uma personalidade forte, mas sem acreditarmos completamente nisso.

Muitos pacientes relatam que secretamente sonham em "desabotoar" esse traje sufocante de adulto. Porque a criança metafórica que se esconde dentro de nós vive com medo constante de ser descoberta, acrescida da dor de nunca poder ser espontânea, de não poder baixar a guarda e simplesmente ser ela mesma. Isso explica muito bem a famosa "síndrome do impostor": a impostura fundamental não reside em nossas habilidades no trabalho ou alhures, mas, principalmente, na persistência de nossa imaturidade oculta. Quando se sente que o verdadeiro eu é essa parte da infância dissimulada por trás de uma aparência de maturidade, como não temer ser finalmente descoberto? Como confiar em si mesmo quando se está "fingindo"?

A falta de autoconfiança

"Tenho dificuldade em confiar em mim mesmo", às vezes me dizem. E com razão! Uma ordem opera secretamente: "*Não devo* confiar em mim mesmo". Essa injunção tem a função de nos convencer continuamente de que não somos adultos. Isso impede qualquer afirmação de si mesmo, que correria o risco de ser confrontada diretamente com as angústias de responsabilidade, morte e solidão. Aliás, como se afirmar quando se sente que se é "duplo"? "Não confio em mim", diz uma paciente, que imediatamente acrescenta: "Eu sempre me pergunto: 'Não estou preparando uma armadilha para mim mesma?'". Estaria ela se dirigindo à parte infantil que reconhece em si mesma e que a força a se comparar com os outros, mantendo-se alerta e desculpando-se constantemente?

Subjetivamente, às vezes acontece como se uma força desconhecida ou uma instância exterior agisse sobre nós. Tomamos decisões, expressamos boas resoluções no início do ano, mas não as cumprimos. Acabamos temendo que, no fundo de nosso ser, haja uma entidade pronta para nos fazer falhar, pronta para nos machucar. Uma entidade que seria paradoxalmente "eu", mas da qual eu não saberia nada!

No entanto, embora a falta de confiança seja explicada muito melhor pela recusa implícita de crescer, ainda assim podemos nos perguntar às vezes se não estamos prestes a perder a cabeça, a enlouquecer, a fazer coisas verdadeiramente irracionais, a escapar de nós mesmos e, por que não, voltarmo-nos contra nós mesmos. Aliás, você nunca teve dificuldade em assinar seu nome corretamente, a ponto de ter medo de assinar cheques em lojas? Você já sentiu que perdeu o controle de si? É possível que o seu "inconsciente" esteja pregando peças em você?

O MEDO DE ESTAR LOUCO

A *perda do controle*

Desde que Freud retomou a ideia de "inconsciente", que já fora mencionada por Hartmann, Schopenhauer, Nietzsche e alguns outros, nos acostumamos a pensar que há em nós uma espécie de instância misteriosa, que faria parte de nossa mente sem fazer parte dela, que nos levaria a agir de uma maneira ou de outra, que "censuraria" certas representações e, em suma, determinaria o que fazemos. Não somos nós que agimos livremente, que escolhemos nossas preferências, nossos gostos etc., seria esse nosso inconsciente. Assim, agimos às vezes sem saber por quê. No entanto, as ações que parecem estranhas à nossa vontade ou à nossa consciência não constituem de forma alguma a prova da existência de um inconsciente. Certamente, não controlamos tudo o que acontece em nosso cérebro (nem em nosso corpo), mas isso não significa absolutamente *que algo ou alguém decida por nós.* Significa apenas que processos cognitivos complexos se desenvolvem em nosso cérebro sem exigir intervenção consciente.

Mas este famoso "inconsciente" não seria, no fundo, o que resta de infantil, impulsivo e irracional em nós? Pelo menos é o que se pode supor ao examinar alguns dos nossos comportamentos. Por exemplo, eu não devo comer esse chocolate, mas não consigo me segurar. Como minha vontade pode ser tão ineficaz? Como já foi dito, o impulso alimentar não é apenas um simples desejo de comer: ele também faz parte de uma estrutura defensiva que permite que *não cresçamos* e, assim, não enfrentemos nossas angústias existenciais. Como resultado, podemos agir com a *sensação* de não nos controlarmos.

No caso do apagamento por fusão, pode parecer relativamente reconfortante sentir que se está perdendo o controle, porque isso significa se desvencilhar de todas as responsabilidades. Podemos nos sentir confortáveis com a ideia de que "não é minha culpa". "Eu sou assim", me dizem em sessão, "não há nada que eu possa fazer." Muitas vezes, tais pessoas são extremamente sensíveis ao ambiente em que se encontram. Se chove ou está nublado, elas ficam tristes; se está ensolarado, ficam alegres e animadas. Alguém me disse uma vez: "Se o dia está ensolarado, sinto como se nada de ruim pudesse acontecer comigo". Resumindo, elas se deixam influenciar pelo que acontece externamente porque não são determinadas internamente, não dão importância suficiente aos próprios sentimentos, ou seja, ao seu "ambiente" interno.

Sob o modo da potência heroica, a perda de controle dá a elas a sensação de não ser "comum" ou "como os outros", de ter algo especial. Quando o adulto heroico vê suas ilusões de importância enfraquecerem, como resultado de uma falha, por exemplo, e percebe que visivelmente não está acima dos meros mortais, ele pode precisar realizar atos excessivos que instantaneamente lhe darão um lugar especial. Colocar-se em perigo ou ficar com raiva, quebrar um móvel ou objeto, exagerar, trancar-se e parar de falar ou, ao contrário, fazer provocações... Todas as coisas que observamos diariamente na criança pequena, mas que obviamente não são mais aceitáveis no adulto.

No entanto, há outros comportamentos considerados estranhos que levam alguns a questionar sua normalidade.

A *impressão de não ser normal*

"Espero que me digam: você é normal", confidenciou-me uma jovem chorando. É difícil imaginar todas as estranhezas de comportamento e pensamento que os pacientes podem contar ao seu psicólogo. Ainda mais quando se trata de pessoas que não sofrem de nenhum transtorno psicológico, pessoas "como você e eu", apenas com as ansiedades e dificuldades de todo mundo; pessoas perfeitamente integradas na sociedade, casadas, pais, responsáveis, confiáveis em seu trabalho, ou seja, suficientemente bem adaptadas à realidade. Suas revelações são ainda mais surpreendentes.

Um CEO de uma grande empresa, por exemplo, confessou-me divertir-se, quando está em um avião, jogando discretamente iogurte em passageiros adormecidos. Alguns me explicam como se comunicam com seu "anjo da guarda". Uma paciente mal podia esperar para voltar para casa à noite e ouvir os sons ao redor e interpretá-los como mensagens vindas de outra dimensão. Um outro comenta cantarolando na própria cabeça tudo aquilo que faz. Confessemos: muitos de nós falam sozinhos ou desenvolvem ideias mais ou menos esotéricas sobre a vida após a morte, por exemplo, sobre a existência de dimensões desconhecidas em nosso mundo etc. Ideias que geralmente guardamos para nós mesmos por medo de sermos considerados loucos.

Mas mesmo sem manifestar esses comportamentos, também podemos nos sentir radicalmente diferentes dos outros por diversas razões. Seja porque sofremos, porque achamos que há muita escuridão, imobilidade, decepções em nossas vidas e porque nos parece que os outros avançam sem dificuldade, sem encontrar — como nós — os sintomas bizarros da crise de ansiedade. O que sabem essas pessoas sobre a súbita sensação de sufocamento, o medo repentino de estar morrendo, o fato de temer sem razão um perigo iminente, esse estranho sentimento de não saber mais quem se é (despersonalização), a impressão de que a própria realidade é inapreensível, estranha, sempre preocupante? Para aqueles que não os experimentaram, esses sentimentos permanecem incompreensíveis. No entanto, todos esses medos excessivos que nos atravessam não têm nada de anormal: eles se originam na maioria das vezes de ilusões e medos infantis.

Uma vida imaginária

É perfeitamente normal ter atividades fantasiosas, deixar-se levar por pensamentos fantásticos e sonhos que permitem afastar-se da realidade, ou até mesmo ausentar-se de uma rotina pesada. O adulto que teme afirmar-se neste mundo tende a abusar desse divertimento, chegando às vezes a inventar uma verdadeira vida paralela. Várias pessoas me confessaram desenvolver cenários complexos aos quais vão acrescentando mais detalhes dia após dia. Elas vivem uma vida ideal em que têm o papel principal: um apartamento maravilhoso, um trabalho prestigioso etc. Uma delas me contou que podia até fantasiar sobre o que estava vivendo. Por exemplo, se estivesse em uma festa e se sentisse atraída por um homem, ela *imaginava* abordá-lo e seduzi-lo, sem nunca efetivamente dar um passo em sua direção. Melhor ainda, ela poderia sair da festa apressadamente para voltar para casa e, confortavelmente instalada em seu sofá, continuar a imaginar sua história, sonhando com todo tipo de peripécias, até o casamento com o belo desconhecido e o nascimento de seus filhos. Sem chegar a esse nível, muitos de nós recorrem a esse modo de ser particular que permite estar presente no modo da ausência (para retomar a fórmula sartriana), para virtualmente vingar uma humilhação sofrida durante o dia, para reparar um fracasso ou simplesmente pelo prazer de se tornar o herói de uma bela história antes de adormecer.

As fantasias diurnas não têm nada de patológico. Em geral, têm como objetivo afastar a realidade e evitar relações interpessoais reais. Ocorrem facilmente em momentos de tédio. É principalmente o recurso sistemático a esse hábito mental, às vezes sofrido ou incontrolável, que preocupa o indivíduo (ou seu psicólogo). Mas daí a pensar que se está louco, é um passo que não podemos dar. Estamos lidando aqui com um modo de pensamento infantil, sem limites, desenfreado, em que o apagamento por fusão e o poder heroico supremo intervêm em partes iguais: o adulto não assumido se encontra na pele de um herói imaginário que tem todo o poder sobre as coisas, mas sem assumir nenhuma limitação. E, no entanto, se essas fantasias propiciam a custo baixo uma parcela de gratificações virtuais e cumprem suas funções defensivas, elas também são um modo de evitar a vida real.

O MEDO DE SE VALORIZAR

A falta de autoestima

Na vida real, como todos sabem, o medo de se afirmar está intimamente ligado à falta de confiança em si mesmo e à falta de autoestima. É preciso distingui-las.

A *confiança em si mesmo* se relaciona ao que se acredita ser capaz de fazer: do que sou capaz? Posso contar comigo mesmo?

A *autoestima* se relaciona ao valor que se dá a si mesmo: o que eu valho? Sou uma boa pessoa?

Vale ressaltar que ter confiança em si mesmo não implica em ter autoestima. Assim, você pode ter confiança em si mesmo — por exemplo, se domina sua profissão — e ao mesmo tempo ter baixa autoestima, por exemplo, se o que faz vai contra seus valores ("não concordo com os métodos da minha empresa") ou se não atribui importância a isso ("o que faço não serve para nada").

A falta de autoestima é, portanto, uma questão de valor. Manifesta-se seja por timidez, retraimento, introversão (modo fusional), seja de forma mais dissimulada por atrevimento, teatralidade, extroversão (modo heroico). É claro que duvidar do seu valor pode acontecer com todo mundo em momentos considerados decisivos ou desafiadores (reuniões, falar em público etc.). Isso é comumente chamado de nervosismo. Para alguns é temporário, para outros é crônico.

No entanto, esse fenômeno certamente não foi estudado ou compreendido o suficiente. De fato, por que a autoestima é tão volátil quando a temos e tão difícil de obter quando não temos o bastante? Como é que se pode perder a compostura em alguns momentos, sentir-se invadido por tremores, suor, ondas de calor, náuseas, certa desorientação ou por um forte desejo de fugir?

A hipótese existencial é a seguinte: o nervosismo passageiro não é nada mais do que uma regressão infantil. Imagine: você está em uma reunião profissional em que o grande chefe está presente, você tem que fazer uma apresentação na frente de uma plateia de personalidades fortes; ou ainda, você tem que fazer uma intervenção no palco por uma razão ou outra. O desafio é tão grande que faz você reviver, instantaneamente mas de forma inconsciente, situações vividas diversas vezes na infância, em casa ou na escola: você é pequeno e precisa provar seu valor; está diante de adultos *que sabem e que julgam*. O olhar deles é intimidador. Talvez seja essa cena que se repete na cabeça do adulto sem que ele perceba.

Alguns, no entanto, recorrendo à sua parte adulta, conseguem se recuperar, como certos atores experientes que dizem ainda ficar nervosos depois de trinta anos de carreira. Mas há os que não conseguem. O que se pode concluir disso? Como se pode imaginar, estes últimos não cresceram o suficiente. Em última análise, pode-se dizer que a falta de autoestima é uma dificuldade ou incapacidade de atribuir a si mesmo valor suficiente. A criança, de fato, depende do olhar dos adultos para tomar consciência de seu valor. Ela espera ser validada e valorizada por eles porque ainda não teve tempo ou meios para avaliar-se a si mesma.

É preciso esclarecer, todavia, um ponto importante: para o adulto, a falta de autoestima é certamente uma grande dor na vida cotidiana. Mas em grande medida ele mesmo contribui para isso sem saber, recusando-se a reconhecer seu próprio valor. Isso faz dele um equilibrista que deve encontrar maneiras de compensar a falta de autoestima. O ato sistemático de se doar é justamente uma das maneiras de manter esse equilíbrio. Embora, a longo prazo, isso só adie o problema.

A *necessidade de estar a serviço dos outros*

O "complexo de esponja" ajuda e incentiva a doação de si mesmo, mas em detrimento de si.

O complexo de esponja? É simplesmente uma expressão comum, usada por muitos pacientes e que tem como objetivo ilustrar sua hipersensibilidade. Esses adultos se autodenominam "esponjas" porque absorvem emoções dos outros, adivinham suas intenções, suas necessidades, suas faltas e seus desconfortos. Vivem, por assim dizer, em contato direto com o que acreditam ser as expectativas dos outros e procuram atendê-las. Mas é ainda um resquício da infância. Assim como as crianças, sempre atentas aos desejos dos pais, sempre prontas para satisfazê-los, alguns adultos ainda sentem uma necessidade irresistível de servir aos outros. Com o tempo, eles fazem disso uma moral pessoal, louvando as virtudes da doação de si, da abnegação, do altruísmo e do sacrifício. Essas são as poucas qualidades pessoais que conseguem aceitar, mas apenas porque essas características os colocam, na prática, em segundo plano em relação aos outros. Esses adultos ganham em todas as frentes: se apagam na sombra reconfortante dos outros, enquanto estes os elogiam por sua generosidade.

Mas esse compromisso não vem sem problemas. Eles acabam descobrindo que, paradoxalmente, suas boas ações não ficam impunes. "Eu me espelho na pessoa que tenho na minha frente", é o que muitas vezes me dizem. "Minha personalidade muda de acordo com as pessoas com quem falo, e assim não sei mais quem eu realmente sou." Estar a serviço dos outros leva, de fato, a um esquecimento relativo de si mesmo, à preocupação constante com "o que o outro pensa sobre o que eu penso". Um adulto assim faz constantemente suposições sobre os pensamentos dos outros, e muitas vezes se perde em considerações autodepreciativas. Ele nunca é "bom o suficiente", nunca tem certeza se está fazendo as coisas corretamente, o que o leva a ser ainda mais atento e sensível aos menores sinais que percebe nos outros. Agindo como um telepata, ele passa seu tempo superinterpretando supostos pensamentos dos outros.

Uma paciente que me fez ler alguns dos seus textos me perguntou o que eu achava deles. Eu disse a ela: "É engraçado, percebo que você escreve no mesmo ritmo que fala. Frases curtas, às vezes apenas uma palavra seguida de um ponto, depois outra palavra. É animado e empolgante". Tudo o que ela lembrou do meu comentário foi o começo: "É engraçado". Ela ficou ofendida: "Então, eu sou 'engraçada', é isso? Eu sou um palhaço?".

Tivemos com isso uma crise a ser superada. Ela acabou reconhecendo: "Estou sempre na intimidade do outro e interpreto tudo excessivamente". O fato de imaginar estar "na intimidade do outro" ou "em sua mente" às vezes implica imaginar que os outros também estão dentro de si: "Sinto-me espionada. Sinto-me como um livro aberto. Vulnerável. Observada e julgada".

Não é surpreendente que pacientes como ela possam relatar pensamentos vagamente "paranoides", ou seja, não necessariamente uma paranoia, mas ainda assim marcados por uma pequena tendência à perseguição.

A vontade inconsciente de fusão leva essas pessoas a muitas renúncias, como ceder seu lugar aos outros, sacrificar os próprios desejos, nunca escolher o filme no cinema ou na televisão, o local de férias, o menu.

Se você se identifica com isso, talvez seja aquele ou aquela que, em reuniões e festas, faz de tudo para manter um clima agradável, preenche rapidamente os momentos de silêncio, intervém nos momentos constrangedores para mudar de assunto. Talvez seja aquele ou aquela que serve as comidas, organiza tudo na cozinha, cuida da logística e dá atenção aos convidados isolados. Você está presente, mas não realmente presente. Está no meio de todos, mas na verdade está na margem. Assim, talvez você aceite ficar em um relacionamento com uma pessoa ausente ou infiel, ir almoçar todos os domingos na casa dos pais, ser aquele que sempre liga para os amigos para saber notícias, mesmo que eles nunca liguem para você.

Talvez você também seja aquele que pode ser soterrado, invadido ou encarregado de tarefas ingratas — que você aceita por espírito de sacrifício ou devoção, especialmente dentro da família. Ou talvez porque você sinta que precisa "pagar" por estar lá. Você está sempre disponível. Você sempre diz sim.

Sob a condição fusional, você apreciará até certo ponto desaparecer e ser a "variável de ajuste", embora muitas vezes seja penoso estar sempre sentado em um assento menor; na condição heroica, ao contrário, você pensará que seus sacrifícios lhe dão uma posição proeminente e fazem de você alguém importante, o "melhor amigo", o "melhor filho", a "melhor esposa", a "melhor filha". Com frequência, você assumirá o papel de árbitro, de juiz de paz, daquele que decide pelo bem de todos. No entanto, sua autoestima permanecerá sempre mais ou menos volátil, porque você continuará a considerá-la dependente de sua capacidade de atender aos desejos dos outros em vez dos seus. No modo de fusão, isso pode acabar levando-o a se desculpar sem parar, a ser excessivamente educado, excessivamente gentil e a organizar toda a sua vida diária em função da dos outros — e no modo heroico, a querer assumir os problemas dos outros. Mas será que isso é uma generosidade autêntica? Talvez seja necessário meditar sobre este pensamento luminoso de Jean Giono: "Seja generoso, dê menos".

A incapacidade de se ocupar de si

Existem, é claro, pessoas fusionais ou heroicas que tendem a não gostar da companhia dos outros e preferem se isolar. Mas a maioria assume a missão de proteger seus familiares e próximos. Um dos meus pacientes, um empresário, me disse um dia: "Você sabe, eu sou um chip tic!". E eu perguntei: "Um o quê?". "Um chip tic…", ele respondeu. "Um o quê?", repeti. Depois de um silêncio, ele disse: "Ah, não, desculpe: um 'chic type'".*

Era surpreendente ver como esse homem afável de cinquenta anos assumia tão pouco seu papel de "cara legal" que nem sequer conseguia dizê-lo sem se enroscar nas

---

* O autor utilizou a forma oralizada da expressão "chic type", correspondente a "nice guy", em inglês, e a "um cara legal", em português. (N. T.)

sílabas. "Eu quero ajudar os outros", afirmava. Além disso, como ganhava muito bem, doava dinheiro para todos os lados, chegando a sacrificar seus próprios projetos. Ele se desconsiderava. A família ao redor dele se acostumou com sua generosidade. E isso não se limitava ao dinheiro. Ele vivia em uma casa decorada e governada por sua esposa e nem sequer tinha um espaço para si. Ele só podia constatar: "Na verdade, é como se eu morasse na casa de outra pessoa. Eu não tenho minha própria casa".

Trata-se realmente de gentileza? Bondade? O nível de sofrimento que esse homem sorridente alcançou o leva a reconhecer que não. Eu faço a seguinte pergunta: "Se você não tivesse nenhuma restrição, nem de tempo nem de dinheiro, o que faria por si mesmo?". Surpresa. Por mais que ele pense, nada vem à mente. Sua única ocupação até agora tem sido cuidar dos outros, o que quase o fez desaparecer a seus próprios olhos.

Muitos outros como ele não saberiam o que fazer com seu tempo se não o dedicassem aos outros. Eles se organizam para estar sobrecarregados; sempre há algo a fazer para as crianças, o cônjuge, os pais, a casa. O esquecimento de si é tamanho que essas pessoas têm dificuldade em imaginar que presente as faria feliz. Quando são pressionadas, elas quase sempre escolhem um presente que também beneficiaria os outros (viagens, passeios etc.).

Para elas mesmas, presentes, assim como elogios, podem ser verdadeiras feridas. Em primeiro lugar, eles jogam uma luz indesejada sobre aqueles que se esforçam para "não incomodar", mas também pressupõem um certo mérito no indivíduo. Sem entender o motivo, isso o faz sentir culpa — talvez porque o presente inverta os papéis e ele se sinta confusamente despossuído de sua função de estar à disposição dos outros. O primeiro pensamento que vem à mente é que ele não merece tanta atenção. O segundo é: como dizer obrigado? Para muitos de nós, nada é mais simples, mas para aqueles que se sentem dispensáveis, é um verdadeiro quebra-cabeça. É um sorriso um pouco forçado que surge nos lábios, seguido por agradecimentos bem pouco convincentes ou insistentes demais.

E você? Se não tivesse nenhuma restrição, nem de tempo nem de dinheiro, o que você faria *por si mesmo*? O que faria se tivesse um dia inteiro, uma semana inteira para cuidar de si e somente de si? O que realmente lhe traria prazer?

Você pode sentir, diante dessas perguntas, um arrepio desagradável percorrendo sua espinha. Assim, pode entender como funciona a imposição defensiva de não existir. Ela leva a outras injunções implícitas, também desenvolvidas na infância, e todas estão interligadas por uma lógica implacável. Por exemplo: "Não devo desejar para mim" é uma imposição que tende, a longo prazo, a extinguir quase todo desejo, inclusive o sexual, e que leva ao sacrifício em nome do desejo dos outros. O mesmo ocorre com a injunção "Ocupar-se de si é parecido com egoísmo", que sustenta e reforça outras injunções ao provocar um forte sentimento de culpa, especialmente quando surge a possibilidade de ocupar-se de si mesmo.

Como sair desse labirinto de imposições fusionais ou heroicas e finalmente encontrar a autoestima?

EM TERAPIA

PARA ENCONTRAR A AUTOESTIMA

Antes de tudo, assinalemos que os conselhos geralmente dados nos livros de "desenvolvimento pessoal" para encontrar autoestima são, certamente, cheios de bom senso, mas não resolvem o problema fundamental. Por exemplo, aconselharão você a:

- Determinar o que é bom para você.

- Definir suas prioridades.

- Privilegiar o prazer em vez do desempenho.

- Relativizar os imprevistos da vida cotidiana.

- Convencer-se mentalmente de sua importância repetindo frases como "Eu me amo e me aceito", "Eu acredito em mim" etc.

No entanto, é praticamente impossível determinar suas prioridades ou o que é bom para si quando não se tem autoestima e se sente "vazio" e sem interesse. Portanto, é preciso dizer que essas boas resoluções não permitem que ninguém melhore sua autoestima. No máximo, ajudarão você a se sentir temporariamente menos estressado e menos negativo. E ainda assim...

Mas, então, o que fazer? Como veremos, há uma solução para finalmente se sentir "à altura" e conseguir se afirmar. Antes de abordá-la, porém, é necessário detalhar alguns pontos.

Autoestima e respeito próprio

Quando falamos de autoestima, geralmente ignoramos um fato óbvio: a falta de autoestima sempre vem acompanhada de uma falta de respeito próprio. É importante distinguir as duas noções. Estimar é medir o valor de uma coisa ou de uma pessoa e fazer uma representação disso. De maneira mais simples, é considerar se uma coisa é boa ou não. Respeitar é mostrar consideração, levar em conta. Em outras palavras, a autoestima é um pensamento, enquanto o respeito é uma ação concreta. Obviamente, pensamento e ação estão interligados.

Resta saber em que consiste exatamente o respeito. A palavra vem do latim *respectare*: olhar para trás, ou olhar duas vezes. A noção de respeito foi inicialmente aplicada às tradições religiosas e civis diante das quais era necessário se curvar. Mas Kant esclarece em sua *Crítica da razão prática* que "o respeito sempre se aplica exclusivamente às pessoas, nunca às coisas". Sem entrar em discussões eruditas sobre essa noção frequentemente relacionada ao temor (como na expressão "manter respeito"), e que distingue várias formas de respeito, podemos aqui nos limitar à seguinte definição: respeitar uma pessoa é agir em relação a ela de acordo com o princípio de que ela, como ser humano, tem tanto valor quanto você.

Daí se segue que respeitar a si mesmo é agir consigo de acordo com o princípio de que você, como ser humano, tem tanto valor quanto qualquer outra pessoa. Mas, quando se tem falta de autoestima, é porque não se adere a esse princípio de igualdade entre os seres humanos. Portanto, tem-se a tendência de agir faltando com respeito para consigo mesmo.

Muitas vezes descobrimos que somos nós mesmos a pessoa que mais maltratamos no mundo. Observe cuidadosamente o que você diz sobre si mesmo e o que faz. Você se apaga sistematicamente? Você deixa sempre o espaço para os outros? Você acredita que os outros são mais respeitáveis do que você? Você passa seu tempo se desvalorizando aos olhos dos outros, se diminuindo, minimizando o que você faz, se insultando diante do espelho, eventualmente sentindo desprezo e repulsa por si mesmo? Se faz isso, você cultiva uma falta de respeito por si mesmo cada vez mais acentuada.

O mais irônico é que essa falta de respeito às vezes é induzida pela religião ou espiritualidade. Alguns pacientes religiosos praticantes (de todas as religiões) evocam a humildade como uma virtude fundamental. Assim, sua devoção e generosidade seriam a causa de sua falta de autoestima.

Na realidade, a humildade não tem nada a ver com falta de respeito, pelo contrário. Ela se opõe à arrogância e ao orgulho e sinaliza, na verdade, uma grande lucidez sobre si mesmo. Em nenhum caso a humildade exige que se falte com o respeito a si mesmo.

Parece, portanto, que para encontrar a tão famosa autoestima — e assim descobrir seu próprio valor — é preciso começar por se respeitar, ou seja, demonstrar consideração real a si mesmo, ou, simplesmente, cuidar de si mesmo. Isso também implica esperar que os outros mostrem respeito por você. Para tanto, é preciso estar disposto a recebê-lo. É possível que você tenha dificuldade em aceitar elogios, por exemplo, alegando que teve sorte, que não tem mérito (síndrome do impostor), que o vestido ou o paletó pelo qual é elogiado é uma "velharia", que as pinturas que faz são apenas "rascunhos". Por que não aprender a simplesmente dizer "obrigado" ou "fico feliz em ouvir isso"? Algumas pessoas admitem ser incapazes de tais respostas, que consideram pretensiosas ou até mesmo fracas. Essas pessoas podem então recorrer sistematicamente à autodepreciação (fusão) ou, ao contrário, à fanfarronice deliberada (heroísmo), o que vem a dar no mesmo. Além disso, podem adotar comportamentos que indicam falta de respeito: automutilação, arrancar compulsivamente os cabelos, coçar a pele, ou mesmo não cuidar de si mesmas quando estão doentes.

Então, o que seria "respeitar a si mesmo"? Um conjunto de ações muito simples: não se rebaixar, não se maltratar fisicamente, prestar atenção à qualidade do que se come e bebe, à forma como nos acomodamos. Poderíamos multiplicar os exemplos, mas é muito mais simples manter em mente este lema:

Aja consigo mesmo como se fosse seu próprio convidado.

Respeitar a si mesmo também significa querer estar melhor, estar bem. Eu mencionei o "desejo de ficar doente". Também é preciso mencionar o medo de curar, bem conhecido na terapia, que muitas vezes frustra o progresso feito quando a ideia de cura é associada à autonomia. Se eu ficar melhor, pensa-se, vão me abandonar... É sempre muito delicado para o psicólogo destacar o progresso em direção à recuperação, pois isso pode produzir pequenas recaídas, uma sensação de tristeza, o retorno da ansiedade, eventuais manifestações psicossomáticas como eczema, psoríase, acne (para as mais frequentes). Curar é aceitar não ser mais vítima e, portanto, modificar uma certa condição, e com isso, um certo tipo de relação com os outros.

Mas reconheçamos que não é tão simples admitir de imediato que se tem valor. "Eu sempre acho estranho ou anormal quando as pessoas me respeitam", dizem alguns pacientes que têm o hábito de desconfiar de pessoas gentis ou respeitosas. É verdade que, enquanto acreditamos ser "vazios" ou "sem valor", não vemos muito bem a quem ou a que a consideração dos outros seria dirigida. Chegando ao ponto em que o interesse do outro se torna suspeito.

Afinal, quem é essa pessoa que chamamos de "si mesmo" e à qual devemos tanto respeito?

Quem é "si mesmo"?

Quem sou eu? Vasta questão!

Na terapia existencial, uma primeira abordagem consiste em desconstruir o "personagem" do paciente, aquele que é interpretado de boa-fé na vida cotidiana, mas que é, precisamente, apenas uma aparência condicionada e bastante distante do "eu autêntico". Todos nós temos um, inevitavelmente. Ele se desenvolveu ao longo dos anos, dependendo do papel que nos foi atribuído na família. Para descrevê-lo, você pode completar a seguinte frase:

Na família, eu sou aquele(a) que...

Inspire-se nos personagens frequentes (a lista não é exaustiva): o trabalhador, o preguiçoso, o intelectual, o mentiroso, o menos que nada, o tímido, o apagado, o sério, aquele que carrega toda a família, aquela que organiza, aquele que ajuda todo mundo, aquele que faz cara feia, o diplomata, o generoso, a amável, a criança, o calado, o depressivo, a colérica... Geralmente, esse exercício não é muito difícil, pois todos nós somos bastante conscientes de como nossos entes queridos nos percebem. Também sentimos que esse personagem não é insignificante: sua função é manter o equilíbrio da família.

Para refinar ainda mais a descrição do personagem, pode-se evocar uma série de "transtornos" na moda. Parece que hoje em dia cada um pode descobrir uma particularidade capaz de torná-lo uma pessoa especial, cuja "deficiência" deve ser considerada. Você seria hipersensível, de alta habilidade, superdotado, precoce, "dis" (disléxico, dispráxico etc.), de alta habilidade emocional, multipotencial, supereficiente, atípico, neurocognitivo, hiperativo, portador de TDAH (transtorno de déficit de atenção e hiperatividade)?

As pessoas que se identificam com um ou mais desses termos reconhecem-se igualmente, segundo o que se diz, nos seguintes traços:

- Sensação de ser diferente, inferior aos outros.

- Procrastinação.

- Ruminação.

- Distúrbios de sono devido a um excesso de pensamentos.

- Sensação de estar deslocado, inadequado.

- Dificuldades nos relacionamentos com os outros.

- Intolerância à frustração.

- Tendência a ficar entediado facilmente.

- Pensamento abundante, rápido e transbordante.

- Emotividade, hipersensibilidade.

- Grande capacidade de empatia.

- Pensamento dito "em árvore".

- Dificuldade com a realização de tarefas comuns.

- Dificuldade com ortografia ou linguagem.

- Originalidade.

Você se reconhece em um ou mais desses traços e "distúrbios"? Isso é possível porque muitos de nós procuramos explicações simples para lidar com nossa dificuldade de adaptação ao mundo. E certamente ficamos satisfeitos em saber que nossa "deficiência" acaba sendo uma qualidade (demasiada inteligência, sensibilidade ou criatividade). Em outras palavras, temos um "superpoder de deficiência".

Mas, na verdade, a abundância desses novos "diagnósticos", quase nunca confirmados pela pesquisa científica (exceto por distúrbios de atenção e hiperatividade), enfraquece sua credibilidade. Altamente habilidoso? Hipersensível? São apenas características comuns das crianças, de todas as crianças. A lista de traços apresentada descreve nada mais do que o modo de pensamento e comportamentos tipicamente infantis. Assim, na grande maioria dos casos, os distúrbios "dis" (dislexia, dispraxia etc.), a emotividade, a sensação de ser uma "esponja emocional", a hiperatividade, a alta habilidade e todas as outras "etiquetas" ocorrem devido à persistência de uma parte infantil nos adultos, porque todas as crianças são hiperativas, hipersensíveis e têm alta habilidade. Este ponto de vista, sem dúvida, contraria muitos. Por quê? Porque essas etiquetas nos valorizam e nos confortam em uma forma de imaturidade à qual inconscientemente nos apegamos. No entanto, elas não nos ensinam muito mais sobre quem realmente somos. Se renunciarmos ao personagem que interpretamos ao longo da vida e admitirmos que nosso valor não reside nessa parte infantil, então em que podemos nos agarrar?

A chave para, finalmente, sentir-se à altura

É importante fazer a distinção entre *valor relativo* — que depende de uma perspectiva externa — e *valor intrínseco* (ou independente).

Uma criança nunca tem muita segurança em relação ao seu valor. Isso é normal, já que ela está em processo de construção. Por definição, ela é muito dependente dos outros, e o seu valor, aquele que ela pode atribuir a si mesma, depende do olhar externo. É por isso que ela fica tão feliz em satisfazer os adultos, dos quais ela constantemente espera e solicita reconhecimento.

Por outro lado, o adulto possui — a princípio — um valor intrínseco que não deve depender (inteiramente) de um olhar externo. Ele teve tempo de se avaliar objetivamente, de se provar enfrentando diversas situações, adquirindo experiência e desenvolvendo habilidades. O seu valor não depende mais do olhar dos outros.

O que sobraria para você se alguém o deixasse, se não o apreciassem mais, se o abandonassem? Alguns confirmarão o sentimento de que não sobraria nada. No entanto, outros tenderão a pensar que ainda teriam seus bens ou dinheiro, confundindo posses materiais com valor próprio. Outros também acreditam que seu valor pessoal está ligado ao corpo (o que pode levar a uma preocupação excessiva com peso, idade e pequenas falhas físicas). Mas então a pergunta deve ser feita de forma diferente: o que restaria do seu valor se você perdesse todo o seu dinheiro ou se o seu corpo se degradasse?

A criança acredita por muito tempo que seu valor é baseado apenas no que possui ou no que seus pais pensam dela. Portanto, é preciso concluir que se alguém acha que não tem valor intrínseco, é porque se comporta, nesse aspecto, como uma criança.

A chave para finalmente se sentir à altura pode ser formulada da seguinte maneira:

> *Eu devo parar de me ver como uma criança*
> *diante dos meus pais.*

Mas por que necessariamente "diante dos meus pais", e não diante de qualquer adulto? Simplesmente porque os pais (ou os que agiram como pais) são aqueles por meio dos quais construímos nossa identidade como criança. Portanto, é apenas através deles que podemos nos livrar disso. Trata-se então de, deliberadamente, retirar deles esse poder de nos fazer sentir "pequenos" e sem valor. Esse poder é exercido através de uma ordem que precisa ser transgredida:

> *O interesse da família (e, portanto, dos meus pais) vem*
> *antes do meu.*

Aprendemos desde muito cedo a nunca esquecer essa ordem, pois transgredi-la acarreta para a criança pequena uma terrível sanção: a perda do amor, a perda do vínculo, a exclusão ou a aniquilação. Essa ordem, devido à sua primazia e poder, é provavelmente a fonte de todo sentimento de culpa posterior. No entanto, tornar-se adulto significa abolir esse comando para afirmar a importância de sua própria existência individual. Não há outro caminho.

Encontramos novamente aqui algo que foi discutido nos primeiros capítulos, isto é, a necessidade de "trair" os pais e mudar de posição. Mas os pais, como tais, têm um valor absoluto e indiscutível para a criança. É por isso que, por muito tempo, é muito difícil criticá-los sem experimentar um forte sentimento de culpa. Muitas vezes, a criança se recusa a transformar seu próprio valor relativo em um valor intrínseco, porque parece que isso diminuiria o prestígio parental. No entanto, enquanto permanecermos em posição de inferioridade em relação aos nossos pais, será rigorosamente impossível sentir que estamos à altura de qualquer coisa. Insisto neste ponto: não há outro meio de conquistar sua legitimidade e finalmente estar "à altura".

O caso Florian: meus pais, estes desconhecidos

Florian é um homem de 33 anos com aparência juvenil, pele rosada, cabelos castanhos, barba curta e um sorriso radiante. Ele manteve as inseguranças e hesitações do adolescente tímido que nunca deixou de ser, e procura ajuda por falta de autoestima e por não conseguir encontrar o sentido da vida. Ele conta sua trajetória: uma vida errante, cheia de empregos que não o interessam realmente e longos períodos de tédio ou procrastinação em que sonha em fazer uma formação. Ele sente que está "passando ao largo de sua própria vida", mas não sabe o que essa vida poderia ser. Informática? Relações públicas? Vendas? Em termos sentimentais, ele apresenta uma forte dependência emocional: ciúme, possessividade, incapacidade de fazer qualquer coisa quando sua namorada não está por perto. Pelo menos quando tem uma namorada. Porque, embora não lhe falte charme, todas as suas histórias acabam muito rapidamente devido ao seu medo profundo de ser abandonado.

Florian anseia por reconhecimento. Está sempre esperando por aprovação no meu olhar. Sem surpresa, quando pergunto a ele se ele sente que tem valor, um valor pessoal, ele responde "não" e deixa escapar algumas lágrimas. Florian chora facilmente. A emoção é sempre palpável. "Sou hipersensível", ele se desculpa.

Muito rapidamente, falamos sobre seus pais. Ele mora em um pequeno estúdio, mas mantém contato permanente com eles. Seu pai lhe dá conselhos para tudo, enquanto sua mãe se preocupa com o que ele está fazendo. As ligações são diárias. Florian ama seus pais e é grato por sua ajuda. Ele acrescenta: "Eles estão envelhecendo e eu quero aproveitar antes que...". Eu completo: "Antes que eles morram?". Ele responde: "Sim". "O que significa 'aproveitar' seus pais, para você?", pergunto. Ele diz: "Eu não sei, passar tempo com eles...".

Florian conta que volta para a casa dos pais todos os fins de semana, onde tem seus hábitos de filho único. Seu quarto de adolescente praticamente não mudou. Ele brinca com os cães no jardim, sonha um pouco, faz pequenos reparos e dorme muito. Eu pergunto: "E o que você compartilha com seus pais?". Florian diz: "Falamos sobre o clima". "Você sente que, dessa forma, está realmente aproveitando eles?", pergunto. Ele reflete e faz um gesto negativo com a cabeça. É quando eu digo: "Quando seus pais não estiverem mais aqui, do que você sentirá falta?".

Ele começa a chorar emocionado. São lágrimas de criança. Ele não sabe o que dizer. Pergunto: "Você *realmente* os conhece?". Mais uma vez, ele admite que não.

Nós avançamos. Sugiro que, querendo "aproveitar nossos pais", como dizemos, todos procuramos prolongar indefinidamente nosso estado de infância.

"Mas então", pergunta ele, "o que significa *realmente* aproveitar os pais?"

Muitas vezes, descobrimos a resposta para essa pergunta tarde demais, ou seja, quando nossos pais já partiram deste mundo. Então percebemos que não pensamos em lhes fazer perguntas essenciais porque estamos obstinados em vê-los apenas como pais. Em nossa defesa, nossos pais, eles mesmos, não pensaram em sair do papel de pais. Afinal, são algo além de pais? Não são também homens e mulheres, com suas próprias histórias? Não foram crianças, adolescentes, jovens adultos antes de se tornarem pais?

Essas são algumas das perguntas que infelizmente deixamos de fazer a tempo. Quais eram suas aspirações, quais são ainda? Quais são seus fracassos, orgulhos, feridas? O que eles lamentam? O que eles esperam? Eles se tornaram o que esperavam ser?

Aqui, não é tanto o conteúdo das respostas que importa, mas o tipo de relação que se pode estabelecer com os pais. O que deve ser buscado é uma relação de adulto para adulto, e não mais a de criança e pais. É igualmente importante prestar atenção em sua postura, gestos e entonações. Muitos de nós sentem que diante de nossos pais ocorre uma transformação profunda, inclusive física. A parte infantil sempre busca retomar seus direitos. Basta que os pais usem nossos apelidos ou recorram a sua antiga autoridade, às vezes com um simples olhar. Estar atento para que eles nos respeitem *como adultos* levará a uma verdadeira *mudança de posição* — e nos permitirá "sair da base de segurança".

No entanto, há armadilhas e ilusões pelo caminho. Muitas pessoas vão argumentar que já estão "à altura" dos seus pais, pois conseguem ficar zangadas e falar com eles francamente; alguns podem até acreditar erroneamente que estão em pé de igualdade com seus pais porque moram muito longe deles ou porque falam com eles raramente (ou nunca mais falaram); ou porque, ao cuidar de pais que estão envelhecendo, às vezes os repreendem e decidem por eles. Porém, essas situações certamente não os tornam adultos diante de seus pais. Muito pelo contrário: cuidar de pais idosos ou não falar mais com eles teria a desvantagem de nos prender em um papel de filho-de-nossos-pais... Um conselho prático: sempre faça questão de se sentir como um *convidado* na casa de seus pais. Não se comporte mais como se estivesse em sua casa, não deixe objetos pessoais na casa deles que deveriam estar na sua casa.

Em busca do reconhecimento dos pais

Lembremos que trair nossos pais é deixar de desempenhar o papel de filho diante deles. Mas muitos hesitam em dar esse passo, com medo de magoá-los ou perder seu amor. Pelo menos o amor paternal que eles tinham pelo filho que éramos.

Mas vamos parar por um momento: temos certeza de que nossos pais nos amavam quando éramos pequenos e ainda nos amam hoje, agora que somos adultos? E se for esse o caso, até que ponto? Quanto a nós, temos certeza de que amamos nossos pais ou apenas estamos perpetuando um tipo de hábito?

Afinal, por que amamos nossos pais?

Se refletirmos sobre isso, pensaremos primeiro no laço genético e de sangue, embora eles não expliquem nada; ou evocaremos a "gratidão do estômago": amamos nossos pais porque eles nos alimentaram, cuidaram de nós e nos ajudaram a crescer. Finalmente, sugerimos a reciprocidade: os amamos porque eles nos amam.

No entanto, nada disso pode explicar logicamente a natureza tão particular do amor que sentimos por eles e apenas por eles. Pois esse amor familiar não tem nada a ver, em sua natureza ou qualidade, com o amor ou a amizade que sentimos por outros.

Talvez amemos nossos pais apenas porque *aprendemos* a fazê-lo. Desde o nascimento, e de forma às vezes muito sutil, fomos recompensados ou punidos de acordo com o amor e a afeição que éramos capazes de expressar. Um comando então se impôs ao longo do tempo — "Devo amar meus pais" —, participando do desenvolvimento do apego e da coesão da família. Em outras palavras, antes mesmo de desenvolvermos sentimentos, obedecemos ao *dever* de amar nossos pais, um dever adquirido por aprendizado e inscrito em nós para garantir nossa lealdade. Aquela outra grande injunção — "A minha família vem em primeiro lugar" — também foi gravada profundamente na nossa memória. Tão profundamente que mesmo as crianças maltratadas, abusadas, espancadas, negligenciadas ou abandonadas, por vezes, passam a vida toda a defender seus pais.

Os pais, de sua parte, adquiriram, obviamente, também o *dever* de amar os seus filhos sob pressão social. Alguns, no entanto, não sentem realmente amor e são conscientes disso. A experiência clínica nos ensina que, se ainda assim, esses pais quiserem manter as aparências, eles tenderão a enfatizar o seu "dever de pais" no lugar de seus sentimentos.

De qualquer forma, como adultos, podemos sentir que ainda esperamos algo dos nossos pais. O que queremos? Provas de amor? Mais consideração? Reparação de falhas que lhes reprovamos, sejam elas reais ou imaginárias? Sem dúvida, um pouco de tudo isso. E continuamos a persegui-los na esperança de obter satisfação. No entanto, é provável que aquilo que eles não nos deram até agora (amor, consideração, reconhecimento, desculpas, estima, respeito, proteção, segurança etc.), não nos darão jamais. Assim, se não quisermos ficar presos na posição da criança eterna, é do nosso interesse fazer o luto pela nossa busca de reconhecimento.

Fazer o luto pelos nossos pais... enquanto estão vivos

Isto significa fazer o luto simbólico dos nossos pais como pais e de nós mesmos *enquanto crianças*. Concretamente, o que isso significa?

A terapia é o lugar apropriado para fazer esse trabalho necessário de luto, a fim de colocar os nossos pais à distância como pais, para vê-los mais como indivíduos, seres humanos — e acima de tudo, para parar de nos ver através dos seus olhos. "O meu pai não me amou", dirá um; "A minha mãe não me reconheceu", dirá outro. Você mesmo talvez diga que seus pais não o aceitaram, estimaram, encorajaram, consideraram; que eles nunca disseram que estavam orgulhosos de você, nem o quanto você contava para eles. Eles podem ter abusado você, maltratado, negligenciado, humilhado, desprezado, rejeitado, ignorado... Ou talvez eles o tenham amado e cuidado de você, mas, mesmo assim, cometeram erros, esquecimentos, mal-entendidos (que pai não comete?). Eles também podem ter amado e protegido demais, sufocando-o. No fim das contas, é quase impossível que você não tenha alguma reclamação contra eles.

Naturalmente, todas as crianças desejam reparações. No entanto, fora dos casos que exigem a intervenção da justiça, muitas dessas crianças que se tornaram adultas correm o risco de passar a vida ruminando suas queixas e tristezas, esperando por palavras ou gestos que nunca virão.

Sejamos realistas: não há outra escolha senão deixar estar e desistir. Somente sob essa condição é que um relacionamento adulto a adulto pode se estabelecer com os pais. A título de ilustração, gostaria de relatar aqui o belo e emocionante testemunho de uma mulher de cinquenta anos que decidiu finalmente resolver suas pendências com seu pai idoso e doente. Ela o procurou para falar sobre sua infância difícil, o fato de que não se sentia levada em consideração, apoiada ou encorajada.

> Meu pai me disse: "Meu único problema na vida é você". Conversamos por uma hora. Eu disse a ele que não tinha sido considerada. Ele me disse: "Você era tão brilhante que pensávamos que não precisava de cuidados. Você é autônoma, forte, como eu". Ele estava um pouco em negação quanto a sua indiferença em relação a mim. Acabei fazendo ele entender que não estava pedindo mais nada, que não estava falando com ele para pedir nada. Eu disse a ele: "Vá em paz, papai". Ele me disse: "Essa é a melhor conversa que tive em toda a minha vida". Eu lhe dei o perdão que ele pediu e finalmente me senti livre.

Assim, é possível fazer o luto simbólico dos pais sem desmoronar e até mesmo sem se afastar deles e sem que eles morram por isso. Esse luto é um teste de lucidez, que levará a rever as ideias falsas, as histórias que contamos a nós mesmos sobre eles na nossa infância. Nossos pais não são quem pensamos: devemos estar prontos para aceitar isso.

Outro paciente, um homem de trinta anos, chegou um dia ao meu consultório determinado a ler para mim a carta que havia enviado para sua mãe. Uma carta terrível, cheia de raiva, na qual ele a culpava por ter abandonado o relacionamento deles. Ele lamentava a cumplicidade perdida e a acusava de ser indiferente e egoísta — e de mil outras coisas, sem muita coerência. Anunciava que havia decidido romper em definitivo com ela. Estava absolutamente furioso. No entanto, ele ainda tinha a honestidade de admitir que não tinha nada específico para culpá-la, exceto pelo fato de que ela estava vivendo a vida dela.

Eu simplesmente disse a ele: "Você fez bem em cortar os laços". E como ele parecia perplexo, continuei: "Sim, essa mãe, essa mãe da sua infância para quem você está escrevendo sua carta... ela não existe mais. Simplesmente porque a criança que você era não existe mais". Dizendo isso, eu o convidava a cortar os laços com a mãe dele *enquanto mãe*, não com o que restava dessa pessoa além desse status. No limite, devemos estar prontos para dizer que nossos pais não nos devem mais nada *enquanto pais*, e que nós não lhes devemos nada na *condição de filhos*. Essa ideia pode ser chocante, especialmente se fomos maltratados. No entanto, se formos capazes de pensar nisso sinceramente, então deixamos de fato de sentir-nos como uma criança.

O caso de Anne: um luto interminável.

Não esperar mais nada dos nossos pais, dar-lhes a absolvição, romper com a infância... ok. Mas como fazer quando os pais já não estão mais neste mundo?

Anne perdeu sua mãe quando tinha 22 anos. Quinze anos se passaram desde então. Ela se casou e teve dois filhos. Aproximando-se dos quarenta anos, ela faz uma avaliação da sua vida. Ela escolheu ficar em casa para cuidar dos filhos enquanto o marido trabalha e provê as necessidades da família. A família é feliz, cercada por muitos amigos. No entanto, Anne não está satisfeita. Sofre de uma falta de autoestima invasiva que a leva a se apagar em todas as circunstâncias. Ela está pensando em seguir uma formação profissional, mas não se atreve a começar. Ela rumina, procrastina e passa dias inteiros sem fazer nada. E quando é obrigada a falar sobre si mesma, como em uma sessão, pontua cada uma de suas frases com um risinho defensivo incontrolável. Ela fica vermelha com muita facilidade e sofre de eczema. Embora bonita, não gosta do seu corpo e tende a ignorá-lo. Sofre também de compulsão alimentar. Anne se compara constantemente aos outros, que sempre acha muito melhores do que ela. Nas reuniões com amigos, considera que não tem nada de interessante para dizer e dedica seu tempo a preparar e servir os pratos. Além disso, ela tem medo do escuro a ponto de nunca sair depois que a noite cai.

Anne não conseguiu crescer. Ela se lembra de ter sido uma criança muito madura: era boa aluna, comportada e ajudava em casa; tinha um relacionamento fusional com a mãe. No entanto, nem mesmo a morte pôs fim a isso. Anne continuou a viver como uma menina, pensando constantemente em sua mãe, que se tornou, com sua partida, um modelo inacessível de adulto.

Com a terapia, Anne teve que admitir que era hora de fazer o luto. Ela começou a contar sua história aos filhos, aceitando assumir o papel de mãe e aprendendo a falar sobre sua própria mãe no passado. Também decidiu se desvincular de seu marido, abrindo a própria conta bancária e aprendendo a cuidar das próprias questões. Ela também voltou a olhar as antigas fotos de família que havia guardado no porão, para revisitar sua história (trabalho autobiográfico), se reapropriar dela e separar o passado do presente. Aprendeu a considerar a parte ignorada de sua mãe — uma mulher e não mais um ser ideal — com qualidades, mas também com defeitos. Esse descentramento crítico permitiu-lhe afirmar-se de forma gradual e, finalmente, descobrir um mundo à altura de um adulto.

A possibilidade de um sentido

Até agora, atravessamos algumas etapas para nos libertarmos dos nossos medos. Mas antes de continuar, vamos resumir as principais linhas do trabalho em que estamos empenhados.

Nosso pressuposto inicial é o seguinte: crescer é mudar de lugar, passar do lugar da criança para o do adulto. Vimos que essa mudança implica em "trair" os pais, pelo menos afastando-se da sua base de segurança, fazendo sua própria vida, reapropriando-se de sua própria história. Assim, devemos nos esforçar para fechar a porta da nossa infância, trabalho que consiste em "fazer o luto" de nossos pais enquanto pais para, finalmente, estar à altura deles.

Ainda assim, você se sente, nesse estágio do processo, mais legítimo? Provavelmente ainda não. É porque o crescimento ocorre de forma progressiva. Você já começou a explorar a parte da infância que ainda existe em você, sua relação com o tempo, sua personalidade e sua autoestima. Agora, você precisa olhar mais de perto para alguns dos seus medos, especialmente aqueles que parecem estar relacionados ao lugar que você ocupa ou suporta na vida cotidiana. Novamente, sua maneira de se afirmar — ou não — vai revelar o famoso conflito entre a criança que você não é mais e o adulto que ainda não é.

4

A BUSCA DE UM LUGAR

O MEDO DE SER UM INCÔMODO

ALGUNS ADULTOS, ESPECIALMENTE AQUELES que foram parentificados, nunca se sentem à vontade. Eles têm a sensação constante de incomodar, sentimento que se manifesta por meio de vários comportamentos cotidianos aparentemente insignificantes. Vamos ver quais são esses comportamentos.

Como você caminha na rua?

As multidões que se apressam pelas ruas ou shoppings das grandes cidades geralmente circulam sem sobressaltos. A cada segundo, milhares de pessoas se cruzam, se roçam, evitam se chocar por pouco, encontram seu caminho. Parece que uma espécie de wi-fi mental conecta todos os cérebros para otimizar as trajetórias individuais. Cada um percebe que nem precisa se concentrar para se mover no caos ambiente. Tudo parece acontecer automaticamente, de maneira muito natural. Pelo menos, para a maioria de nós.

De fato, se nos instalarmos em um café e observarmos a multidão, podemos facilmente identificar dois tipos de "pedestres problemáticos".

Os primeiros parecem estar literalmente dançando, pois é sempre a eles que cabe dar passagem aos que vêm em direção oposta. Eles fazem zigue-zague, se ajeitam, descem e sobem do meio-fio, às vezes se contorcem para evitar colisões. Parecem de alguma forma invisíveis aos olhos dos outros.

Os segundos são aquelas pessoas que avançam sem se importar com os outros, confiantes em si mesmas, como se estivessem sozinhas na rua. Elas caminham em linha reta e até podem parar para conversar no meio da calçada sem dar a mínima atenção ao fato de que estão bloqueando a passagem. Os outros parecem não existir.

Reconhecemos nesses dois tipos de pedestres o apagamento por fusão, de um lado, e a onipotência heroica, de outro. Em ambos os casos, percebe-se um problema de wi-fi mental, uma vez que o lugar ocupado no espaço público claramente não é adequado. Esses comportamentos urbanos geralmente indicam uma dificuldade mais geral das pessoas em encontrar seu lugar na vida.

O *apagamento de si mesmo*

Aqui está o testemunho de Margot, uma mulher de trinta anos que busca desesperadamente o sentido de sua vida: "Eu me desculpo o tempo todo por estar aqui. Sinto que estou atrapalhando, fazendo algo errado, e até que sou um peso para os outros. Mesmo quando me empurram, sou eu quem pede desculpas!".

Margot é uma jovem muito agradável e sorridente. À primeira vista, é difícil perceber o quanto ela se tortura quando está na presença de outras pessoas. Seu primeiro instinto é se retrair e ouvir. Ela fala pouco sobre si mesma, ou mesmo nada, mas tem uma grande capacidade de escuta. Procura se apagar o máximo possível, muitas vezes ficando atrás dos outros ou dedicando-se a servi-los, a passar os pratos. Na rua, sem surpresa, ela sempre evita aqueles que vêm em sua direção e que aparentemente não têm a intenção de desviar dela. Ao se esconder tanto, ela tem a impressão de que não é mais vista. E, de certa forma, isso lhe convém. Se alguém a notar, ela fica vermelha, se sente desconfortável e procura rapidamente uma desculpa qualquer para sair.

Ela fez um grande esforço para vir ao meu consultório. Margot está sozinha, diante de mim, pronta para chorar. Eu a ouço enumerar os medos que a impedem de viver: medo de falar sobre si mesma, medo de relacionamentos amorosos, medo de ser feia, medo de ser julgada ou mal compreendida... Enquanto fala, ela mexe no rosto, no nariz, na boca. Mexe nos cabelos, puxando-os para a frente.

Encaixada entre uma almofada e sua bolsa, ela também brinca com o fio do fone de ouvido, enrolando e desenrolando. Parece que está tentando desviar minha atenção para detalhes insignificantes com esses movimentos incessantes.

Essa atitude evasiva permite que ela não se revele completamente, talvez até embaralhe sua fala, mas também a tranquiliza com seus gestos estereotipados. Vem à minha mente uma imagem de fragmentação, como se, cortada de si mesma, ela precisasse verificar constantemente sua presença no mundo, o fato de que todas as partes de si mesma estão bem conectadas. A vontade de apagar-se pode levar, de fato, a dúvidas sobre sua própria realidade ou mesmo integridade. Essa jovem mulher faz consigo mesma o que as mães fazem com os bebês para tranquilizá-los: passam a mão nos cabelos, acariciam as bochechas, fazem gestos que têm, entre outras virtudes, a de conter a criança, fazê-la descobrir e sentir seus próprios contornos.

Por que as pessoas não prestam atenção em Margot na rua? Por indiferença ou egoísmo? Provavelmente não. Na verdade, não se afastam dela porque, ao se aproximar de Margot a vinte ou trinta metros de distância, eles já percebem inconscientemente os sinais que ela envia sem se dar conta. Estes sinais dizem: "Eu não existo". Eles concluem que ela se retirará e se afastará, e eles simplesmente agem de acordo.

Margot reconhece que age um pouco assim em outras áreas de sua vida. Ela se desculpa o tempo todo, mesmo quando não há motivo. É corroída pela sensação de estar incomodando, seja comprando um pão ou marcando uma consulta médica. Telefonar é uma tortura, falar em público, um pesadelo. Antecipadamente, ela se sente culpada por existir. Está cada vez mais sozinha porque nem se atreve a ligar para seus amigos. Oscila constantemente entre a busca de uma solidão protetora e a necessidade de se aproximar dos outros. Seu lugar, se é que se pode chamá-lo de lugar, está nos bastidores, nos fundos, na sombra. Nesse sentido, seu trabalho como assistente administrativa é perfeito para ela, ainda que não encontre nenhuma satisfação nele. "Eu sei que não estou no meu lugar", diz ela. "Mas não sei qual é o meu lugar." Finalmente, ela percebe que está vivendo à margem da vida real, o que é a consequência lógica do apagamento por fusão.

Mas viver à margem é também o destino daqueles que agem no modo da onipotência heroica. Eles não se ajeitam na rua, caminham em linha reta sem perceber a presença dos demais. Eles se impõem, como uma criança que atravessa a sala empurrando tudo o que está no caminho. Seu "personagem" é um "eu, eu, eu" enérgico que causa correntes de ar assim que entra em uma sala. Buscam chamar a atenção, se colocam à frente, falam alto. Mas para quem, exatamente, estão chamando a atenção? Certamente não para seu verdadeiro eu, e sim para esse personagem extrovertido construído para escondê-lo. Na realidade, eles se apagam... ao impor-se.

Assim, embora acreditem estar muito à vontade em sociedade, eles estão aterrorizados com a ideia de se mostrarem como são. Aliás, é por isso que apreciam tanto o humor, a zombaria, o cinismo, até o segredo, tudo o que permite colocar as pessoas e as coisas à distância. Isso também explica por que geralmente eles odeiam pedir desculpas: para eles, isso seria uma prova de fraqueza. Têm boas razões para pensar assim, já que se desculpar, ou mesmo deixar espaço para os outros, os levaria a revelar essa vulnerabilidade que tentam desesperadamente esconder.

O MEDO DE SER REJEITADO

A falta de convicções

Esse doloroso sentimento de vazio interior que já mencionamos vem acompanhado de uma falta de convicção. "Eu não tenho opinião", me dizem frequentemente, sem um ponto de vista pessoal. "Sou muito influenciável", conta uma jovem, "tanto em termos de convicções quanto de sensações. Eu me espelho nos outros. Repito o que eles dizem porque acredito que não tenho nada interessante para dizer." Isso é, mais uma vez, uma recusa em tomar posição, em ocupar um lugar. "Os outros parecem tão seguros de si que tenho medo de parecer uma idiota se disser algo. Como eles conseguem ter algo a dizer? Eu não tenho ideia."

Esse tipo de adulto é obviamente muito influenciável. Ele tem a impressão de ser constantemente empurrado pelos eventos e circunstâncias. Pode mudar de opinião ou de personalidade dependendo de seus interlocutores. Para justificar-se, explica que quer ser "imparcial", que há verdade e falsidade em todas as coisas. Em resumo, ele faz questão de não tomar partido. "Se não sei absolutamente tudo sobre um assunto, acho que não posso dizer nada", explica um quadragenário ruborizado. Ironicamente, aos olhos dos outros, ele parece moderado, encarna a "justa medida", enquanto no fundo é simplesmente incapaz de escolher seu lado. Ele eventualmente se aproveita desse mal-entendido, afirmando que se recusa a parecer "presunçoso" e que não gosta de pessoas muito assertivas. No entanto, em seu íntimo, secretamente admira aqueles que têm segurança e um ponto de vista verdadeiramente pessoal.

Esse adulto é forçado a ouvir passivamente o que é dito ao seu redor. Às vezes, sofre de ecolalia, a tendência de repetir parcialmente as frases dos outros, o que lembra o balbucio da criança pequena que está aprendendo a falar e se diverte repetindo o que ouve… Na verdade, quase todas as situações em que ele é chamado a se expressar e dar sua opinião podem levá-lo a regredir e perder completamente suas habilidades. Sua fala fica confusa.

O medo de falar de si

Todos, sem dúvida, já experimentaram essa situação desagradável de se apresentar a um grupo. Os outros parecem à vontade. Aguardamos ansiosamente nossa vez, tentando encontrar algumas frases bem formuladas: "Olá, meu nome é…". Suamos, trememos, queremos sair. Então chega o momento: gaguejamos algumas palavras banais, com a sensação de que todos percebem nosso profundo constrangimento; imaginamos que os outros notaram que a voz tremia. E então o próximo assume. Entrevista, reunião, exame oral, discurso: todas essas situações são terríveis para quem desenvolve mais ou menos o que é chamado de "fobia social". Se esse é o seu caso, você sabe que é nesses momentos que a sensação de não estar à altura faz-se especialmente presente. Você se sente como uma criança que não tem nada a fazer no meio de todos aqueles adultos. Não é por acaso que a palavra criança (do latim *infans*) significa "aquele que não fala", ou seja, aquele que não tem voz ativa.

É como se falarmos fosse sempre dizer demais, nos expormos demais e, mais precisamente, nos revelarmos o impostor que acreditamos ser. A sensação de não estar à altura e o medo do ridículo são especialmente fortes. É preciso encontrar todas as maneiras possíveis de evitar tomar a palavra.

Um dos meios é o que eu chamaria (por falta de um nome oficial) de "escuta automática". Você está conversando com um amigo e, não tendo opinião sobre o assunto, apenas ouve. Mas chega um momento em que você fica entediado e se desconecta, pensa em outra coisa sem prestar atenção no que escuta. Você está em outro lugar. No entanto, seu cérebro parece seguir a conversa automaticamente, de modo que você concorda no momento certo, faz algumas perguntas curtas para retomar a narrativa do outro e até é capaz de retomar a conversa sem muita dificuldade, se necessário. Você se tornou um mestre em ecoar o outro, não apenas para não dar sua opinião, mas também para não falar sobre si mesmo.

A fuga é outro meio a que você pode recorrer, o que às vezes pode ser problemático, como explica um paciente tímido: "Quando estou em grupo, mesmo que esteja com amigos, eu fico na margem ou tento sair rapidamente. O problema é que tenho medo de dizer tchau porque vão me olhar". Daí a desenvolver uma aversão ao grupo é um passo. Alguns se esquivam, passando por "quietos". Caberá aos outros adivinhar o que eles estão pensando. "Meu marido não sabe falar", conta uma paciente. "Tudo é implícito, não dito. É impossível ter uma conversa real." Ele *não sabe falar*! Não seria o caso de dizer: ele *ainda* não sabe falar, como se diz de uma criança pequena?

Se você for obrigado a se expressar, talvez use alguns subterfúgios fusionais, como evitar dar respostas longas, fazer o outro falar ou desviar a conversa. Na vertente heroica, você pode ter uma tendência a falar demais, mas sobre nada importante, preenchendo os espaços em branco na conversa, eventualmente valendo-se de ridicularizações ou jogos de palavras superficiais. Fazer os outros rirem torna as relações mais superficiais e, portanto, sem importância.

Com esses subterfúgios, estabelece-se um ciclo vicioso: ao se desvalorizar demais, você acaba sendo invadido pelo medo de parecer uma pessoa sem interesse e, portanto, facilmente abandonável. É necessário buscar constantemente maneiras de capturar a atenção dos outros, mesmo que seja destacando sua vulnerabilidade.

O MEDO DAS RESPONSABILIDADES

A recusa em ser levado a sério

Compreende-se que o autoapagamento, de um lado, e o desejo de estar em cena, de outro, procedem de um mesmo medo de ser levado a sério. E o que é melhor para isso do que adotar comportamentos infantis? Ser levado a sério é ser considerado um adulto. O adulto não assumido sabe disso, sente-o intuitivamente. É por isso que ele manifesta por meio de palavras e atitudes o que o psicólogo Helmut Kaiser resume da seguinte forma: "Não me leve a sério. Eu não pertenço à categoria de adultos e não posso ser considerado tal".[1]

É precisamente essa linha de conduta que o leva a produzir de maneira inconsciente esses famosos sinais de apagamento quando você está caminhando na rua, mas também em outras situações. No entanto, seja dito de passagem, não há fatalidade alguma nisso. Para convencê-lo de que só depende de você ser levado a sério, basta que você esteja atento a esses sinais e os reprima na próxima vez que estiver na rua. Se você ocupar seu lugar de forma mais afirmativa, verá que os outros se adaptarão implicitamente e você não terá mais que dançar entre os postes para ficar na calçada...

Mas, por enquanto, você talvez não queira abandonar seu modo habitual de ser. Portanto, você pode começar observando exatamente quais são esses "sinais" que você emite na vida cotidiana sempre que está na presença de outras pessoas, em encontros, entrevistas, reuniões ou qualquer outra situação de trabalho. O psiquiatra Irvin Yalom os descreve assim:

> Eventos dolorosos, até mesmo trágicos, são mencionados com um sorriso, ou de forma apressada e indiferente, como se não merecessem atenção. Esses indivíduos também têm uma disposição para evocar seus próprios defeitos de forma exagerada. As conquistas e realizações são apresentadas sob uma luz ridícula, ou então sua evocação é seguida por uma enumeração compensatória de fracassos. Suas palavras podem parecer às vezes desarticuladas, saltando de galho em galho. Ao se concederem liberdades incomuns, como formular perguntas inocentes ou recorrer a uma linguagem infantil, essas pessoas indicam que desejam ser colocadas na categoria "não adulto" e não desejam ser consideradas indivíduos maduros.[2]

Penso numa paciente, Véronique, 58 anos, médica. Durante a sessão, ela está sentada na ponta do sofá. Contorce os dedos e repete frequentemente, no meio de suas frases inacabadas: "Estou confusa... Não encontro as palavras". De fato, ela tem tendência a gaguejar e se desculpa como se estivesse fazendo um exame oral. Seu discurso é particularmente hesitante. Mas o que mais chama a atenção nela são os grandes olhos azuis que olham para o teto, depois para o chão, depois para a direita e para a esquerda, como uma menina que pensa muito antes de dizer algo. Quando ela fala, faz gestos tímidos, a boca às vezes se fecha, às vezes se abre em um sorriso longo e triste que pede indulgência. Como essa "menina" de 58 anos conseguiu exercer sua profissão? Ela admite que teve que fazer esforços consideráveis ao longo de sua vida para esconder seu pânico dos outros, fazendo com que sua atitude fosse interpretada como de escuta e empatia... Com o que ela tem a sensação de ter passado completamente ao largo de sua vida, sofrendo de uma depressão.

A atitude infantil (voz, posturas), embora pareça inofensiva e encantadora, acaba sendo autodestrutiva. Ela é comum no casal, na família e até no trabalho, e geralmente imagina-se que não tem consequências. No entanto, ela mantém firmemente o indivíduo em sua posição fantasiada de criança e o impede de se afirmar.

O riso é uma mensagem não verbal às vezes muito significativa. Pode ocorrer regularmente no discurso para desacreditar o que foi dito, mesmo que objetivamente não haja motivo para rir. Ele sinaliza: "O que acabei de dizer não tem interesse". Além desse riso defensivo, há também uma série de sinais como gagueira, ruborização, agitação psicomotora (mover-se sem parar). Eles demonstram claramente aos interlocutores a posição de inferioridade que se adota. A ruborização é particularmente interessante, pois denuncia um sentimento de vergonha infantil. O adulto não assumido tem, como as crianças, a sensação de ser facilmente descoberto. Ele imagina que outros adultos podem lê-lo como um livro aberto. Em alguns casos, se sente literalmente desprotegido, envergonhado das falsas aparências e pequenas mentiras que acumulou ingenuamente para não assumir o que é. É sua identidade que está em jogo aqui, acreditando que ele seria desmascarado como um impostor. Mas a natureza é bem-feita, e a ruborização, como um sinal de inferioridade, imediatamente convoca o outro à indulgência, ou mesmo à compaixão, o que acaba por fortalecer o adulto ruborizado na posição infantil que ele mantém. Ele se vê reintegrado à ordem social da qual tanto temia ser excluído.

A *necessidade de obedecer*

Eu evoquei a necessidade de se libertar da autoridade dos pais para crescer. Ora, para alguns, isso é muito difícil de imaginar. Eles se sentem incapazes de tomar decisões sem a validação de outra pessoa, amigo, colega, cônjuge etc., assim como sempre fizeram com seus pais. Precisam de uma autorização. Nunca consideraram que é responsabilidade deles tomar suas próprias decisões, fazer suas próprias escolhas. Talvez tenham sido crianças submetidas a uma forte autoridade parental, mas nem sempre. Eles podem simplesmente ter percebido — implicitamente — que obedecer evitava que cometessem erros ou assumissem responsabilidades. Em troca dessa renúncia à liberdade de escolha, eles, porém, descobriram que estavam vivendo uma vida que não era realmente deles... Entre duas dores, talvez tenham escolhido a pior.

Por outro lado, os adultos heroicos procuram avidamente responsabilidades sem perceber que suas pretensões são frequentemente irrealistas. Assim como a criança autoritária, eles às vezes se consideram mais maduros e experientes do que realmente são e mostram-se muito confiantes. Mesmo quando demonstram profissionalismo e eficácia, mesmo quando se revelam trabalhadores árduos, quase sempre se deparam com a sagacidade de superiores hierárquicos que detectam neles uma espécie de recusa em assumir responsabilidades reais. De fato, eles podem ser perfeccionistas a ponto de parecerem pretensiosos; se sentem, eventualmente com razão, muito acima de seus colegas, a quem tratam, no entanto, com distância. Poucas pessoas têm graça aos seus olhos; eles não hesitam em ficar com raiva ou até mesmo transgredir os códigos e as regras da empresa para seguir sozinhos. Com isso, se mostram incapazes de comandar, porque não sabem obedecer. E, no final das contas, apesar de seus resultados às vezes brilhantes e seu total engajamento na empresa, eles têm dificuldade em obter a tão desejada promoção.

A necessidade de obedecer e a recusa em obedecer são irmãs: têm raízes na mesma rejeição das responsabilidades reais, isto é, das responsabilidades existenciais. Note-se que alguns adultos não assumidos às vezes conseguem um sucesso inesperado. De fato, a imaturidade não impede o talento em uma área específica (como demonstram a vida de Baudelaire, de Picasso e muitos outros). No entanto, diante do sucesso, o adulto que não assume suas responsabilidades pode sofrer uma descompensação brusca. Pense, por exemplo, em todos os cantores, atores, artistas, que afundaram em drogas e álcool ou se suicidaram por não suportarem sua exposição excessiva, não ao público, mas à vida. Pense naqueles que, após uma boa promoção, ficam "cheios de si", exibindo uma espécie de delírio de grandeza, perda de referências e um ego desmesuradamente inflado.

A psicologia ainda não se debruçou sobre o efeito de "inchaço do ego", mas parece claro tratar-se da contraparte do medo de colocar-se diante dos outros: uma regressão ao estado infantil de onipotência.

O medo de ficar preso, enclausurado

Uma criança não sabe se impor limites sozinha, o que a expõe a muitos perigos. Assim, são seus pais que a contêm, que impõem limites, até que ela aprenda a se autolimitar. Uma vez adulto, se o indivíduo não superou seu medo de crescer e se afirmar, ele encontrará dificuldades em parar ou se fixar; terá muita dificuldade em ficar parado, como as crianças. Se for obrigado a ficar sentado, quase sempre produzirá movimentos de fuga: balançar os pés, brincar com pequenos objetos com as mãos. Não vai gostar de ficar apertado ou fisicamente bloqueado, em especial se não puder se libertar de forma mais fácil. Regras e convenções sociais (polidez, hierarquia etc.) podem parecer pesadas se elas contrariam sua liberdade de movimento ou pensamento.

Na vida cotidiana, seu medo de sentir-se "preso" se expressará de muitas maneiras. Ele experimentará entusiasmos breves e sucessivos, cada um substituindo o anterior. Por exemplo, terá dificuldade em ler um livro até o fim, saltando de uma obra para outra até se dispersar e, finalmente, não conseguir obter grandes benefícios de suas leituras. O mesmo acontecerá com seus passatempos e interesses, que mudarão regularmente. Ele preferirá muito mais a intuição do que o método. Em vez de seguir escrupulosamente uma receita ou um plano passo a passo — que lhe dão a impressão de perder tempo e se envolver em um caminho linear —, ele preferirá proceder "conforme sente", por caminhos tortuosos, mas também reclamará de não fazer nada corretamente e de nunca terminar nada.

No transporte, esse adulto preferirá lugares que lhe permitam sair facilmente. É verdade que sempre sentirá dentro de si uma necessidade de fuga permanente que pode levá-lo a se mudar com certa regularidade, trocar de emprego, de empresa, de posição. Se não puder sair de sua casa, ele moverá os móveis, modificando com frequência a disposição deles e a decoração.

Ele não se sentirá muito à vontade em grupos e ficará à margem. Em todos os lugares, em seu círculo de amigos, em seu relacionamento, em seu trabalho, parecerá ter "um pé dentro, um pé fora", como se estivesse tentando estar aqui e em outro lugar ao mesmo tempo. É por isso que ele pode ficar especialmente ansioso quando esse meio engajamento não for possível, como em aviões, metrôs, elevadores, cinemas, lugares onde sofrerá às vezes de claustrofobia. A parada inesperada do elevador entre dois andares, ou do metrô entre duas estações, pode então provocar uma grande angústia, medo de sufocar, desmaiar ou até morrer.

A incapacidade de se conter e de se autocontrolar, que remonta a uma idade em que a higiene ainda não foi adquirida (antes dos três ou quatro anos), o levará a transgredir fronteiras, a invadir o espaço dos outros, a "transbordar" pelo corpo e pela fala, a "se soltar". Ele terá a tendência de negligenciar, se não de ignorar, seus próprios contornos físicos e psicológicos e, consequentemente, o contorno e o lugar das outras pessoas.

Sem conter e sem ser contido, o adulto se espalhará facilmente. Se faz trabalhos manuais ou pratica atividades de lazer, deixará suas coisas espalhadas por toda parte, deixará portas, armários e tampas abertas; pode eventualmente invadir a privacidade dos outros, deixando a porta do banheiro aberta, por exemplo, ou pegando emprestadas coisas de pessoas próximas. No mesmo impulso, pode desabafar sem restrição com sua família e amigos, até a transparência, se estiver em sua versão fusional, ou buscando monopolizar a atenção, se estiver em sua versão heroica.

A recusa em ser contido e a recusa em se conter quase sempre se conjugam e são reconhecidas em hábitos ou tendências, como sobrepor várias atividades. Por exemplo, trabalhar sistematicamente em casa, comer enquanto trabalha, realizar vários projetos ao mesmo tempo e acabar se perdendo. A pessoa será capaz de sonhar acordada enquanto fala ao telefone, conserta um móvel e cozinha... Pequenos acidentes não serão raros: esquecimentos, objetos perdidos, quebrados, derramados, erros diversos etc. Ela também pode reclamar de bater constantemente nas paredes e nos móveis, portas e pessoas, mostrando que tem dificuldade em perceber o contorno das coisas e, assim, entrar no mundo como uma invasora. A pessoa terá, desse modo, tendência a "punir" os objetos com os quais colide ou que não funcionam corretamente.

O MEDO DE PERDER TUDO

Dinheiro, trabalho, moradia

A recusa inconsciente das responsabilidades existenciais torna o adulto não assumido particularmente vulnerável, muitas vezes supersticioso, preocupado com o que o destino lhe reserva. O próprio sucesso pode parecer um perigo. Uma paciente me disse assim, como muitas outras: "Se eu entrar na vida, se eu conseguir algo, digo a mim mesma que algo grave vai acontecer comigo, exatamente naquele momento…".

O mais surpreendente é que sua intuição está bastante correta! Exceto que esse "algo grave" que ela pressente não é um acidente da vida cotidiana. É apenas que, como essa conquista a força a admitir plenamente que ela existe, sua morte futura de repente lhe parecerá real. Daí o medo de perder tudo.

Talvez você se sinta preocupado? Na verdade, todo mundo está, pelo menos até o momento em que se entende que nada neste mundo realmente pode nos pertencer.

Os estoicos disseram bem: nem as coisas nem os seres nos pertencem. No final, teremos que devolver tudo e partiremos sem nada, exatamente como chegamos. Pensamento doloroso para alguns, tranquilizador para outros, preocupação para todos.

O medo de ficar sem dinheiro, por exemplo, é um dos motivos mais compartilhados e sem dúvida dos mais legítimos de preocupação e ansiedade. O medo de perder o emprego e o medo de perder a moradia também. Mas a recusa em crescer e a recusa às responsabilidades podem levar a um medo obsessivo e desproporcional.

O que significa possuir

Seria necessário mais do que um livro para abordar esses temas tão vastos. É por isso que aqui vou me contentar em enfatizar apenas um ponto: o medo de perder tudo se resume em grande parte à dificuldade de ocupar nosso próprio lugar. Quando isso acontece conosco, o que nos corrói não é a perda de nosso dinheiro ou de nosso emprego, mas o medo de perceber o quanto, no fundo, ainda não entramos em nossa vida. A privação revelaria o quanto ainda estamos "à margem" e, portanto, o quanto dependemos dos laços com os outros.

Daí nossa relutância em verificar nossa conta bancária e o arrepio que nos percorre quando nos forçamos a fazê-lo; daí essa irritante incapacidade de negociar um salário ou simplesmente falar de dinheiro, barganhar, fazer-se pagar; daí a sensação de que, quando estamos em um restaurante ou em um café com um amigo, é nossa obrigação pagar; daí o reflexo de sentir-se obrigado a oferecer presentes caros, com medo de nunca fazer o suficiente. Dessa forma, compensamos a crença em nossa falta de valor intrínseco e garantimos que nunca perderemos o que parece ser ainda mais valioso do que o amor: *a segurança do vínculo com os outros*. Os sentimentos em si parecem menos importantes do que o simples fato de estar ligado a alguém. É verdade que quando o vínculo é a única maneira pela qual percebemos nosso valor, sua ruptura equivale ao desaparecimento e à aniquilação. Isso leva alguns a cultivar um interesse excessivo pelo dinheiro e pela posse material. O economista Bernard Maris resume bem o que possuir significa para quem se recusa a crescer:

> O capitalismo se dirige a crianças cuja insaciabilidade e desejo de consumir caminham juntos com a negação da morte. É por isso que é mórbido. O desejo louco por dinheiro, que é apenas um desejo de prolongar o tempo, é infantil e prejudicial. Ele nos faz esquecer o verdadeiro desejo, o único desejo adorável, o desejo de amor.[3]

EM TERAPIA

PARA ENCONTRAR SEU LUGAR

ESCAPAR E TRANSBORDAR

Para compreender a dificuldade em encontrar um lugar, é importante identificar dois imperativos: a necessidade de escapar e a de transbordar.

A *necessidade de escapar* (não ser contido) se baseia no movimento e na velocidade e produz uma fuga permanente, ainda que essa fuga não leve muito longe, já que seu objetivo não é tanto avançar na vida quanto permanecer liberado.

É preciso escapar, certo, mas de quê exatamente? Tanto da vida adulta quanto da morte, sendo que a primeira é sentida como uma armadilha que leva inexoravelmente à segunda. De fato, é claro que ser adulto é aceitar estar contido em limites concretos e, assim, enfrentar os famosos marcos existenciais (morte, falta de sentido, isolamento, responsabilidade); aceitar essas balizas é saber suportar o tédio, as regras, ver o tempo passar e recuperar a consciência do próprio sentimento de existência. Daí o possível recurso, mais uma vez, a tudo o que dá a ilusão infantil de dissolver os limites (álcool, drogas, medicamentos, comida, entretenimento).

A *necessidade de transbordar* (não se conter) baseia-se na recusa de fazer uma distinção clara entre si e o mundo, a recusa de viver como um indivíduo separado. Assim, essa necessidade induz a um derramamento de si mesmo no mundo e vice-versa.

Essas necessidades de transbordar e de escapar apresentam, certamente, um interesse defensivo no plano psíquico, mas também causam, como se vê, muitos problemas. Na verdade, elas inevitavelmente voltam-se contra a própria pessoa.

Um exemplo entre outros: o sono. Pode-se entender que a recusa de ser "contido" leva a ter medo do relativo aprisionamento na escuridão do quarto, e que, ao mesmo tempo, a recusa de "se conter" — de conter seus desejos, por exemplo — leva, por medo de se limitar, a assistir séries até as quatro da manhã. Mas a consequência é inevitavelmente a insônia e a fadiga... Questão de escolha.

O mesmo ocorre em muitas outras áreas, como alimentação, relacionamentos amorosos, trabalho, dinheiro, família, com consequências dolorosas: excesso de peso, desilusões, carências, fracassos, conflitos.

O que por fim aparece aqui é simplesmente uma dificuldade em colocar "as coisas em caixas", isto é, respeitar limites claros. Alguns, sem dúvida, associarão o fato de "colocar as coisas em caixas" a um pensamento estreito. No entanto, não há pensamento — e não há saúde mental — sem categorização. Ao recusar as "caixas", o indivíduo se expõe à confusão e, portanto, eventualmente, a distúrbios psíquicos. É clássico encontrarmos, por exemplo, em psicoses e psicopatias, uma confusão frequente entre certas categorias, especialmente uma dificuldade em diferenciar homens e mulheres, mortos e vivos, gerações, o que leva a pensamentos e comportamentos particularmente confusos.

Nos capítulos anteriores, vimos como era possível trabalhar implicitamente na distinção entre gerações (abordagem narrativa e biográfica), por exemplo, entre si e seus pais, mas também entre o "eu criança" (emoção) e o "eu adulto" (pensamento), ou ainda entre o eu autêntico e o eu falso. Como ir um pouco mais longe de forma a sempre identificar melhor o seu lugar?

O caso Amélie: da fusão à confusão

Amélie é uma jovem de 23 anos que se diz completamente perdida em sua vida. Ela sofre de bulimia, ansiedade, depressão e recorre com frequência a vários entorpecentes. Ela não sabe o que fazer com sua vida, não encontra seu lugar. Desde a primeira sessão, fiquei impressionado com o quão desestruturado e obscuro é seu discurso. Mesmo que a pergunta inicial seja muito simples ("Como você está?"), rapidamente se torna difícil segui-la. Ela se perde constantemente em detalhes irrelevantes, evoca várias pessoas sem especificar de quem se trata, muda de assunto, hesita, comenta o que acabou de dizer... Embora esses diferentes elementos possam sugerir um discurso esquizofrênico, Amélie não tem nenhuma psicose. Ela é dotada de uma inteligência viva e conectada com a realidade. Não há a menor evidência de ideias delirantes. Além disso, ela está perfeitamente ciente de que está sendo dominada por sua própria fala. Mas ainda está confusa. Ela só quer ter certeza, diz, de que está sendo entendida da forma correta. Na realidade, ela gostaria que os outros vissem diretamente *pelos seus olhos* o que ela está tentando comunicar. Não entende que toda comunicação é necessariamente lacunar e esquemática. Então leva dez minutos para dizer o que outras pessoas diriam em duas ou três frases. Em suma, ela quer dizer *tudo*.

É verdade que Amélie cresceu com uma mãe extremamente fusional, uma mãe que também era confusa, sempre preocupada em dizer tudo sobre si e saber tudo sobre sua filha. Uma mãe que se perde em inúmeros detalhes antes de chegar ao ponto. Percebe-se na situação as necessidades de escapar e de transbordar.

O trabalho em sessão consistiu, primeiramente, em nomear e descrever a relação fusional que Amélie mantém com sua mãe, de modo que a pudesse "trair", isto é, começar a desfazer a fusão. Ora, a alavanca mais poderosa para realizar essa distância em relação à mãe acabou sendo a própria palavra. "Eu nem sei mais quais são os pensamentos que realmente me pertencem", disse Amélie. Pedi-lhe que começasse controlando seu transbordamento verbal, não apenas em sessão, mas também em sua vida diária. Ela tinha a tarefa de dizer as coisas de maneira mais simples, direta e breve, assumindo o objetivo de não ser exaustiva. Isso era realmente um trabalho profundo. Amélie teve que aceitar não ser completamente compreendida e, portanto, admitir essa distância intransponível que sempre nos separa uns dos outros.

Esse exercício de *remediação cognitiva*,* às vezes proposto em sessão, não tem apenas como objetivo melhorar a elaboração do pensamento e da fala, mas sim estimular uma evolução no plano existencial. Trata-se, ainda e sempre, de crescer. Muitas pessoas que desenvolvem este tipo de pensamento, dito "em árvore", acreditam que isso é uma consequência do fato de serem "de alta capacidade". No entanto, é provável que se trate de um pensamento infantil, uma vez que as crianças têm dificuldade em canalizar sua criatividade, hierarquizar as ideias que as atravessam e inibir as menos pertinentes. Amélie teve que fazer um esforço consciente para falar mais devagar, evitar divagações e detalhes desnecessários. Porém, teve que ter em mente que o verdadeiro objetivo da manobra era parar de transbordar ou escapar para ocupar um lugar preciso e finalmente ser *apreendida* — isto é, a um só tempo compreendida e situada.

---

* A remediação cognitiva designa um conjunto de técnicas e de instrumentos que permitem restaurar ou adaptar funções cognitivas como a memória, o planejamento e a compreensão das relações sociais.

DA IMPORTÂNCIA DE ESTAR ALICERÇADO

Tudo isso nos leva a considerar a questão dos alicerces. Quando se procura o seu lugar, é importante examinar a quais grupos se pertence. O psiquiatra Robert Neuburger escreve:

> Os materiais que dão à criança sua humanidade, ou seja, os meios de existir, são essencialmente as relações; a primária, com uma mãe; as com outras pessoas próximas; e o fato de lhe ser atribuída uma identidade por meio de pertencimentos familiares e sociais essenciais... Existimos, ou melhor, aprendemos a existir através do olhar de nossos pais e com o aval da sociedade.[4]

O lugar na família e até mesmo na linhagem não deve ser considerado levianamente. Mas também não é algo fixo: pode evoluir. O mesmo vale para as posições nos grupos de amigos, no ambiente profissional, nas associações etc. O fundamental, como se pode compreender, é aceitar estar verdadeiramente inscrito em algum lugar, escolher sua posição e assumi-la, em vez de permanecer em uma eterna indefinição.

Mas estar ancorado não se resume apenas ao lugar social ou físico que se ocupa. Também é uma questão de convicções e de ponto de vista pessoal sobre o mundo. Qual é, por exemplo, sua opinião sobre as notícias ou sobre a sociedade? O que você pensa sobre a política do governo, sobre sua profissão, sobre a educação, sobre a vida, sobre o amor etc.? Quais são as opiniões que você valoriza e está disposto a defender?

Muitos admitem não poder se pronunciar por falta de informação suficiente, ou ainda por não dominar *completamente* o assunto (devido ao perfeccionismo). Eles têm medo de dizer bobagens e parecerem ridículos. Mas, ao mesmo tempo, não fazem nada para construir sua própria ideia, convencidos de que de qualquer forma não têm capacidade intelectual para isso. Na realidade, sem perceber eles fazem de tudo para nunca terem que se expor como adultos, considerando que apenas os adultos têm opiniões dignas de interesse.

Como remediar isso? Como aprender a ocupar e manter seu lugar como adulto?

Na terapia, eu me interesso inicialmente pelo lugar físico ocupado no sofá do meu consultório, pela maneira como a pessoa está sentada. Alguns pacientes se colocam na beira do sofá, como se pudessem se levantar e partir a qualquer momento. Eles sugerem: "Estou aqui, mas não estou". Outros nem mesmo tiram o casaco... Mas o mais importante é a maneira como assumem o que dizem. Eu já mencionei o riso defensivo, a gagueira, o rubor e outros sinais que sugerem: "Não tenho interesse, não me leve a sério". Mas escolho aqui outro exemplo, o do paciente que não parava de balançar a cabeça enquanto eu falava, em sinal de concordância. Ele parecia estar dizendo constantemente: "Estou de acordo com o que você diz, estou ouvindo você, apoio sua ideia, quero que você pense que tenho total confiança em você, não quero que o vínculo se rompa".

Ele não percebia esse movimento constante, nem mesmo a mensagem que estava transmitindo com ele. Era um hábito antigo ao qual ele não prestava mais atenção. No entanto, aqueles acenos resumiam bem sua posição na vida: a de um homem sempre concordando com os outros, incapaz de dizer não, prestativo a ponto de se deixar explorar. E de ter dores nas vértebras cervicais cuja origem, embora evidente, ele não suspeitava...

Mais surpreendente ainda, quando esse mesmo jovem dava sua própria opinião, ele inconscientemente fazia um movimento de negação com a cabeça, balançando-a de um lado para o outro. Dava claramente a sensação de *negar* seu próprio discurso e ponto de vista. Ele dizia sim ao outro, não a si mesmo.

Há elementos interessantes nesse caso. Para começar a crescer, como foi dito várias vezes, é preciso mudar de posição. Esse paciente poderia fazê-lo imediatamente, trabalhando para parar de balançar a cabeça. Um desafio difícil! Pois, mesmo se concentrando, ele não conseguiu fazê-lo por mais de dez segundos seguidos. Levou várias semanas para que ele atenuasse esse reflexo e se mantivesse relativamente neutro. Isso porque não se tratava apenas de um exercício de relaxamento muscular. Tratava-se de enfrentar seu interlocutor de igual para igual, opondo certa resistência. Ele precisava ousar ocupar seu espaço, deixando ao outro a total responsabilidade por sua fala, sem temer possíveis desacordos. Ao fazer isso, marcava claramente os limites, seus e os do outro, e aprendia a ter suas "réplicas".

Existir é assumir o fato de incomodar. Claro, para um paciente fusional, constantemente preocupado em ser rejeitado, esse exercício sempre representará uma prova difícil que despertará seu medo de abandono. No entanto, com o tempo, será para ele uma maneira muito concreta de ocupar seu lugar, enquanto percebe que os laços com os outros são, afinal de contas, muito mais sólidos do que imaginava.

Dependendo da pessoa, existem inúmeros tipos de exercícios e atividades para trabalhar sua ancoragem, como teatro, improvisação ou dança. De maneira geral, o palco é um lugar de exposição onde qualquer um pode desenvolver, sem riscos, sua legitimidade entre os outros. A rua também, como vimos. A própria caminhada, curiosamente, permite sentir-se mais à vontade. Caminhar é se desdobrar no espaço, se expor, avançar, existir.

A utilidade terapêutica do planejamento do tempo

A dificuldade em ocupar um lugar bem definido muitas vezes resulta em uma vida "flutuante", sem objetivo, sem referências, às vezes uma vida de errância e tédio.

Jules, um estudante, vive praticamente recluso em seu estúdio. Ele estuda, mas raramente vai às aulas. Acorda tarde, fica um pouco sem rumo, fuma, passa tempo na internet, tenta compor músicas e assim passa o dia até o fim da tarde. À noite, tem crises de ansiedade e se refugia na comida e nas séries. Ele vive dia após dia mais ou menos afastado de seus amigos, embora mantenha contato pelas redes sociais.

Jules é incapaz de dizer o que fez no dia anterior. Quando questionado, ele precisa fazer um grande esforço de memória. Como uma criança pequena, ele avança na vida esquecendo gradualmente o que fez. Fica dando voltas. Resistente a restrições, ele não se impõe nenhuma estrutura. No entanto, é exatamente isso que poderia salvá-lo, ajudá-lo a retomar o controle de sua vida adulta. Daí o exercício muito simples de fazer um planejamento.

Como isso pode ajudá-lo? Um planejamento, primeiro, consiste em se atribuir um lugar no futuro, projetando-se um pouco além do momento presente. Ele obriga a visualizar antecipadamente pontos de referência precisos, horários e uma perspectiva. Em seguida, constitui um compromisso, que não é nada além de um começo de ação. Se, por exemplo, eu planejo sinceramente trabalhar em meu manuscrito amanhã, de certa forma, já estou, no momento em que me planejo, começando a trabalhar nele. Embora possa parecer apenas uma possibilidade, não há nada trivial nisso: todo compromisso mobiliza nossa psique e nos protege parcialmente da errância e do surgimento de impulsos ou automatismos como comer, dormir, se entregar a atividades de fuga não construtivas. Além disso, deve-se observar que o planejamento do tempo, com seus limites claros, permite gradualmente libertar-se do impulso de escapar ou de transbordar.

A escrita como exercício existencial

Este panorama de técnicas simples para assumir seu lugar não pode ser concluído sem que se aborde a questão da escrita — e até mesmo da arte de uma maneira geral — como exercício existencial. É importante ressaltar que a escrita "existencial" não tem nada a ver com a "abordagem narrativa" mencionada antes, nem exatamente com o que é praticado em oficinas de escrita.

As pessoas em causa aqui são aquelas para quem a produção de uma obra artística (pintura, escrita, música...) é essencial para a existência. Essas pessoas muitas vezes têm projetos inacabados. Possuem cadernos com fragmentos de texto, um capítulo ou dois, um esquema de plano, ideias, esboços, começos de melodias, rascunhos.

Tomemos o caso da escrita. Léo, de 35 anos, deseja realizar uma coletânea de seus aforismos. Como você, que talvez deseje terminar um ensaio, uma reunião de contos, um romance, um roteiro, Léo não consegue fazê-lo. Ele pensa nisso de vez em quando e depois esquece. Quando tem tempo para trabalhar nisso, não tem inspiração. Quando não tem tempo, as ideias fluem. Quinze anos se passaram. Ele menciona sem muita convicção um monte de rascunhos. Como transformar isso em um verdadeiro projeto?

O primeiro passo é considerar muito seriamente o seguinte: esse pequeno monte de textos *representa* Léo em seu estado atual. Ele é, portanto, uma espécie de conjunto disparatado de pensamentos e aforismos. Assim como seus textos deixados na sombra, Léo não quer se expor à vida, não quer "se publicar" e prefere permanecer inapreensível. Porém, se Léo aceita esse estranho paralelo, então seu projeto de coletânea de aforismos pode se tornar uma poderosa alavanca terapêutica.

Na verdade, Léo não sabe em que ordem deve dispor seus textos. Não sabe por onde começar nem por onde terminar. Ele ainda não sabe, no fundo, aonde gostaria de levar seu leitor. Esta atitude reflete sua vida cotidiana, até nas conversas mais banais: ele é desorganizado, confuso, guarda a maioria de suas ideias para si por medo de ser ridículo; seus pensamentos frequentemente não têm continuidade, exceto quando, em segredo, escreve apenas para si mesmo. "Eu não quero mostrar nada inacabado", diz ele. "Também não falo de minhas ideias, porque teria a sensação de perdê-las se as contasse antes de escrevê-las." Tradução: não quero me mostrar como sou porque sou inacabado. Não estou pronto. Guardo tudo para mim. Essa é claramente a mentalidade de uma criança que nunca concluirá nada e nunca subirá ao palco da vida! A menos que haja uma mudança radical de perspectiva.

Proponho a Léo que comece estabelecendo um plano. Ele responde: "Não tenho nenhuma ideia de plano. Na verdade, não quero fazer um plano, prefiro deixar minha intuição fluir livremente". O leitor traduzirá comigo: Eu não quero fazer o plano da minha vida. Isso me assusta demais. Além disso, como posso fazer isso, já que não posso prever o que vai acontecer comigo?

Ora, ao escrever, é preciso aceitar ter um plano provisório, ao menos uma intenção. Esse é o primeiro risco a ser tomado, um risco moderado, uma vez que o plano evoluirá constantemente — assim como nossos planos de vida evoluem de acordo com os eventos. Pouco a pouco, no entanto, surgirá uma direção, uma melhor capacidade de projeção no futuro e um sentimento de responsabilidade.

Um plano consiste simplesmente em imaginar um título para a obra, depois títulos de partes ou capítulos, depois subtítulos etc. Então, uma visão geral começa a surgir. Claro, é preciso tempo e trabalho para se aprofundar cada vez mais em seu projeto literário ou artístico, ou seja, também em seu projeto de vida. Por que escrever sobre este ou aquele assunto? O que ele tem de tão importante para mim? Como o que tenho a dizer pode trazer algo interessante para os outros? E acima de tudo, sou um escritor?

A essa pergunta, Léo responde negativamente: "Ainda não. Para me dizer escritor, seria preciso que eu já tivesse publicado dois ou três livros". Isso é um erro comum. Enquanto não nos considerarmos escritores, não será realmente possível escrever. Isso não significa que devamos sonhar em ser escritores, colarmo-nos este rótulo de modo artificial; é, na verdade, reconhecer algo muito simples: escrever faz parte da minha essência.

Não temos espaço aqui para abordar todos os detalhes técnicos desse trabalho. Vou apenas dar o exemplo do livro que você está segurando em suas mãos: *Os quatro medos que nos impedem de viver.*

No início, este livro não tinha nada de óbvio. Por meses, me perguntei como evitar fazer uma longa enumeração de medos. Então eu fiz um plano (muito ruim) que não me satisfazia e comecei a escrever. Rapidamente, percebi que tinha um problema. Qual leitura eu queria oferecer ao leitor? Uma lista de medos com explicações? Isso me parecia fraco e, aliás, não me esclarecia a razão pela qual me parecia tão importante escrever sobre nossos medos. E então, depois de "torturar" meu plano, a ideia acabou surgindo. Descobri que o objetivo deste livro poderia ser resumido da seguinte forma: *mostrar que não somos tão adultos quanto acreditamos ser.*

Essa era, portanto, a "regra do jogo" que eu ia propor, como você pode ter notado até agora. Claro, eu era o primeiro interessado: era minha própria dimensão infantil que eu precisava explorar em primeiro lugar. Meu projeto, como todo projeto, partia, portanto, da minha própria dor vivida, que servia como um ponto de apoio sólido. E eu sabia que, ao final deste livro, teria trabalhado plenamente em construir a mim mesmo, melhorar meu lugar neste mundo e afinar o sentido que quero dar à minha vida. Minha convicção, aliás, era e continua sendo que toda obra pessoal, seja qual for, atinge seu objetivo quando permite diminuir sua dor existencial e, por extensão, a dor do mundo.

O que se sente quando se está no seu lugar

Cada um, na família, na vida, ocupa um lugar que deve participar das defesas psíquicas dos outros. Cada um é um elemento do dispositivo dos outros e, por essa mesma razão, raramente está na "posição certa".

Eu gostaria de citar aqui alguns trechos de uma carta que Leyla, uma paciente, me enviou[5] e que fala daquilo que se sente quando se está no "lugar errado" e começa a se descobrir em um lugar mais autêntico. Ela descreve primeiro a intensa dor que a assombrou por muitos anos.

> O que eu sei é que ocupo apenas um lugar que nunca deveria ter sido meu. Foi-me imposto desde o princípio preencher e carregar algo que não me pertence. Implicitamente, sem malícia alguma. Como em um jogo de construção precário, com peças de Lego desiguais, acredito que cada um de nós é colocado em um lugar específico para que o edifício não desabe. E nós ficamos lá apesar de nós mesmos. [...] E este lugar "não escolhido", ou imposto pelas razões erradas, faz com que não nos sintamos em casa em lugar nenhum, nunca. Mas não sabemos disso. É por isso que é tão doloroso.

Se o "lugar errado", aquele que nos foi designado e que aceitamos implicitamente, causa sofrimento, como reconhecer, ao contrário, o nosso "lugar certo" e o que sentimos? Leyla escreve o seguinte:

> Não se pensa mais nessas horas. Tudo se alinha. Simples assim. Fizemos a escolha. Isso corresponde profunda e sinceramente a nós mesmos. Ao que somos, independentemente do que somos. Ao que nos sustenta, nos reflete. E não fazemos mais perguntas. Tudo é evidente.

Isso é o que você chama de "magia do real". Porque é verdadeiramente mágico, e o bem-estar sentido é inestimável. [...] É isso que aprendi nos últimos tempos. E isso é essencial.

Certamente, não encontramos nosso "lugar" da noite para o dia, mas podemos sentir que estamos nos aproximando. E mesmo quando sentimos que estamos lá, percebemos que esse lugar é dinâmico, está em constante evolução. Sabemos que estamos no caminho certo porque tudo se torna mais coerente, mais óbvio, mais fácil. E, curiosamente, os obstáculos são cada vez mais aplanados, como se nossas expectativas coincidissem melhor com a realidade, ou como se o mundo nos respondesse. É preciso estar disposto, é claro, a se comprometer com a própria vida, isto é, aprender a não ficar preso em ruminações mentais, a não deixar tudo para amanhã, libertar-se do medo de fracassar, ser capaz de agir sozinho e por conta própria... Mas até que ponto isso pode ser aprendido?

III

O MEDO DE AGIR

POR QUE É TÃO COMPLICADO AVANÇAR NA VIDA?

É UNIVERSAL, AS CRIANÇAS adoram jogos repetitivos, especialmente os carrosséis. A repetição das mesmas coisas é um grande prazer para elas. Nos cavalinhos de madeira, deixam-se levar e giram com alegria. O carrossel as mergulha na ilusão de uma existência que parece nunca ter fim. No entanto... é preciso voltar para casa. "Voltaremos amanhã", diz o pai suavemente. Mas a criança grita e chora, pois para ela o amanhã não existe. Privá-la do deleite de girar em círculos é trazê-la de volta à dura realidade: o tempo passa, a vida avança e um dia tudo se encerrará definitivamente. A criança ainda não sabe, mas pressente: avançar na vida é caminhar para a morte. Talvez um dia ela aceite, talvez não. Neste último caso, quando adulta, encontrará inúmeras maneiras de criar seu próprio carrossel, aprisionando-se em uma ruminação interminável sobre as decisões que poderia, deveria, teria que ter tomado ou deixado de tomar.

5

DO MEDO DE ESCOLHER À RUMINAÇÃO MENTAL

O MEDO DE FAZER MÁS ESCOLHAS

A necessidade de ter certeza

TODA VEZ QUE FAZEMOS uma escolha, sentimos que estamos tocando nossa essência. Quem serei depois de ter decidido sobre esta questão? O que vou perder escolhendo?

"Estou à beira de tudo", diz-me uma paciente de forma enigmática pelo telefone. "Não estou avançando." Ela se chama Anne, tem 27 anos, vive em Cannes e quer me ver em Paris. Marcamos um encontro para o mês seguinte. Ela hesita por muito tempo antes de comprar sua passagem de trem, desiste várias vezes, muda de ideia. Finalmente, ela sobe no trem e me envia mensagens cheias de pânico durante a viagem para Paris. Ela se inquieta porque eu não respondo imediatamente e desce do trem no meio do caminho. Recusa-se a continuar. Ela me liga. Não sabe mais o que fazer. Tem dúvidas. Será que foi uma boa ideia pegar esse trem? Parece desorientada, perdida. Ela compra uma passagem de volta para casa. Nunca a encontrarei.

Parece-me que essa pequena história reproduz em miniatura a vida de alguns de nós: hesitações, desistências, angústias, comprometimentos sem convicção, retrocessos e voltas atrás. Por que tanto medo e culpa?

Mas afinal, o que é escolher?

Tecnicamente, fazer uma escolha e decidir não são a mesma coisa. Fazer uma escolha é avaliar as diferentes opções: A, B ou C; decidir é escolher apenas uma opção.

No entanto, o adulto não assumido antecipa o risco de errar, de perder uma oportunidade. Ele afirma que seria capaz de escolher se pudesse ter 100% de certeza — mas nesse caso não haveria escolha. Enfim, ele permanece indefinidamente na fase de avaliação das opções, levando, a longo prazo, a uma espécie de exaustão decisória.

Escolher e decidir é sempre uma aposta. No entanto, o adulto que persiste em viver como uma criança tem uma aversão particular ao risco e ao desconhecido. Ele suspende, então, sua decisão, a evita e a adia. Escolhe não escolher. Ou, se preferir, escolhe no modo de não escolher (o que ainda é escolher). Para isso, geralmente delega suas decisões a outros, arriscando tornar-se apenas o executor de sua própria vida.

Delegando decisões

No fundo, o adulto não assumido não consegue admitir que pode agir por conta própria. Para ele, isso é impensável. E com razão: ele age como uma criança pequena que é constantemente vigiada e a quem é repetido que suas iniciativas são perigosas. Ordens inconscientes o fazem acreditar que não tem o direito de fazer escolhas: "Não aja", "Não queira", "Não pense". Ele se torna ávido por conselhos e opiniões. Ele as pede principalmente aos seus pais, que detêm, a seus olhos, a autoridade natural e a quem demonstra sua lealdade. Mas mais tarde, ele também solicita a outros parentes, irmãos e irmãs, amigos, colegas, cônjuge. Não para de envolvê-los em seus dilemas, incluindo os mais insignificantes. Vestido vermelho ou preto? Queijo ou sobremesa? Ele dá a outros todo o poder sobre si mesmo. Em seu modo fusional, ele se apaga, se retira e se esconde. Mas também pode inclinar-se para o modo heroico e, nesse caso, age de modo impulsivo, por "ímpetos de insanidade", seguindo desejos irracionais para libertá-lo de qualquer responsabilidade. Uma paciente me diz:

> Quando quero comprar uma peça de roupa, giro por duas horas na loja sem conseguir me decidir. Eu sempre acabo ligando para minha mãe. Faço o mesmo nas minhas relações sentimentais. Não consigo imaginar tomar uma decisão sem falar com a minha mãe antes. No trabalho é a mesma coisa. Tenho tanto medo de me enganar que estou sempre pedindo aos meus colegas

> para verificar o meu trabalho. Na verdade, só me sinto bem se eu obedeço. Aliás, mesmo no restaurante, nunca sei o que escolher, por isso, peço como os outros: percebi que preferia sempre os pratos dos outros [...]

Acontece que fazer como os outros é realmente muito tranquilizador. Você já sentiu esse alívio? Se você fuma ou bebe sozinho, se sente culpado; se você fuma ou bebe com outras pessoas, se sente muito mais confortável, como se sua responsabilidade se diluísse coletivamente.

Outra forma de delegar suas decisões é confiar em rotinas que às vezes remontam à infância e, mais tarde, às da empresa em que trabalha. As escolhas então dependem apenas de reflexos simples que quase não exigem intervenção consciente. Essa atitude é prolongada por obediência a injunções sociais, publicidade, discursos públicos e conselhos de especialistas. Consuma, compre, jogue fora, compre novamente. Seguimos as tendências, compramos o que é recomendado, pensamos apenas o que é necessário pensar, tudo isso parece garantir conforto existencial. No entanto, ninguém é completamente enganado, e isso por uma razão simples: o medo continua presente.

Medo de quê? Medo de que sua vida não seja realmente sua, já que você não a escolheu — ou não o suficiente. Medo também de descobrir que, na realidade, você não ama seu cônjuge nem sua profissão, nem tudo que você consentiu ao longo dos anos. Medo de que esse andaime psicológico defensivo baseado na recusa de escolher acabe desmoronando e nos deixe sem defesa diante das angústias existenciais. É assim que acabamos nos tornando excessivamente controladores, o único meio de garantir nossa segurança.

O MEDO DE PERDER O CONTROLE

Você é uma pessoa controladora?

Se as defesas psicológicas contra a angústia existissem apenas na forma de pensamentos, elas não teriam eficácia. É por isso que se materializam necessariamente no exterior, por meio de atitudes, expressões faciais e posturas, escolha de palavras; elas se atualizam e aparecem também em uma certa maneira de organizar o espaço. De fato, uma observação cuidadosa permite detectar e *ver* as defesas psicológicas de uma pessoa e o que ela faz para mantê-las em seu ambiente: a maneira como ela organiza suas coisas, por exemplo, a disposição dos móveis e objetos e até mesmo como manipula alimentos em seu prato.

Assim, uma pessoa preocupada com a estabilidade do que a rodeia pode precisar de uma margem de segurança na borda do prato, se esforçar para que os alimentos espetados por seu garfo sejam mantidos bem firmes; outra pessoa pode sentir a necessidade de organizar sua sala de estar perfeitamente e se sentir desconfortável sempre que outras pessoas se sentarem em seu sofá ou mudarem a posição das almofadas. Todo mundo pode sentir isso. Aliás, até as pessoas próximas estão intimamente integradas às nossas defesas psicológicas. De forma completamente inconsciente, usamos elas como "peças" em nossa estrutura defensiva. Podemos então tentar controlar seus comportamentos, por exemplo, levando-as a não perturbar nossos hábitos e a se adaptarem a eles; também podemos fazer tudo por elas, assumir todas as tarefas domésticas para que sejam "bem-feitas".

Qual é a relação entre a tendência a controlar e a dificuldade em fazer escolhas? Esta: se não escolhemos nossa vida, se deixamos os outros escolherem por nós, então esses outros podem muito bem fazer escolhas que não vão na direção da nossa segurança. Assustados com a menor mudança, não temos outra opção senão nos agarrarmos a um estado de coisas relativamente estável. Por exemplo, se você não está satisfeito com sua vida de casal, mas se sente incapaz de considerar uma separação, só pode tentar manter a situação como está e suportar o sofrimento que ela lhe inflige. Então você se encontra vigiando qualquer mudança e gastando suas forças apertando suas próprias correntes.

A *necessidade de antecipar tudo*

Muitos pacientes me contam como dedicam grande parte do seu tempo tentando prever o que acontecerá em seu dia, pois têm medo de errar, perder uma oportunidade ou simplesmente de ser mal compreendidos. Enfim, por medo de tudo o que possa modificar um equilíbrio que sabem ser relativamente precário. Qualquer incerteza deve ser eliminada de maneira sistemática.

Chloé, trinta anos, não consegue ir a uma reunião ou encontro sem saber de antemão o que chama de "a planta" do lugar. Precisa saber quem estará presente, em que lugar exato ela estará sentada e até os assuntos de conversa que pode propor (ela escreve uma lista). Suas férias são planejadas nos mínimos detalhes um ano antes.

Jean, 42 anos, não pode fazer uma compra ou simplesmente reservar um restaurante sem passar no mínimo três ou quatro horas fazendo um verdadeiro estudo de mercado na internet. Ele é assombrado pelo medo de fazer a escolha errada, de não ter o que há de melhor. Sente-se obrigado a comparar tudo, calcular tudo e então pedir várias opiniões, sempre em busca de uma certeza próxima de 100% — que ele obviamente nunca alcança. No final, sempre fica desapontado. Qualquer que seja a sua escolha, ele se convence de que outra opção teria certamente dado melhores resultados.

Como sabemos, escolher é renunciar, mas para o adulto não assumido escolher é falhar. Portanto, tudo precisa ser sempre refeito, de acordo com um modo de pensar particular. Assim que surge a necessidade de fazer uma escolha, a pessoa começa antecipando o fim e prevê o pior resultado possível ("isso não funcionará"). A partir desse postulado, procura a escolha perfeita, o que a leva a entrar em um pensamento circular que torna impossível encontrar uma resposta. Por fim, ou ela desiste de escolher e esquece seu projeto, ou faz uma escolha por omissão (delegando-a a outra pessoa, por exemplo). Em todos os casos, ela desenvolve uma insatisfação profunda e uma visão cada vez mais negativa do futuro.

Esse impulso irresistível de antecipar todas as situações sinaliza na verdade uma angústia subjacente em relação à morte. Cada um de nós sabe muito bem que a vida terá um fim. No entanto, não há escolha que possamos fazer que nos evite a morte. É assim que o adulto não assumido deduz, por analogia, que nenhuma de suas escolhas pode "salvá-lo" e que, portanto, toda escolha o leva à morte. Em tais condições, é melhor não fazer escolha alguma... Não obstante, é precisamente o contrário: escolher é sempre, em um nível muito profundo — ou seja, existencial — *escolher viver*. Todas as escolhas que fazemos, mesmo as mais triviais, testemunham, no fundo, um desejo de viver.

Véronique é professora de desenho. Há 25 anos ensina artes plásticas sonhando um dia se lançar em suas próprias criações. Enquanto esse dia hipotético não chega, ela restaura objetos e móveis, pinta em reproduções de pintores conhecidos que ela subverte, cria às vezes pequenos objetos e joias para seus entes queridos. Nunca levou a sério o fato de ser ela própria uma pintora. Preferiu se esconder atrás de outros artistas durante toda a sua vida ou estimular seus alunos a desenvolverem seus talentos. Por quê? "Porque eu não tenho talento", diz ela. "Porque o mercado de arte é difícil, não se pode viver da sua pintura..."

Não importa o que digamos, ela terá sempre todas as razões do mundo para não fazer o que, no entanto, a deixaria tão feliz. Diz, por exemplo, que herdou o espírito crítico de um de seus pais, que quando criança não foi realmente encorajada ou compreendida. Isso contou, sem dúvida, mas do ponto de vista existencial o cerne do problema está em outro lugar. Pois basta oferecer a ela uma tela, um cavalete, tinta e tempo livre para que ela imediatamente comece a chorar e ter uma crise severa de ansiedade. Parece óbvio que essa experiência a coloca diante de sua solidão e responsabilidade, e, portanto, indiretamente diante de sua morte. Avançar no palco da vida como uma pintora assumida, se expor, pretender oferecer suas obras e vendê-las, a obriga, de fato, a ver-se como indivíduo separado dos demais, mas também a se comprometer com um tempo de vida limitado. É por isso que ela insiste em permanecer nos limites do momento presente.

Alguém pode se surpreender com uma aparente contradição: como pode se viver em um presente restrito e antecipar constantemente perigos vindouros? Para resolver esse dilema, basta considerar que a antecipação sistemática, no lugar de projetar o futuro, leva o adulto a confundir presente e futuro. Aliás, é essa confusão que explica suas dolorosas ansiedades, uma vez que, implicitamente, ele sobrepõe sua vida atual e sua morte futura.

O MEDO DA FALTA

A *necessidade de acumular*

A dificuldade de escolha muitas vezes leva à acumulação. "Já que não consigo escolher entre três jaquetas", explica-me uma paciente, "eu compro as três." "Eu frequentemente vou a restaurantes de comida à vontade", diz-me um jovem, "e claro que sempre como demais por medo de faltar." "Eu não consigo resistir às liquidações", admite uma mãe de família. "É impossível, para mim, fazer uma mala sem colocar três vezes mais coisas do que preciso", diz-me outro.

Para muitas dessas pessoas, as vendas ou promoções desencadeiam um comportamento de compra irresistível. Algumas acabam com montanhas de sapatos, inúmeras roupas, muitas das quais nunca foram usadas e nunca serão. Os armários e a geladeira transbordam de comida. O porão está abarrotado, porque a tendência de acumular muitas vezes vem acompanhada de uma grande dificuldade em jogar fora, incluindo um parafuso velho, uma caixa, uma xícara lascada: "Sempre pode ser útil", diz-se. O computador e o celular em si estão cheios de coisas inúteis, mensagens ou textos antigos, documentos sem importância, software obsoleto demais para funcionar... sem mencionar as dezenas de milhares de fotos que nunca são vistas. É o famoso problema do "caso precise".

Podemos imaginar, nessas situações, a necessidade de responder a uma sensação de vazio interior, um vazio afetivo ou um vazio de sentido. Além disso, a falta de autoestima procura ser compensada pela posse material. Também é provável que a acumulação e a profusão realizem fora de si uma muralha bastante real que prolonga as defesas psíquicas contra as angústias existenciais. Elas delimitam, de certa forma, uma "base de segurança", seguindo o modelo original fundado sobre os pais. Mas, neste contexto, o apego às pessoas seria simbolizado pelo apego aos objetos que, segundo a fórmula consagrada, trazem uma presença tranquilizadora.

Finalmente, acrescentamos que possuir sempre mais dá ao adulto não assumido a ilusória impressão de estar em uma dinâmica de crescimento, progressão e poder. Através da busca perpétua de objetos e novidades, ele pode sentir que está "crescendo", avançando, encontrando um sentido. No entanto, é provável que ele esteja apenas privilegiando o "ter" em detrimento do "ser", isentando-se assim de questões prementes sobre sua existência. Afinal, é sempre mais fácil descrever o que se possui do que o que se é.

O enigma dos estoques de papel higiênico

O ano de 2020 realmente foi um *annus horribilis*. A pandemia de covid-19 nos mostrou o quão assustados podemos ficar com a ideia de falta. Temendo uma grande escassez, multidões correram para os supermercados para fazer estoques de comida. Também foi observado um estranho frenesi pelo papel higiênico. O fenômeno chamou ainda mais atenção porque aconteceu em todo o mundo e em culturas muito diversas. Especialistas tentaram explicar esse estranho comportamento pela tendência dos seres humanos de reagir por imitação durante períodos de pânico. Mas isso é apenas uma explicação parcial, porque não está claro como o papel higiênico poderia ser um sinal de sobrevivência. Até hoje, o enigma do papel higiênico permanece sem resposta.

Isso não impede que se arrisque uma hipótese. O papel higiênico, sinônimo de limpeza, seria para as pessoas o último sinal de civilização em um mundo supostamente em colapso? Cabe aos sociólogos responderem. O psicólogo, por sua vez, pode expor essa hipótese a nível individual: o medo e a incerteza relacionados à pandemia nos fizeram regredir temporariamente? Quando a sociedade inteira vacila ou é seriamente ameaçada, o indivíduo também pode se sentir ameaçado por um colapso psicológico (e, portanto, pela morte). Ele reage regredindo, ou seja, recorrendo a defesas psíquicas arcaicas — neste caso, defesas de escapismo (não ser contido) e de transbordamento (não se conter). E, obviamente, não se pode deixar de pensar que essa regressão pode ter reativado comportamentos que remontam ao período de aprendizagem da limpeza (antes dos cinco anos).

O armazenamento dos rolos pode ter várias explicações. A possível falta de papel, por exemplo, pode ter preocupado o adulto não assumido exigindo dele capacidade de *se segurar* e *se conter*. Esta é uma perspectiva muito desagradável quando os impulsos de fuga e transbordamento estão especialmente em atividade. Ora, o confinamento já havia limitado fortemente as possibilidades de escapismo, e é plausível que o estoque de papel higiênico tenha compensado a ansiedade de ficar preso ao realizar uma forma bem concreta de transbordamento (gasto de dinheiro, acumulação de estoques).

Além disso, comprar e empilhar pacotes de papel higiênico como tijolos também pode ter representado um esforço simbólico inconsciente de reconstrução ou fortalecimento próprio através da constituição concreta e física de uma verdadeira muralha protetora.

O MEDO DE RUMINAR

Quando os pensamentos ficam em loop

O medo de escolher e o medo de faltar levam naturalmente à ruminação mental, que pode ser definida como repassar infinitamente ideias negativas. A pessoa volta às suas contrariedades, seus fracassos, faz perguntas sem nunca conseguir encontrar respostas satisfatórias. Esses pensamentos "em círculo" são descritos como intrusivos e obsessivos: parecem se impor por si mesmos e são muito difíceis de expulsar. Eles ocupam grande parte da atenção e energia mental, especialmente nos momentos de descanso, com a consequência frequente de insônias graves. "Pensar, sinistro e solitário, quando tudo dorme na terra!", escreve Victor Hugo em seu poema "Insônia" (*Les Contemplations*). Muitos se reconhecerão.

O que caracteriza a ruminação mental não é apenas a circularidade e a esterilidade do encadeamento de pensamentos, mas também a impossibilidade de a pessoa retomar o controle de seus pensamentos. Esse modo de reflexão (ruminar) não permite que se tome uma decisão ou avance. Pode ter sido causado por um trauma (acidente, agressão, luto etc.), uma contrariedade, um conflito, uma ansiedade generalizada, uma depressão, e centra-se principalmente no arrependimento, na queixa, na autodepreciação. Em certos casos, a ruminação mental pode ser transitória e, assim como emergiu, desaparecer. Em outros casos, pode se tornar crônica.

Apesar do seu impacto na qualidade de vida cotidiana, a ruminação mental é ainda hoje considerada como um sintoma menor ligado a uma tendência a se preocupar de forma excessiva. As suas formas incapacitantes são geralmente tratadas com ansiolíticos e antidepressivos, possivelmente associados a sessões de meditação ou relaxamento, ou à prática de atividades agradáveis. Mas as soluções propostas procuram apenas desviar a mente dos pensamentos obsessivos, o que em muitos aspectos parece artificial. Os resultados não são duráveis, e por várias razões. A mais importante é que os pacientes em questão não parecem ter capacidade de alterar a sua forma de pensamento. Eles geralmente têm resposta a todos os argumentos que lhes são propostos para sair de sua prisão mental circular.

"Gostaria de ter confiança em mim mesmo, mas eu sei que sou ruim", disse um paciente deprimido. Ao que respondi: "No entanto, você conseguiu coisas em sua vida". Ele retrucou: "Eu tive sorte. Não foi intencional". "Tente novamente, você verá se é realmente sorte...", disse eu a ele. "Não, já sei que não vou conseguir. Eu sou ruim."

Vê-se que a conversa pode rapidamente se tornar circular. E quando uma solução real é proposta, o paciente a evita com "Eu não sei" ou "Eu não consigo". Isso pode desencorajar até mesmo as melhores intenções.

A ausência de sentido e o excesso de sentido

É essencial notar um fato importante: a ruminação mental, no modo fusional, tende a levar a uma extinção do sentido, enquanto no modo heroico produzirá um excesso de sentido.

No modo fusional, o pensamento circular leva à repetição indefinida das mesmas constatações, dos mesmos fracassos e dos mesmos problemas insolúveis. "Eu não escolhi minha profissão, não sei aonde isso me levará"; "Não sei se amo minha esposa (ou marido)"; "Não sei para que sirvo nesta Terra, não sei o que fazer comigo mesmo".

É compreensível que quando essas perguntas surgem seja muito difícil encontrar respostas. Na verdade, quanto mais nos concentramos na busca por sentido a todo custo, mais ele nos escapa. Em última análise, a pessoa só tem uma resposta à sua disposição: "Eu não sei". Ao duvidar constantemente, muitas vezes ela chega a sentir a dolorosa impressão de um "vazio de sentido" paralisante. Ela suspende sua capacidade de escolha.

Por outro lado, no modo heroico, a pessoa desenvolve a capacidade de ver significado em tudo, até encontrar-se literalmente inundada por um excesso de ideias díspares. O ciclo vicioso de pensamentos sem solução se transforma em um labirinto circular.

Léa, por exemplo, é uma paciente de 45 anos, atriz, que tinha o hábito de considerar os menores detalhes de sua vida cotidiana coincidências significativas. Uma placa de carro, um número aleatório, uma data, um gesto, uma cor, uma frase ouvida na rua: tudo, incluindo seus sonhos, parecia ser um sinal para ela e se tornava objeto de análises intermináveis. Ela encontrava sistematicamente correspondências entre os eventos mais banais e sua própria vida passada, fazendo cálculos às vezes complexos para mostrar que tal placa de carro lembrava a data de nascimento de seu pai, que tal frase ouvida num café ressoava estranhamente a um evento de sua infância etc. Com o tempo, Léa havia desenvolvido um universo complexo em que se perdia. Ao ver significado em tudo, ela não encontrava mais sentido em lugar nenhum e temia enlouquecer.

Ruminar ou escolher, é preciso escolher

É possível se libertar da ruminação mental? A resposta é sim (como veremos mais adiante), desde que a pessoa queira. No entanto, aqueles que ruminam com frequência dão mostras de *negativismo*. Eles sistematicamente dizem não a todas as soluções que lhes são oferecidas. Minha extensa prática me levou a pensar que inconscientemente *eles não querem soluções, e até mesmo as temem*. Por quê? Porque pensam de forma inversa em relação à maioria das pessoas. Na verdade, quando encontramos um problema, procuramos uma solução e agimos. No entanto, as pessoas que ruminam fazem o contrário: quando encontram uma solução, procuram o problema.

"Estou sufocando neste apartamento", disse-me um paciente já mencionado, embora ele mesmo estivesse se fechando em casa havia várias semanas. Então o aconselhei: "Bem, saia para tomar um pouco de ar". "Não posso, minhas pernas doem por causa do meu excesso de peso", ele respondeu. "Perca um pouco de peso", eu disse. "Já estou deprimido, imagine então se tiver que me privar ainda mais!"

É claro que este paciente *não quer* se resignar a tomar uma decisão. No máximo, ele poderia concordar em sair se alguém o acompanhasse, mas ele só estaria seguindo, sem realmente entrar na "vida real". Girar em círculos o faz sofrer, mas ao mesmo tempo o tranquiliza. No fundo, seu sistema de defesa psicológica o obriga a sempre "colocar problemas" e esperar em vão que os outros — os cuidadores próximos — lhe ofereçam soluções. Este roteiro relacional evita que ele assuma a responsabilidade não apenas por sua própria existência, mas também pela relação com os outros.

Aproveitemos a oportunidade para dizer que é exatamente isso que está em jogo nas pessoas que tendem a reclamar.

A reclamação é, no final das contas, apenas uma forma particular de ruminação. Toda pessoa que reclama sabe disso. Devido a uma lesão na autoestima, ela se fecha em si mesma, rumina o que aconteceu, não consegue mais falar ou dar um passo em direção ao outro. Ela volta e volta ao evento desencadeante em sua cabeça sem conseguir encontrar uma saída. Conforme a pessoa, isso pode durar algumas horas ou semanas. A vida cotidiana dos familiares e próximos às vezes se transforma em um verdadeiro inferno, feito de ressentimentos, acusações silenciosas, olhares desconfiados. O mais surpreendente é que o próprio ressentido não sabe mais como se abrir novamente e se reconciliar. Mesmo que saiba que sua reação é exagerada, ele não consegue "voltar". Está preso em emoções que não consegue controlar.

OS QUATRO MEDOS QUE NOS IMPEDEM DE VIVER   237

Na verdade, essa reação lembra muito a das crianças cujo estilo de apego é classificado como "evitante inseguro": em caso de contrariedade, tendem a fingir indiferença. O adulto que fica ressentido em excesso provavelmente foi uma criança insegura. Em algumas situações, as feridas precoces (abandono, separação, indiferença em relação a ele) despertam e transbordam, e o pensamento racional e a fala se mostram incapazes de impedir o fechamento em si mesmo e a ruminação do evento desencadeante. Como a criança pequena, o ressentido é incapaz de tomar uma decisão e espera que alguém "venha buscá-lo", reconectando-o.

O isolamento, a ruminação e o ressentimento constituem defesas relativamente pertinentes para a criança pequena que se sente inundada pela frustração, medo, raiva e é incapaz de se sentir suficientemente segura em seus relacionamentos com os outros. No entanto, a persistência dessas defesas na idade adulta é dolorosa e destrutiva. A única solução para sair do ciclo é desenvolver uma capacidade real de tomar decisões.

EM TERAPIA

PARA SAIR DA RUMINAÇÃO MENTAL

Somos livres para mudar?

Para que fazer esforços se não podemos mudar quem somos? Muitos pacientes acabam se perguntando se não estão fadados a serem o que são. "Afinal, sou como sou", dizem eles, "o que me prova que sou livre para mudar?" Talvez se possa imaginar que resistências psíquicas estejam em jogo para fazer a terapia fracassar ou eventualmente fazê-la girar em círculos. No entanto, a questão da liberdade de mudar é perfeitamente legítima e deve ser esclarecida.

Aliás, é uma questão fundamental de filosofia. Há quase dois mil anos que se debate o assunto sem que se chegue a uma conclusão. Se deixarmos de lado as crenças religiosas (Deus, o destino etc.), há dois campos opostos: os deterministas, que negam qualquer liberdade ao homem, e os defensores do livre-arbítrio, que afirmam que temos certa margem de manobra. Sem entrar em todos os detalhes de uma discussão extremamente complexa, digamos simplesmente que os deterministas afirmam que o mundo em que vivemos é todo determinado pelas leis da física e que, além disso, as pessoas são programadas pela genética, pela educação e pela história pessoal.

No entanto, os defensores da liberdade também têm argumentos sérios. Limito-me a evocar o filósofo Jean-Paul Sartre, que propôs (em *O ser e o nada*) um raciocínio extremamente convincente. Em resumo, ele observa que se fôssemos determinados ou controlados por Deus, o inconsciente ou as leis da física, então não conheceríamos a angústia. A angústia é, de certa forma, um sinal de que há certa liberdade em nossa consciência. Com efeito, se tudo estivesse "escrito de antemão", não poderíamos sequer pensar em nosso futuro, e muito menos no próprio conceito de liberdade.

É claro que, ao ler isso, você pode escolher o campo do determinismo ou o da liberdade. Mas, depois de refletir, isso não tem grande importância na terapia. Podemos resolver a questão com bastante facilidade. Basta passar do plano filosófico ao plano psicológico e pragmático, com essas simples perguntas: Sou capaz de mudar algo em mim, por menor que seja? Já vi pessoas conseguirem mudar? Se for o caso — e certamente é — então não há mais necessidade de questionar se a mudança é possível: ela é. E não importa, afinal, se ela resulta ou não de uma liberdade fundamental. Deixemos os filósofos ruminar essa questão ainda sem resposta, e avancemos.

Partamos do princípio de que, se podemos mudar o que somos, é porque somos seres em desenvolvimento. Temos um "potencial de crescimento", como dizem os psicólogos humanistas, um potencial a ser realizado. No entanto, essa perspectiva costuma dar medo. "Vou me tornar outra pessoa?"; "Não é arriscado?". Certamente não, não se trata de se tornar outra pessoa, pelo contrário: trata-se apenas de se tornar si mesmo, de se libertar de suas falsas aparências, de se libertar da "personagem" que apresentamos como nosso verdadeiro eu mas que é apenas uma aparência defensiva. É importante ter em mente os seguintes princípios, confirmados pela longa experiência das terapias humanistas e existenciais:

- A mudança não representa nenhum perigo.

- Sua mudança pessoal depende apenas de você e de mais ninguém.

- Você deve mudar primeiro para obter a vida que deseja e não o contrário.

- Não importa qual seja sua situação, você tem o poder de mudar.

- Mudar não é se tornar outra pessoa, mas sim tornar-se si mesmo.

Dito isso, vejamos agora como superar a ruminação e a dificuldade de tomar decisões.

O diálogo "pergunta-pergunta"

Na terapia, quando um paciente é propenso à ruminação mental, o terapeuta corre o risco de entrar com ele no círculo de problemas sem soluções. As sessões podem então se seguir sem trazer nada construtivo. A principal razão para isto é que o paciente tem a tendência de responder sistematicamente "Eu não sei" a qualquer pergunta importante. Em outras palavras, como expliquei anteriormente, ele sempre opõe um problema a cada solução que lhe é proposta. Se, por exemplo, eu pedir para explorar o que ele busca na vida, se perguntar o que sente ou o que quer, ele responde sinceramente: "Eu não sei".

É por isso que às vezes proponho o que chamo de diálogo "pergunta-pergunta". O princípio é simples e se assemelha a um jogo. Trata-se de proibir o paciente de dizer "Eu não sei" e propor um diálogo feito apenas de perguntas, até que um elemento de resposta se imponha com um acréscimo de sentido. Ele pode, então, fazer uma afirmação. Aqui está um exemplo (reescrito) retirado de uma sessão.

> **Psicólogo:** Qual é o sentido do seu trabalho atualmente?
>
> **Paciente** (após um minuto de silêncio): Você acha que ele tem algum?
>
> **Psicólogo:** Você não acha?
>
> **Paciente:** Mesmo que tenha, eu poderia encontrá-lo?
>
> **Psicólogo:** E por que não?
>
> **Paciente:** Como?
>
> **Psicólogo:** Você não tem nenhuma ideia?

Paciente: Talvez eu possa começar me perguntando, o que é o sentido?

Psicólogo: Por que não fazer isso agora mesmo?

Paciente: Aonde meu trabalho me leva? Esta seria a pergunta?

Psicólogo: Você nunca pensa sobre isso?

Paciente (após um longo tempo de reflexão): Eu sofro com isso, mas tenho dificuldade em falar a respeito.

Psicólogo: Então você sofre com o seu trabalho. Como pode descrever esse sofrimento?

O objetivo não é certamente prolongar indefinidamente esse "jogo", mas desinibir o questionamento sobre si mesmo, permitindo ao paciente tomar consciência de que pode encontrar soluções para a ruminação mental e para o que ele pensa ser uma incapacidade de saber. Aqui, a súbita irrupção do tema do sofrimento pode levá-lo a reconectar-se com suas sensações e sentimentos, como a culpa ou a angústia, cuja exploração gradualmente conduzirá a uma descoberta de si mesmo. Mas o terapeuta deve demonstrar uma capacidade especial para *garantir* a relação. Dessa forma, torna-se possível para o paciente aventurar-se cada vez mais longe de suas ideias "ruminadas" a fim de explorar o significado implícito de sua trajetória de vida.

Mas isso não é suficiente. É preciso ainda explicar o que são as origens psíquicas da ruminação.

Ruminação mental e base de segurança

De acordo com minhas observações clínicas, é possível pensar que a ruminação mental representa uma forma de confinamento na base de segurança original. Lembremos que a base de segurança é representada pelos pais (ver parte I: A noção de "base de segurança", p. 65). Ora, enquanto as necessidades da vida (escola e vida ativa) levam a criança a abandonar gradualmente a proximidade física com os pais, ela cria de forma inconsciente um equivalente mental de sua base de segurança, em geral um universo restrito centrado nas imposições familiares tornadas inconscientes. O mais importante desses princípios, como já foi dito, está ligado à lealdade familiar: ela tende a proibir a criança de se afastar dos membros da família, pois isso constitui implicitamente uma "traição" e causa nela uma forte culpa.

Vemos aqui que a ruminação mental não é apenas um problema cognitivo que, de certa forma, "cai do céu". É uma consequência necessária e lógica do medo de crescer, juntamente com a incapacidade de tomar decisões e se comprometer fora da família. No final das contas, não são apenas os pensamentos que ficam em *loop*: é a vida inteira que ruminamos e deixamos estagnada.

O diálogo "pergunta-pergunta" não é apenas um exercício de puro raciocínio, permitindo que o paciente, na realidade, se afaste de sua base de segurança. Para entender melhor, vamos voltar ao exemplo do pequeno diálogo mencionado. Vemos que o paciente acaba reconhecendo que sofre com o trabalho, mas que tem dificuldade em falar sobre isso.

Ele revela que, de fato, na sua família, não se deve reclamar ou mostrar fraqueza. É, portanto, uma novidade para ele falar de seu sofrimento. Ao se afastar das ideias preconcebidas de seus pais, ele abre novas perspectivas. Finalmente se atreve a abordar o assunto de seu sofrimento e a dar-lhe importância; se atreve a "trair" sua lealdade familiar, desobedece a ordem "Nunca reclame" e ao mesmo tempo a injunção "Não cresça". Vemos assim que, para se livrar da ruminação, é preciso começar por parar de girar em torno dos pais.

Mas é claro que esse trabalho é sempre angustiante em si mesmo. Em muitos aspectos, se assemelha ao desafio enfrentado pela criança ansiosa que tenta se afastar de seus pais para ir sozinha ao brinquedo do parque. Tomar decisões e sair da ruminação é se expor deliberadamente a um certo risco. Aliás, não é por acaso que as palavras "decidir" e "arriscar" compartilham uma vizinhança etimológica que remonta ao latim — a primeira (decidir) vinda do termo "cindir" (*de-caedere*), a segunda (arriscar), da palavra "cortar" (*resecare*).

Risco, falta e frustração

"Se você recuar, morre; se você avançar, morre; então por que recuar?", ensina um provérbio africano.

Se queremos viver plenamente nossas vidas, não há outra solução senão aceitar nossa relativa vulnerabilidade. No entanto, a ruminação, a evitação de decisões, a dificuldade de avançar são todas maneiras de manter a ilusão de uma base de segurança semelhante à representada pelos nossos pais. É por isso que existir é necessariamente cortar amarras, afastar-se, aventurar-se. Todas as escolhas e decisões, como dissemos, estão fundamentalmente ligadas ao risco de existir. Como escreve a filósofa Anne Dufourmantelle: "A vida é um risco inconsequente assumido por nós, os vivos".[1] Uma frase que ressoa de maneira especial quando sabemos que Anne Dufourmantelle morreu em circunstâncias dramáticas durante o verão de 2017: ela se afogou ao tentar salvar crianças em dificuldade.

Afinal, como diz um paciente, "se os erros existem, é para que os cometamos!". É preciso aceitar que podemos nos enganar e até mesmo admitir que inevitavelmente cometeremos erros. A confiança em si mesmo reside em se estimar o suficiente para suportar que às vezes estaremos equivocados. Não somos perfeitos, temos falhas e faltas, e é inútil lutar contra essa condição. Por que então não se exercitar na falta, como nos convidam tantas tradições sábias?

Eu frequentemente aconselho a olhar ao redor, separar, dar, jogar fora tudo o que parecer supérfluo: os livros que nunca mais leremos, as roupas que nunca usaremos, os objetos que nos atrapalham, e até mesmo as fotos, e-mails e mensagens de texto que se acumulam aos milhares em nossos dispositivos. Aprender a não encher os armários da cozinha e a geladeira é um excelente desafio. Experimentar a sobriedade pode revelar-se libertador, desde que se tenha em mente que se trata sempre de se expor ao risco real de faltar algo. Claro, podemos facilmente nos sentir frustrados por não termos o que queremos no momento, mas faremos birra como uma criança pequena? Crianças não podem suportar a falta nem a frustração, pois elas destroem suas ilusões de onipotência heroica ou fusão. Mas se ela aceita crescer,

246   *Eudes Séméria*

entenderá que *seus desejos não são tão importantes*. Um amigo está atrasado para um compromisso, minha refeição não é tão farta, perdi a oportunidade de fazer um bom negócio: isso é tão grave? Isso me coloca em perigo? Não posso considerar que contrariedades fazem parte da vida?

De fato, alguns de nós reclamam de encontrar apenas problemas ao longo do dia e da vida. O clima é uma fonte diária de aborrecimentos para eles, assim como o trânsito, as pequenas falhas de informática e todos os imprevistos que parecem se opor à nossa tranquilidade. No trabalho, seja qual for a nossa tarefa, somos constantemente confrontados por incidentes fortuitos, atrasos, compromissos cancelados, problemas na entrega, pessoas que não atendem o telefone etc. E naturalmente reclamamos por não podermos fazer o nosso trabalho. Mas tendemos a ignorar algo essencial: qualquer que seja a nossa profissão, a primeira habilidade que deveríamos possuir seria saber lidar com os problemas que nos impedem de fazer o nosso trabalho... Com efeito, se não aceitarmos isso, condenamo-nos a viver na frustração e na raiva. O mesmo acontece com a vida, que no fundo não é nada mais do que uma sucessão de problemas a serem superados — e felizmente! Pois o que seria uma vida sem problemas, senão uma espécie de história sem enredo, um sono prolongado?

Isso é o que os grandes contadores de histórias populares, escritores e roteiristas entenderam. Cada obstáculo é uma oportunidade para se revelar a si mesmo e escrever sua história; cada problema pode ser visto como um ponto de apoio gerador de significado, desde que, em vez de querer ignorá-lo, se consinta em confrontá-lo sinceramente.

Algumas indicações sobre a arte de questionar a si mesmo

Durante uma sessão, "problemas" não são raros. O erro seria considerar que eles atrapalham o processo terapêutico. Por exemplo, algumas pessoas falam muito pouco, outras frequentemente cancelam as consultas, chegam atrasadas, esquecem o que foi dito na sessão anterior, me desafiam a dar respostas imediatas, mantêm uma postura defensiva, mostram-se às vezes agressivas, mesmo que de forma implícita e discreta; mal-entendidos são comuns, mentiras também.

No entanto, se olharmos bem — e todo psicólogo sabe disso — esses problemas são, na verdade, a própria matéria da terapia. Na verdade, o fato de um paciente ter dificuldade em se fazer claro ou me deixar sistematicamente desconfortável pode, até certo ponto, ser mais importante do que os detalhes da história que ele conta.

Mas o "problema" que mais surge na terapia é ficar preso em uma questão. É então necessário, em primeiro lugar, concentrar-se nas condições de um questionamento relevante. Aqui estão os princípios:

- *Parar de pensar ao contrário*. Todas as pessoas que ruminam tendem a pensar "ao contrário". Como vimos, em vez de procurar soluções para os problemas, elas procuram trazer problemas para as soluções. Ser consciente disso e aceitar o risco de uma solução é um bom começo. O diálogo "pergunta-pergunta" pode contribuir para tanto e será relativamente fácil praticá-lo sozinho, trabalhando por escrito.

- *Aceitar a dúvida.* A ruminação é uma forma de questionamento sem espanto e, paradoxalmente, sem espaço para a dúvida. Mesmo que o paciente se diga "corroído pela dúvida", na realidade ele adere fortemente a certezas fixas das quais não quer se libertar. Assim, apresenta aversão à novidade. No entanto, a novidade abre para o exterior, como vimos especialmente com o exemplo anterior sobre o sofrimento relacionado ao trabalho. Um questionamento só pode ser pertinente se trouxer novos elementos, até mesmo novas incertezas e, portanto, uma certa dose de risco. Será útil prestar a maior atenção ao que geralmente fica implícito ou não dito; da mesma forma, será benéfico para quem rumina levar realmente em conta as ideias propostas por outros, a fim de abrir-se para o exterior.

- *Criar um "espaço de questionamento".* Uma questão é uma pergunta que gera em si uma expectativa, o que muitas vezes nos leva a olhar para o teto. Esse estranho reflexo pode ser devido ao fato de que, para a criança, as primeiras respostas vieram de cima, ou seja, dos pais. De qualquer forma, todo questionamento sério implica uma solicitação, que verbalizamos eventualmente por meio de fórmulas como "Como dizer?". Falamos conosco como se fosse necessário materializar nosso questionamento, torná-lo sensível, audível. Assim, criamos na realidade um espaço de questionamento, um lugar e um momento em que uma expectativa e uma disponibilidade para a resposta se manifestam concretamente. Daí o interesse da troca com os outros, mas também do questionamento por escrito. Um caderno é suficiente e, se pensarmos em abri-lo todos os dias, então as respostas (novas ideias, perguntas, pensamentos etc.) não tardarão a surgir.

- *Aceitar ser mudado por suas decisões.* Do ponto de vista existencial, toda pergunta, mesmo a mais simples ("Que horas são?"), mobiliza a consciência, lembra-me e revela-me minha existência e, assim, confronta-me com minha responsabilidade de ser; toda pergunta é um ato de liberdade e criação de si mesmo. Consequentemente, qualquer resposta que resulte numa abertura traz consigo uma transformação de si mesmo, uma mudança que é essencial aceitar de antemão.

As indicações aqui apresentadas mostram, como foi anunciado no primeiro capítulo deste livro, que o objetivo de se libertar dos medos é sempre *mudar de posição*. No entanto, a escolha e a decisão, o questionamento e suas respostas são apenas pré-requisitos. Para avançar em sua própria vida, também é necessário superar o medo de agir.

6

DO MEDO DE AGIR À PROCRASTINAÇÃO

Seguindo pelo caminho chamado "mais tarde",
chegamos a um lugar chamado "nunca".

SÊNECA

O MEDO DE ASSUMIR AS RÉDEAS

VOCÊ TEM MEDO DE formalidades e procedimentos administrativos, medo de se locomover e se orientar sozinho, de fazer ligações, de fazer compras, de usar corretamente aparelhos comuns (computador, televisão, máquina de lavar etc.)?

Essas são algumas das ações simples e diárias que alguns de nós preferem negligenciar e deixar para outras pessoas, ou realizar apenas por obrigação, como último recurso. No entanto, nenhuma delas requer habilidades muito avançadas. Nós poderíamos muito bem realizá-las, mas algo inconsciente nos impede de fazê-lo.

De onde vem essa relativa incapacidade de agir? O que nos impede de executar tarefas simples do dia a dia e, ainda mais, de realizar os projetos de que dependem a qualidade de nossa vida profissional ou pessoal?

A *fobia das formalidades administrativas*

Costuma-se dizer, em tom de brincadeira, que há apenas duas coisas absolutamente inevitáveis neste mundo: a morte e os impostos. Uma das maiores provações da transição para a vida adulta é a necessidade de lidar corretamente com os deveres administrativos. No entanto, o medo das formalidades administrativas é um pouco o modelo de todos os medos relacionados à ação: "É muito complicado para mim", pensamos, "muito chato" e temos dificuldade em ver o interesse imediato.

Essa repulsa pelas tarefas administrativas é universal. Ninguém escapa completamente, talvez porque quase ninguém é preparado para elas durante a adolescência. Muitos jovens e até mesmo pessoas mais velhas preferem simplesmente jogar fora as folhas de reembolso do seguro social ou ignorar auxílios a que têm direito. Da mesma forma, as contas muitas vezes são deixadas de lado e só são pagas após várias notificações acompanhadas de multas. A pessoa leva anos para se decidir a guardar seus contracheques, exames de sangue, documentos de identidade e folhas de imposto em uma pasta... É verdade que, sem método, é fácil se perder, de modo que as preocupações se acumulam. Os papéis se espalham ou se perdem e nunca os encontramos quando precisamos. Por causa disso, sentimo-nos, perante a administração pública, como crianças diante de seus pais, com medo constante de sermos pegos fazendo algo errado. Prova disso é o pequeno arrepio desagradável que sentimos quando encontramos uma carta da Receita Federal em nossa caixa de correio, mesmo que estejamos em dia com nossas obrigações!

Para aqueles que têm essa "fobia administrativa", a solução mais comum é confiar suas formalidades a outra pessoa. Isso é o que muitos adultos não assumidos fazem, deixando para seu pai, mãe ou cônjuge a gestão até mesmo de sua conta bancária. Ao fazer isso, eles abandonam sua autonomia e até mesmo sua privacidade (já que não têm mais segredos com as pessoas que os ajudam), e se proíbem de acessar verdadeiramente suas vidas como adultos autônomos. Ao se desinteressarem de uma parte importante de sua vida, recusando-se a desenvolver um bom conhecimento dos recursos administrativos e de seu ambiente (direitos, auxílios, reembolsos, formação etc.), eles perdem suas referências e minam suas capacidades de agir em outras áreas.

A *necessidade de ser supervisionado por outra pessoa*

O medo de agir se traduz, de fato, na delegação sistemática da ação a outros. Trata-se de ser levado, supervisionado, guiado pela ação de outra pessoa, como quando éramos crianças ou adolescentes: a "adocrastinação" seria essa tendência a adiar o que nossa mãe pode fazer por nós.

Essa relutância em agir decorre, é claro, de todos os tipos de proibições que fazem parte das injunções familiares precoces: "Não aja"; "Não decida"; "Não se afaste". Daí a necessidade frequente, em alguns adultos, de serem acompanhados em espaços públicos, transportes públicos, festas, compras e tarefas diversas. A presença do outro os tranquiliza porque os autoriza. Além disso, se considerarmos a injunção parental "Não saiba", é compreensível que o adulto não assumido não tenha conseguido desenvolver sua capacidade de agir e se orientar sozinho. Sair de casa é semelhante a transgredir as proibições parentais e sempre vem acompanhado do sentimento mais ou menos consciente de se colocar em perigo. Não apenas o exterior é percebido como ameaçador, como também aventurar-se lá fora apesar da proibição parental expõe a sanções. "Quando quero sair", diz um paciente, "tenho a sensação de que um elástico invisível me prende. Eu dou umas voltas, como se fosse esquecer algo, e tenho que me esforçar para simplesmente passar pela porta."

Se esse for o seu caso, então é possível que você tenha dificuldades em se orientar, ler um mapa, encontrar um itinerário. Talvez você diga frequentemente: "Não tenho senso de direção, é assim mesmo!", como se fosse um traço de personalidade inato. Porém, na realidade, essa característica não se deve ao acaso ou à genética. Proibições familiares precoces o impediram de aprender a se orientar. A ideia de se virar sozinho não faz parte de sua mente. Isso também explica suas eventuais dificuldades em cumprir horários, a tendência a chegar sistematicamente atrasado ou adiantado em compromissos... A menos, é claro, que alguém (um parente, um cônjuge) o acorde de manhã, o leve para o trabalho, agende seus compromissos etc.

Pelo menos é o que acontece se você age de forma fusional. Em um modo heroico, você também precisará de supervisão, mas negará isso considerando o acompanhamento dos outros uma espécie de direito, devido ao fato de ser, por exemplo, um intelectual, um criativo, um sonhador, um hipersensível, enfim, alguém especial que não deve ser supervisionado, mas, sim, auxiliado. Você sentirá que ser "diferente" o isenta das exigências da vida material.

O medo de telefonar

Em uma época em que o telefone se tornou um objeto indispensável, uma espécie de extensão de nosso corpo e cérebro, pode-se ficar surpreso ao constatar que o medo de telefonar é relativamente comum. Em graus variados, 25% da população seria afetada. As pessoas que sofrem desse medo têm receio excessivo de incomodar, gaguejar, parecerem ridículas, não saber o que dizer ou se enganar. É difícil para elas ligar, receber chamadas, deixar uma mensagem de voz e até mesmo ouvir as mensagens que recebem.

Sociólogos e psicólogos explicam que o desenvolvimento do uso do e-mail e das mensagens de texto tornou a chamada de voz mais rara, o que faz com que muitas pessoas se sintam inseguras ao telefone. Além disso, a fala direta exigiria mais espontaneidade do que a escrita e, sem a ajuda da linguagem não verbal (posturas, gestos, expressões faciais), seria mais difícil se fazer entender. Algumas soluções são então propostas. Você encontrará facilmente na internet e em revistas dicas supostamente úteis para superar o medo de telefonar: sugerirão que você prepare seu texto, se isole para ligar, observe como os outros praticam e, finalmente, treine fazer ligações. Infelizmente, você perceberá rapidamente que essas dicas não servem para muita coisa, pois resumem-se a dizer que para superar o medo de telefonar, é preciso... superá-lo. Mais uma vez, parece que a origem do problema está relacionada ao medo de crescer e à posição de criança diante de seus pais.

Uma paciente explica:

> Eu fico paralisada para marcar uma simples consulta médica ou para ir ao cabeleireiro. Muitas vezes, peço ao meu marido para ligar por mim. Se eu fizer isso sozinha, começo a tremer e a transpirar. Minha voz muda. Não é mais a minha voz habitual, mas uma voz mais aguda, mais infantil. Por isso, muitas vezes preparo um pequeno bilhete com meu nome, sobrenome e algumas frases-padrão, como se não fosse mais capaz de dizer espontaneamente quem sou!

Podemos adivinhar aqui a influência poderosa dessa parte infantil que surge em nós e nos paralisa. De fato, essa mesma paciente também pede ao marido que entre antes dela em lugares públicos e fale com os vendedores em seu lugar. Ela mostra, assim, muitos sinais desse apagamento por fusão que consiste em se esconder atrás de outra pessoa. É óbvio que, ao fazer isso, ela persiste em ocupar a posição da menininha acuada atrás dos pais.

O medo de dirigir

Com o domínio do telefone e das formalidades administrativas, aqui está outra prova de iniciação, muitas vezes assustadora, e que leva, a princípio, à condição oficial de adulto: a carteira de motorista. Que melhor prova de sua vontade de se tornar independente e agir por si mesmo do que dominar uma ferramenta que permite se afastar?

Para alguns, dirigir pode ser extremamente angustiante. Muitos jovens, aliás, têm sua primeira crise de ansiedade ao volante, especialmente em rodovias. Um paciente contou:

> Eu estava dirigindo sem pensar em nada, e então me senti mal. Um nó na garganta, suor, tremores, a sensação de que ia morrer. Tive que parar no acostamento e ligar o pisca-alerta. Tiveram que me buscar. A partir desse dia, comecei a ter crises de ansiedade regularmente no trabalho, na rua, em casa.

Pegar no volante nos lembra que dirigir também é *se conduzir*. Se a criança passa a vida deixando-se levar, sentando-se no banco de trás sem se preocupar com o destino ou o que acontece na estrada, o adulto deve assumir plenamente a responsabilidade pelo que faz, sob pena de colocar sua própria vida ou a de outros em perigo. Dirigir é admitir, querendo ou não, uma autonomia geralmente negada. A própria rodovia age como um símbolo da vida: uma linha mais ou menos reta na qual entramos sem poder voltar atrás e da qual não saímos quando queremos. Não há outra escolha senão avançar. É impossível dar voltas. Nessas condições, não é surpreendente que as defesas psíquicas vacilem e deixem as angústias existenciais reprimidas reaparecerem à luz do dia.

Como no caso do medo de telefonar, as soluções clássicas propostas para tratar o medo de dirigir giram essencialmente em torno de métodos de relaxamento. Isso claramente não é suficiente e talvez devamos nos perguntar: o medo de agir vem de uma necessidade de se limitar ao que se sabe fazer, e, portanto, de uma certa recusa em aprender?

O MEDO DE APRENDER E DE SABER

Eu ouvi uma vez: "Comprei um livro sobre procrastinação, mas não consigo começar a ler". De onde vem essa recusa e medo de aprender, de se aperfeiçoar, adquirir conhecimento e habilidades?

Desde muito jovem, a criança pode literalmente se recusar a aprender a andar e só concordar a fazê-lo muito tardiamente, sob coação. Já no parquinho, algumas crianças tímidas têm dificuldade em se afastar de seus pais, fazer amigos. Algumas se recusam a andar, olham para trás, verificam se a mãe e o pai ainda estão lá. Já no primeiro ano da escola primária, as crianças muitas vezes se sentem sobrecarregadas com o método e a disciplina, nem sempre entendem o que se espera delas. Sentem-se terrivelmente isoladas. Esforçam-se, tentam agradar aos adultos, mas falham em decorar um simples ditado. Sua memória e concentração são refratárias. Em alguns casos, detecta-se, muitas vezes precipitadamente, uma "dislexia", supondo a existência de uma "disfunção do cérebro". No entanto, não é a capacidade intelectual da criança que está em questão. Em muitos casos, há outra coisa em jogo e, embora as sessões de ortofonia proporcionem uma certa melhora, a ansiedade subjacente — a de se tornar adulto — passa despercebida. Enquanto não levarmos em conta o fato de que, para essas crianças, aprender é percebido como proibido e perigoso, o problema continuará sem solução.

Escrita e ortografia

"Eu sou ruim em ortografia, tenho medo de escrever porque vão me julgar", confessa Anne-Laure, de 45 anos. Ela trabalha em marketing. Sua mente é ágil, suas análises são rápidas e perspicazes, sua argumentação é convincente. Ela domina perfeitamente sua profissão. Sua única angústia:

ter que escrever relatórios, e-mails, notas. Ela se organiza para evitar ao máximo tais atividades e procura de todas as maneiras delegar essas tarefas a colegas ou ser corrigida por alguém. Ela explica:

> Devo dizer que, quando eu era pequena, fazia minha lição de casa a tapas. Em casa, frequentemente diziam que eu não era boa para nada. Meu pai me previa um futuro lamentável e minha mãe ria da minha "estupidez". Desde muito cedo, pensei que era disléxica. Hoje, ainda não consigo decorar regras de ortografia, travo, e detesto isso de coração.

Na verdade, poucas pessoas são irrepreensíveis em ortografia. Até mesmo grandes escritores cometem erros grosseiros. Encontramos incontáveis incorreções em autores como Gide, Céline, Voltaire, Balzac, Victor Hugo e muitos outros. Sabemos, por exemplo, que Romain Gary tinha apenas um conhecimento muito aproximado do subjuntivo e pedia a seu editor para corrigi-lo ou adicionar os subjuntivos onde fosse necessário.

Agora que estamos descomplexados, voltemos à história de Anne-Laure. Seus pais, diz ela, ensinaram-lhe que "é doloroso aprender. Dói na mão, dói na barriga, dói no coração, dói na cabeça". Ela explica assim sua incapacidade de dominar a ortografia. No entanto, notemos que ela também obedeceu às injunções parentais. Acreditando estar se rebelando contra eles, ela pregou uma peça em si mesma, recusando-se a aprender. Dessa forma, mesmo que tenha uma vida profissional de sucesso, em certa medida ela se conformou à imagem pouco lisonjeira que seus pais haviam feito dela. Ao fazer isso, Anne-Laure recusou-se a crescer.

E, aliás, isso acontece com bastante frequência com pessoas "heroicas" que podem desenvolver uma rejeição assumida à escola, ao ensino, à cultura e ao conhecimento. Uma rejeição que às vezes se expressa por meio do uso de abreviações, gírias, linguagens e códigos usados em videogames, bem como pelo abuso de anglicismos.

É importante salientar que essa atitude nem sempre é causada por pais mal-intencionados ou negligentes. Muitos pais bem-intencionados podem dificultar o desenvolvimento de seus filhos por meio de expectativas implícitas.

O caso de Nikolas, um adolescente de treze anos, ilustra bem esse fenômeno. Nikolas tem boas notas em tudo, exceto em ortografia. Ele não é disléxico e sua elocução é até superior à média. Conhece muito bem as regras de ortografia, mas, por alguma razão desconhecida, não as aplica.

Em resposta às minhas perguntas, Nikolas me diz que não pode se afastar de sua mãe sem que ela entre em pânico. Criado apenas pela mãe, ela o vigia constantemente e não lhe dá liberdade nem privacidade. Nikolas não reclama disso, acha normal ficar "colado" em sua mãe. Assim, seus problemas de ortografia funcionam como um vínculo: inconscientemente, Nikolas mostra à mãe que *uma parte dele não está crescendo*; seus erros provam sua lealdade familiar. A mensagem é: "Eu não me separo de você, mãe", o que tranquiliza tanto ele quanto sua mãe diante de suas angústias existenciais. Desde que Nikolas entendeu que poderia se separar de sua mãe, seus problemas de ortografia desapareceram.

A recusa em aprender e reter

Se existem aqueles que têm medo da escrita, há também quem apresente um medo desproporcional da leitura e de tudo o que diz respeito à cultura geral. Por quê? Por falta de interesse, dizem, por medo de não estarem à altura, de falarem algo errado em conversas ou ainda por convicção de serem "burros".

Para enfrentar os outros, supostamente mais cultos, elas evitam assuntos relacionados à atualidade, política, literatura etc. Às vezes, cultivam para si apenas um verniz de cultura. Por exemplo, um paciente desenvolveu o hábito de ler cinco páginas de um grande clássico da literatura francesa todas as noites, não por amor à literatura, mas para memorizar alguns elementos de "cultura geral". Outros pacientes dizem que colhem informações na televisão, rádio, internet, para terem o que falar a respeito, se necessário. Mas quase todos se afastam dos debates aprofundados, cultivam a arte de esquivar-se de perguntas difíceis com piruetas, piadas e autodepreciação. Como visto, eles também desenvolvem o poder de fazer os outros falarem e se esforçam para estar sempre de acordo com eles...

Se essa descrição serve para você, saiba que absolutamente todos nós sentimos medo de aprender e medo de não saber ou não saber fazer, em graus variados. Todos nós somos "incompetentes" em algo: informática, trabalhos manuais, natação, procedimentos administrativos, organização de férias, manipulação de aparelhos eletrônicos ou domésticos, línguas estrangeiras, culinária, geografia, bicicleta, algum assunto específico de cultura geral etc. Sem dúvida, acreditamos sinceramente que não somos "talentosos" para isso ou aquilo. No entanto, estamos mentindo para nós mesmos e reconhecemos que, na realidade, recusamos o esforço de aprender.

Sabemos que as exigências dos pais podem inibir a curiosidade, o espírito de iniciativa e descoberta, a autonomização. Mas os comportamentos infantis (fusional ou heroico) nem sempre levam à recusa de aprender. Às vezes, é até o contrário. Assim, algumas crianças (maltratadas, isoladas, superprotegidas, parentificadas etc.) podem transformar a leitura em um refúgio e uma paixão: elas se tornam adultos bibliófilos particularmente cultos. Ainda assim, raramente conseguem escapar aos seus medos infantis à medida que crescem. De fato, esse interesse pela leitura acaba por se virar contra elas, confortando-as no isolamento, na fantasia, no desinteresse pela vida real, em suma, na recusa infantil de assumir a sua existência de adulto.

Inevitavelmente, a recusa em aprender arrasta a pessoa para uma espiral descendente, embotando de forma gradual as funções cognitivas. A memória e a atenção, pouco solicitadas, tornam-se cada vez menos eficientes. O mundo é percebido e pensado "em geral", de forma esquemática. O adulto não assumido, por mais inteligente que possa ser, contenta-se em compreender os grandes princípios, o que o mantém na postura de aluno eterno que deve ser guiado e apoiado, mas nunca aprende realmente. E, uma vez que procura manter certa postura de inferioridade, as falhas de memória vêm a propósito. Assim, ele se queixará de não reter nada dos livros que lê, de esquecer o que fez no dia anterior, de perder frequentemente suas coisas. No entanto, o problema real não é sua memória, pois ele pode revelar uma capacidade notável em áreas como videogames ou outros tipos de lazer. Não se trata de um problema de inteligência, mas de outra coisa que devemos abordar: a recusa defensiva em engajar-se.

O MEDO DE SE ENGAJAR

O que significa se engajar?

Na linguagem comum, engajar-se é comprometer-se com uma promessa, por vezes com um contrato. Do ponto de vista literal, é "realizar um ato voluntário efetivo"[1] e fazer esforços no sentido da decisão que se tomou. A decisão em si, na medida em que consiste em escolher, é na verdade o primeiro movimento do engajamento, o primeiro passo.

Mas o engajamento também tem um significado militar: engajar-se é começar a lutar. Mas contra o que se luta quando se engaja? Contra o medo, é claro, o medo de não poder mais recuar. Vou cumprir a minha promessa? Fiz bem em me lançar nesta ação e me privar voluntariamente das outras possibilidades?

Muitas pessoas acreditam que podem ganhar em todas as frentes, seja em um compromisso, um projeto ou qualquer outra coisa. Elas se esforçam para ficar "no meio do caminho", para nunca escolher um lado. Dessa forma, nunca agem de verdade e não entram em suas vidas adultas. No final das contas, atravessam a vida como turistas visitando um país estrangeiro. O mundo dos adultos pode parecer exótico e complicado para elas. Por exemplo, para questões administrativas, precisam de um "tradutor", um "nativo" que lhes explique os costumes. Nem sequer se dão ao trabalho de aprender a "língua local", ou seja, a dos adultos, porque pensam que estão apenas de passagem. Como Peter Pan, acham que um dia vão voltar para o seu país de origem, o país da infância, tão bem descrito pelo autor de *Peter Pan*, J. M. Barrie, como "a Terra do Nunca".

Isso não é apenas uma metáfora. Os adultos não assumidos realmente visitam a vida adulta, mais ou menos conscientes de que acabarão voltando "para casa". Assim, não sentem a necessidade de fazer nada construtivo ou duradouro. Eles esperam e se divertem, gostam do provisório. Suas roupas muitas vezes traem essa postura de turista. Da mesma forma, sua casa, geralmente pouco investida, não tem realmente nenhuma decoração pessoal e às vezes é cheia de caixas nunca abertas. Além disso, esses adultos mudam facilmente de emprego, desconfiam de tudo o que lhes dá a sensação de se estabelecer ou se enraizar (ordem de fuga), como empréstimos imobiliários, planos de casamento ou filhos, a ideia de fazer carreira...

Leva muito tempo para eles finalmente perceberem que nunca voltarão ao país da infância e que, ao permanecerem na espera por seu repatriamento, correm o risco de deixar a vida passar. Mais cedo ou mais tarde, se dão conta de que os outros avançam, se casam, têm filhos, progridem, enquanto eles mesmos ficam estagnados e sem energia.

A *falta de energia*

O adulto não assumido sempre reclama de falta de energia. Vamos admitir: essa fadiga é muito real. Ela tem a mesma natureza da exaustão que acomete a criança pequena obrigada a realizar uma ação que não lhe interessa. Deve-se dizer que a injunção de não agir está tão profundamente enraizada nele que funciona como um verdadeiro disjuntor: pode desencadear, como já mencionei, uma cascata de consequências psicológicas e fisiológicas que produzem um forte desejo de dormir. Todos nós sabemos disso quando estamos entediados, quando agimos sem motivação particular ou enfrentamos interrogações angustiantes que tocam em questões existenciais (morte, solidão, falta de sentido, responsabilidade). Isso também acontece quando estamos diante de certas pessoas. Muitos pacientes relatam que basta que seu pai ou mãe (ou alguma outra pessoa específica) esteja presente para que eles sintam sua energia drenada. Há, de fato, pessoas (ou situações) capazes de nos "desligar", ativando um "disjuntor" defensivo que nos coloca "em pausa", por assim dizer.

O adulto não assumido desenvolve, além disso, uma série de outras disfunções. Para tudo o que está fora de seu âmbito de interesse, ele se sente lento, pesado, desacelerado, e geralmente coloca a culpa em seus genes, hormônios, condição de saúde (pressão baixa etc.). E, uma vez que normalmente tem dificuldades para dormir à noite, cultiva uma paixão diurna por sua cama. Um pouco como Marcel Proust, que passou a maior parte da vida na cama, sempre doente e sentindo-se mal, o que não o impediu, no entanto, de escrever algumas das maiores obras da literatura francesa. Fusional, sim, mas genial!

Como Proust, o adulto não assumido sonha em fazer tudo em sua cama. Nela ele relaxa, se diverte, trabalha, dorme, sonha acordado e come. É verdade que não há lugar melhor no mundo do que a cama para encontrar aquele famoso "país da infância" perdido. Assim, esse retorno à cama não é nada mais do que um retorno ao berço.

Alguns de vocês podem apontar que, longe de serem passivos, são, ao contrário, hiperativos. É verdade que, sob um modo heroico, alguns apresentam excesso de energia. Mas essa energia é apenas uma aparência. Primeiramente, o heroico é mais passivo do que ativo e sua ação é frequentemente vazia e não construtiva. Em segundo lugar, ao contrário do que as aparências sugerem, ele não transborda de energia, mas tem falta dela... Assim como as crianças hiperativas. De fato, sabe-se que a hiperatividade não é causada por uma excitação fisiológica excessiva, mas, pelo contrário, por uma dificuldade do cérebro em se manter acordado. É por isso que a hiperatividade não é tratada com um calmante, mas, na verdade, com um estimulante!*

O MEDO DE FRACASSAR, O MEDO DE TER SUCESSO

Algumas pessoas se recusam a agir por medo de falhar — o que já é um fracasso em si. A baixa autoestima e falta de confiança minam qualquer vontade significativa de agir. Outros conseguem iniciar projetos, mas temem o sucesso, já que a realização deles os exporia à responsabilidade de existir e à autonomia. O medo de agir desenvolve, assim, dois (maus) hábitos: não começar as coisas e não as concluir.

A dificuldade em começar as coisas

"Se eu faço algo", conta um paciente, "devo ser capaz de fazê-lo perfeitamente. Caso contrário, não o faço. E como eu nunca chego à perfeição, não faço nada." Para os adultos que veem o mundo de baixo, tudo parece insuperável: "Tudo parece uma montanha para mim, até as coisas mais simples, como acordar de manhã, arrumar minhas coisas etc.".

Se você também tem dificuldade em começar as coisas, é provável que esteja sofrendo de uma visão irrealista

---

* Com Ritalina, por exemplo, que estimula a formação reticular, a parte do cérebro cuja função é regular os ciclos sono-vigília.

dos objetivos que estabelece para si mesmo. O perfeccionismo sempre vem acompanhado de distorções cognitivas e crenças limitantes que impedem a realização de ações construtivas. "Sempre acreditei", diz uma estudante de arte, "que tinha que acertar na primeira tentativa. Mas como não consigo, fico desapontada e desisto rapidamente de tudo o que começo." Resta então apenas a opção do esboço de ações, da imobilidade e suspensão, tudo acompanhado de um sentimento de culpa.

Você conhece isso, não é? Você tem um projeto para desenvolver ou um trabalho para entregar, mas não consegue começar. Você adia, espera pelo momento adequado. E então, quando esse momento chega, você de repente encontra outras tarefas mais urgentes: telefonar para alguém, fazer compras, pesquisar na internet, assistir a uma série, arrumar sua mesa, classificar e-mails... Você procrastina, como dizem, ou seja, adia sistematicamente. Claro, você se arrepende depois, mas é mais forte que você. Você se deixa levar por todos os tipos de comportamentos evasivos ou sabotagens típicas de crianças. Ao ser disperso, por exemplo, o que o leva a fingir agir e a nunca encontrar concentração suficiente; ou ao ser acelerado e agitado, o que inevitavelmente conduz a resultados decepcionantes; ao buscar as condições ideais para agir, sabendo que sempre faltará algo indispensável (o material adequado, a tranquilidade, o interlocutor certo etc.); ao almejar projetos grandiosos mas irrealizáveis, portanto paralisantes; ou ainda, ao ser tomado pela vontade súbita de pensar em outro projeto, passar para outra coisa.

A única razão que eventualmente o levará a realizar seu trabalho será o prazo final. Em outras palavras, você só agirá por obrigação, o que já não é realmente agir. No entanto, deixar as coisas para a última hora o colocará regularmente em um estado de estresse intenso e desgastante — especialmente quando se trata da sua atividade profissional. Às vezes, é verdade, você conseguirá começar algo (uma mudança pessoal, uma tarefa, uma nova atividade), mesmo que não tenha obrigação ou prazo final. Mas então enfrentará outra dificuldade: levar o projeto até o fim.

A *dificuldade em finalizar as coisas*

Para o adulto fusional, o medo de fracassar é (inconscientemente) apenas uma espécie de justificativa para não agir. "Por que tentar algo se tenho certeza de que não vai funcionar?" Também é uma ordem implícita para não concluir nada e, portanto, não ter sucesso. Vemos operar aqui um pensamento contrário ao pensamento adulto, na medida em que a pessoa procura sistematicamente um problema para cada solução. Qualquer vontade de chegar a uma conclusão é imediatamente frustrada pela previsão de um fracasso certo.

Muitas pessoas esquecem que é preciso falhar muitas vezes antes de ter sucesso. É o princípio do treinamento. Mesmo um Picasso ou um Baudelaire tiveram que falhar mil vezes antes de conseguir produzir algo valioso. Flaubert levou cinco ou seis anos para escrever um romance e podia passar três semanas elaborando uma mesma frase...

O adulto não assumido sente que qualquer sucesso o comprometeria, o faria entrar de fato na condição de adulto e o colocaria diante de suas angústias existenciais. Ele quer ter sucesso, mas o faz no modo do fracasso, o que muitas vezes o leva a recusar a ação no momento crucial. Todo mundo já ouviu a história de algum vestibulando que dá meia-volta diante do portão do local de prova e retorna para casa. Mas isso também vale para o aspirante a escritor que deixará suas páginas mofarem no fundo de uma gaveta, para a pessoa que recusará promoções em seu trabalho, outra que, embora talentosa, desperdiçará seu potencial ao não se propor objetivos e projetos.

Em alguma medida, qualquer um pode experimentar essa "recusa do último passo" nas atividades mais corriqueiras. Nunca aconteceu de você lavar a louça inteira — exceto aquela última panela? Ou então de abandonar projetos como praticar esportes, perder peso, comer de maneira saudável ou aprender uma língua estrangeira?

Por que há sempre aquele detestável momento em que a motivação e o entusiasmo inicial desaparecem sem qualquer motivo aparente? Tudo acontece como se, no final das contas, o ideal para o adulto, seja ele fusional ou heroico, não fosse ter sucesso ou falhar, mas ficar eternamente suspenso entre essas duas possibilidades, em impulsos inacabados, adiados. A pessoa fusional desistirá antes de chegar lá, o heroico se convencerá de que declarar seus projetos é suficiente para realizá-los.

No entanto, apesar de todos esses obstáculos psíquicos, o sucesso às vezes ocorre. Mas revela, então, todo o seu potencial de ansiedade. Muitas personalidades famosas pagaram o preço. Pense em todos os poetas, músicos e escritores atormentados pelo álcool, drogas, depressão, suicídio. Embora tenham atingido a excelência em sua arte ou trabalho, essas pessoas permaneceram imaturas em outras áreas de suas vidas. E por vezes literalmente não sobreviveram ao próprio sucesso.

Dito isso, não é preciso se tornar uma celebridade para ser desestabilizado pelo sucesso. Uma simples promoção profissional pode ser suficiente para provocar ansiedade e até depressão. Isso mostra que o resultado de uma ação ou projeto pode levar a uma profunda insegurança existencial para a qual às vezes não há outra escolha senão recorrer ao apagamento por fusão ou à onipotência infantil.

Por essa razão é muito difícil para o adulto não assumido ficar simplesmente satisfeito com o que faz. É frequente que ele se recuse a fazê-lo, esforçando-se para notar apenas o que é negativo. Pequenos sucessos passam despercebidos. Poderíamos dizer: eles *devem* passar despercebidos. Ações e eventos positivos são considerados precursores de perigos. Não há nada de surpreendente nisso. Acontece que ficar feliz consigo mesmo aviva a consciência de existir e, portanto, as angústias existenciais. Mas a procrastinação não é uma fatalidade. Como veremos, a análise existencial permite aprender a agir e a assumir-se como autêntico protagonista de sua vida.

EM TERAPIA

PARA PASSAR À AÇÃO

"Zona de conforto" e "base de segurança"

Antes de abordar o tratamento existencial da dificuldade de agir, é importante esclarecer algumas noções-chave e questionar certas ideias preconcebidas. Mais precisamente, devemos distinguir claramente as noções de "zona de conforto" e de "base de segurança". É muito importante não as confundir.

A noção de "zona de conforto" representa uma espécie de espaço mental e físico que contém hábitos e rotinas com as quais nos sentimos confortáveis. É constituída pelo que conhecemos, pelo que sabemos fazer e pelo que não nos exige (ou apenas muito pouco) esforço de exploração e aprendizagem. É por isso que se fala também de "zona ideal de desempenho",[2] que é descrita como "o espaço onde nossa incerteza, falta e vulnerabilidade são reduzidas ao mínimo e onde [...] temos a sensação de ter certo controle".[3]

Se decidimos ficar na nossa zona de conforto, não precisamos enfrentar o desconhecido, mantendo assim um baixo nível de ansiedade. Mas também podemos precisar evoluir, nos confrontar com habilidades e universos menos familiares. Se fizermos o esforço de sair da nossa zona de conforto, entramos numa região chamada por alguns especialistas de "zona do medo". É lá que a falta de confiança em si mesmo, a ansiedade e o medo do julgamento dos outros se intensificam. Se continuarmos a progredir, entramos na "zona de aprendizado", onde recuperamos a confiança em nós mesmos graças à aquisição de novas habilidades; finalmente, continuando nossos esforços, alcançamos a "zona de felicidade", onde os projetos se realizam e dão sentido à nossa vida.

Problema: se esse sistema de zonas concêntricas descreve bastante bem nossos estados de espírito quando procuramos aprender algo, ele não oferece uma solução real para a procrastinação. Os defensores do conceito de zona de conforto propõem apenas "mergulhar de cabeça" ou "mover-se"; falam essencialmente de desempenho, sucesso e realização. No entanto, essa retórica na qual o "conforto" se opõe ao "sucesso" sugere que a dificuldade em agir resulta da preguiça, da moleza e da passividade. Além disso, enfatiza a motivação e a vontade sem explicar precisamente de onde vem essa tal vontade. Por fim, a noção de zona de conforto evita algumas questões importantes. Por que alguns têm mais dificuldade do que outros para explorar, aprender, decidir e agir? E por que, afinal, deveríamos sair dessa zona de conforto se nos sentimos bem nela?

O que se passa é que a noção de base de segurança dá um fundamento muito mais claro para a necessidade de se afastar do que é familiar e de se tornar capaz de agir por si próprio. Mais uma vez, não há outra solução para agir além de sair de sua base de segurança — ou pelo menos saber afastar-se dela — e, portanto, transgredir as injunções parentais. O filósofo Georges Canguilhem (1904–1995) disse que ser normal é ser capaz de se afastar da norma sem danos. Parafraseando essa bela ideia, pode-se dizer que ser adulto é ser capaz de se afastar de sua base de segurança sem danos.

O objetivo final, lembremos, é assumir a responsabilidade por nossa própria existência. Este é o desafio da autonomia e da responsabilidade: ou eu assumo minha vulnerabilidade como adulto — e nesse caso tenho chances de ter uma vida satisfatória — ou eu permaneço na segurança ilusória da infância — e, nesse caso, eu sofro. Portanto, não se trata apenas de melhorar suas habilidades ou de ter vontade, mas de se aventurar sozinho no mundo e se aceitar como uma pessoa separada dos outros. Como fazer isso? Onde encontrar a vontade para realizar tal projeto?

O mito da vontade

"Eu tenho muita vontade, mas a perco muito facilmente", ouvi uma vez em sessão.

Belo paradoxo que mostra que, no fundo — e nós sabemos disso muito bem —, temos muito pouca vontade. Frequentemente fazemos resoluções que não conseguimos manter.

Então por que é dito em todo lugar que a vontade é a chave da ação? "Se você realmente quer algo, você terá"; "Se você quiser, você pode" etc. Muitas pessoas, no entanto, sentem que querem e ao mesmo tempo que não podem. O exemplo mais conhecido talvez seja o do excesso de peso e alimentação. "Como pode ser que eu *queira* emagrecer e, apesar dos meus esforços, não consiga atingir meu objetivo?"

Uma suposição: talvez seja preciso reconhecer que a vontade humana em si é extremamente fraca. Como a concebemos ordinariamente, ela seria então... um mito. Porque não basta querer para poder. Certamente, você sempre poderá, "por força de vontade", perder peso fazendo sua enésima dieta, mas você recuperará tudo o que perdeu e no final só lhe restará a culpa por ter fracassado e a decepção de ter se privado em vão. O que é essa vontade que não leva a nada e se evapora tão facilmente? O que aqueles que sabem agir e alcançar seus objetivos têm de diferente?

Todo desejo de realizar uma ação ou projeto precisa de um enquadramento, sem o qual ele não terá efeito. Para entender isso, vamos dar um exemplo muito simples: dirigir um carro. Se você não sabe dirigir, se não sabe como encontrar seu caminho, se não conhece o código de trânsito e se também não está atento ao que acontece à sua frente, você não chegará a lugar nenhum, não importa sua vontade. Mas se você tiver um quadro, será completamente diferente. Entendemos por "quadro" um conjunto de princípios, regras e referências que induzem à responsabilidade e permitem apoiar-se na força do ambiente ou do contexto para agir. Uma dieta, por exemplo, não é um quadro: é simplesmente um conjunto de proibições e obrigações. Daí a sua ineficácia. O código de trânsito, por outro lado, é um quadro adequado: ele oferece as referências e indicações necessárias para que dirigir um carro não dependa da vontade pessoal, mas apenas do esforço e da responsabilidade de cada um.

A esta altura, se você reconhece que a zona de conforto não explica nada e que a vontade é uma pista falsa, certamente estará se perguntando qual é o "quadro" que poderia ajudá-lo a agir. Abordaremos isso mais adiante, pois primeiro vamos esclarecer as causas existenciais da procrastinação.

As fontes existenciais da procrastinação

Muitas vezes se acredita erroneamente que a fonte da procrastinação está na preguiça e na falta de energia. Explicações psicológicas mais elaboradas referem-se, no entanto, a uma dificuldade do indivíduo em controlar suas emoções para reagir de forma racional aos eventos que se apresentam a ele. É por isso que muitas vezes se aconselha ao procrastinador estabelecer seus próprios prazos ou usar suas emoções para alcançar seus objetivos. Uma solução popular é, portanto, associar uma atividade difícil ou uma tarefa chata a uma atividade agradável: por exemplo, fazer abdominais enquanto ouve uma música que goste, escrever um relatório tedioso em um café charmoso etc.

No entanto, essas dicas não são suficientes, pois parecem ignorar as causas profundas da procrastinação. A análise existencial, partindo do pressuposto de que a incapacidade de agir resulta de uma forma de imaturidade, trabalha com a hipótese de pelo menos dois fatores geralmente negligenciados:

1) *O fator espacial.* Os adultos procrastinadores são dominados pela principal injunção familiar — "A família vem antes de tudo" —, da qual derivam as proibições implícitas de afastar-se e de agir por si mesmo (assunto já abordado). Qualquer ação autônoma é, então, uma transgressão que leva necessariamente a um mal-estar difuso, um sentimento de culpa inconsciente. A ação é então bloqueada, impedida e contrariada por numerosos comportamentos preventivos: esquecimento, falta de energia, sono, mal-estar, interesse por atividades que o mantêm em casa. Dessa forma, o espaço do procrastinador se restringe cada vez mais ao longo do tempo. Às vezes, acaba resumindo-se à sua casa, ou mesmo à sua cama (retorno ao berço), com uma dificuldade crescente em sair do espaço doméstico. Nisso, o procrastinador obedece muito precisamente ao interdito de se afastar, portanto, de agir.

2) *O fator temporal.* Pelas mesmas razões, o adulto que procrastina vive num tempo restrito a ponto de ser difícil para ele entender a utilidade de um

ato que não tenha consequências imediatas. Ele se sente simplesmente incapaz de trabalhar em nome do futuro, porque em seu tempo fechado, centrado no presente, "o futuro" não existe. Por isso, agir no último momento é mais fácil e menos frustrante, pois o intervalo entre o ato e seus efeitos visíveis é minimizado.

Também se nota que a procrastinação é, em vários aspectos, muito semelhante à ruminação mental. Em ambos os casos, o indivíduo se encontra, por assim dizer, preso num universo quase fechado. No fundo, esse universo é evidentemente sua base de segurança original. A solução consiste, portanto, em sair dele. A história de Marion nos dará uma visão concreta do trabalho que pode ser realizado em sessão e na vida cotidiana.

O caso Marion: como acabar com o medo de agir

O PERCURSO DE MARION

Marion é uma bela jovem de 27 anos. Ela sofre de fortes angústias, sente-se "perdida em sua vida" e não consegue deixar a procrastinação. Logo de início, declara que sua infância não lhe deixou boas lembranças. Ela descreve um pai "iletrado, machista, verbalmente violento e dominador". Assim que ele chega em casa, tudo se paralisa. O pai impõe o medo, pois, com a ajuda do álcool, pode agir com raiva repentinamente. Marion conta:

Ele nunca me bateu, mas é extremamente ofensivo com as palavras. Por exemplo, ele sempre disse que eu era bonita, mas de uma forma bastante degradante para mim, como se eu fosse apenas um troféu para mostrar aos seus amigos. Em geral, ele olha as mulheres com desdém, e a mim também.

Desde a infância, Marion se refugiou em um relacionamento muito fusional com sua mãe e suas duas irmãs mais velhas, que também temiam o pai e eram submissas a ele. O pai, que ganha bem, age como um patriarca. Distribui dinheiro para manter sua família sob controle e impor sua maneira de ver as coisas.

Às vezes ele nos dá presentes, mas sempre diz que não os merecemos. É uma espécie de tirano. Até hoje, sou obrigada a almoçar todos os domingos na casa dos meus pais. Todo mundo está lá, minhas irmãs e seus maridos. Se formos passar alguns dias no campo, é impensável que alguém vá dar uma volta sozinho. Temos que fazer tudo juntos. Somos uma espécie de coletividade.

Marion estudou direito na universidade por dois anos e depois abandonou seus estudos. Agora ela é garçonete em um pequeno restaurante de bairro onde, como diz, ela "se arruina". O resto do tempo, fica em casa. Liga para a mãe todos os dias porque sente que precisa protegê-la do pai. Sua vida amorosa até agora tem sido uma série de decepções. Diz que só se sente atraída por homens com problemas, "alcoólatras, errantes, quebrados". Por causa disso, seus relacionamentos são turbulentos e nunca duram muito tempo. A cada término, Marion fica "arrasada" e se sente completamente abandonada.

COMO MARION SE TORNOU UMA ADULTA NÃO ASSUMIDA?

Marion nunca deixou de se ver como a criança de seus pais. Como criança parentificada, ela não pôde deixar a base de segurança, e embora esteja muito zangada com seu pai, ela o obedece. Além disso, permanece "colada" à família de diferentes maneiras. Para começar, ela se esforça para arruinar sua vida amorosa — o que é muito comum entre adultos fusionais para quem um relacionamento é implicitamente uma traição à família. Marion, portanto, de forma inconsciente identifica pessoas em dificuldade com quem uma relação duradoura não será possível. Seu verdadeiro relacionamento, na verdade, é aquele que tem com a mãe. Devo dizer que Marion recebeu, desde muito jovem, a missão implícita de "encarregar-se" de sua mãe vulnerável. Isso é o que realmente importa para ela, e a intrusão de um homem em sua vida, independentemente de suas qualidades, ainda parece inaceitável.

Em outro sinal de obediência à família, Marion arruinou seus estudos, que começaram bem. Ela certamente não se tornou uma dona de casa, como suas irmãs (que assim obedeceram à representação patriarcal imposta pelo pai), mas se contenta com um emprego que não lhe oferece o futuro que ela sonhava. Ela admite que está apenas sobrevivendo. Passa todo o tempo livre em casa, na cama, dormindo, sonhando acordada ou assistindo séries — quando não está ocupada com mais um namorado alcoólatra ou imaturo. "Eu estou passando pela minha vida", diz ela, "mas não estou pousando em lugar nenhum. Me sinto presa." No fundo, ela nunca realmente deixou o ninho familiar, do qual seu pequeno apartamento é apenas uma reconstituição. Como uma menininha, ela só se sente segura em casa, porque lá fora o olhar das pessoas a incomoda. Parece que nunca está no lugar certo, exceto no trabalho, onde entra em "modo automático". Ela adoraria estudar artes, mas sempre adia esse projeto vago. Ainda mais que, apesar de sua vivacidade de espírito, se sente prejudicada por não dominar a ortografia. Novamente, se mantém em um estado infantil.

LIBERTANDO SUA CAPACIDADE DE AGIR: ALGUNS EXEMPLOS CONCRETOS

Para abandonar a procrastinação, Marion pode facilmente acionar vários fatores identificados durante a análise, sabendo que cada um deles constituirá uma transgressão da ordem familiar que a proíbe de se afastar ou "desgrudar".

Uma primeira mudança será recusar-se a participar, daqui em diante, das atividades familiares que não desejar, assumindo sua liberdade e seu "separatismo" sem inventar desculpas. Em seguida, ela também pode questionar seu relacionamento fusional com a mãe, parando de ligar para ela todos os dias e deixando de cultivar com ela uma transparência total. Lembre-se de que sair da base de segurança requer estabelecer limites claros e encontrar a "distância certa" com seus entes queridos, especialmente os pais.

Marion também pode trabalhar em outros níveis. O fato de não dominar a ortografia, por exemplo, parece materializar seu medo de crescer tanto quanto sua incapacidade de desobedecer ao pai. Na medida em que Marion descreve o pai como "iletrado", é importante para ela (inconscientemente) parecer-se com ele e não o ofuscar. Portanto, agora é de seu interesse "traí-lo", superando as dificuldades na escrita. Existem métodos simples e bem adaptados para adultos,[4] que permitem progressos rápidos.

Com essas poucas alavancas aparentemente inofensivas, Marion já pode criar em seu universo fechado algumas aberturas para o exterior. Mas ela pode abri-lo mais ainda, trabalhando sua atitude em relação aos outros. Para o adulto não assumido, pessoas fora da família geralmente são apenas "silhuetas", "estranhos" em que é perigoso investir afetivamente porque ameaçam a fusão familiar. Portanto, é preciso afastá-los. Ocorre que os amigos de Marion frequentemente criticam sua feição um pouco fechada. "Passei um dia com uma amiga da minha irmã que não me conhecia", conta Marion, "e ela me disse que eu era mais simpática do que parecia. As pessoas que não me conhecem frequentemente me acham carrancuda."

É importante entender que essa aparência fechada está longe de ser um detalhe trivial. Pelo contrário, mostra como Marion, que continua colada à sua família, se esforça para manter os outros a distância. Sabendo disso, ela pode trabalhar deliberadamente para investir nos outros em detrimento do investimento afetivo dedicado à sua família de origem. Isso exigirá dela, no entanto, uma atenção constante ao que seu rosto expressa e a confrontará com a culpa de "trair" os seus, especialmente seus pais. A longo prazo, porém, um horizonte muito mais amplo se abrirá para ela; tempo e espaço não mais serão limitados. Ela poderá conquistar sua condição de adulta ao comprometer-se com uma perspectiva de vida aberta e não mais circular. A ação se tornará possível pois a proibição de afastamento terá sido transgredida conscientemente.

Da importância de corrigir seu pensamento

Vê-se que o objetivo de toda ação é assumir-se e viver como autor da própria vida — autor sendo etimologicamente aquele que tem autoridade e que autoriza a si mesmo. A dificuldade, como já destaquei várias vezes, é que o pensamento do adulto não assumido é um pensamento que funciona ao contrário. Tal adulto opõe problemas às soluções que se oferecem a ele; tende a ver apenas o lado negativo das coisas e a considerar antecipadamente que falhará, não importa o que faça; ele desenvolve o que se chama de "pensamento mágico", ou seja, a crença de que o simples pensamento (ou a intenção) pode realizar coisas no mundo físico; ele vive em um espaço restrito em vez de se abrir para o exterior; privilegia uma existência de dia a dia em vez de assumir seu passado e seu futuro juntos; se submete ao desejo dos outros em vez do seu próprio; reage mais de acordo com suas emoções do que com sua razão; pensa que deve saber antes de aprender... Ele frequentemente formula esta equação: "Quando eu estiver melhor, finalmente poderei viver minha vida". Equação errônea, pois é precisamente o contrário que permite superar seus medos: é vivendo a vida *agora* que criamos maiores chances de melhorar.

Esse é o verdadeiro sentido do *carpe diem*, famosa expressão latina que convida a viver o momento presente — não, como se acredita às vezes, deixando-se levar pelo devaneio, mas prestando atenção às suas ações, às etapas sucessivas e à ordem em que devem ser realizadas. De fato, toda ação construtiva precisa de um manual de instruções, que não é nada mais do que um quadro de ação (aquele famoso quadro que foi mencionado). Ele é uma coluna vertebral, uma estrutura que corrige em boa medida a fraqueza da vontade. No entanto, o adulto imaturo odeia ler manuais de instrução e geralmente rejeita todos os processos passo a passo, que para ele são apenas restrições. O que inevitavelmente o leva a montar seus móveis ao contrário, se atrapalhar com receitas, arrancar os cabelos em frente ao computador — e a parar de acreditar em sua ação.

Daí o interesse, como se pode entender, em criar seus próprios manuais de instrução nas áreas importantes da vida (alimentação, sono, trabalho, projetos...), segui-los e respeitar o máximo possível uma ordem simples de etapas. Pois se você tiver uma representação clara das etapas e princípios que orientam suas ações, então você estará bem no *carpe diem*, isto é, sendo o verdadeiro autor de sua vida.

Desde que você vença o quarto dos grandes medos que nos impedem de viver: o medo da separação.

IV
O MEDO DA SEPARAÇÃO

POR QUE TEMOS TANTA DIFICULDADE EM NOS RELACIONAR?

TODA RELAÇÃO É AO mesmo tempo fonte de alegrias e medos: alegria da troca, amor, amizade, consideração, alegria de ser objeto de orgulho ou admiração; mas também medo de ser abandonado, traído, manipulado, desprezado, incompreendido, rejeitado, ridicularizado, rebaixado, esquecido... Assim, estamos sempre cheios de dúvidas e perguntas: até que ponto posso confiar no outro? Até que ponto ele é sincero comigo? Como posso amar uma pessoa e, ao mesmo tempo, não a amar, invejá-la, sentir ciúmes ou guardar ressentimentos dela?

Pressentimos que as relações com os outros são a própria condição de nossa identidade e de nossa sobrevivência psíquica. Mas também percebemos que nenhuma relação é definitivamente garantida. "Um só ser vos falta e tudo está deserto", escreve Lamartine, refletindo a ideia comum de que perder um ente querido pode nos aniquilar. A tristeza da perda, no entanto, geralmente acaba sendo superada, desde que aceitemos uma coisa: a persistência de nós mesmos *apesar da perda do outro.*

Na verdade, um trabalho de luto simbólico começa no nascimento e continua ao longo da vida: desde seus primeiros momentos, o bebê aprende a lidar com a ausência temporária dos pais — e, portanto, a fazer o luto de sua presença permanente e fusional. Aprende a pensar o outro como externo a ele, separado dele, e é assim que consegue se construir como um indivíduo capaz de existir de maneira relativamente independente e autônoma... ou não. Pois alguns adultos ainda têm dificuldade em admitir um limite claro entre eles e os outros, o que os leva a ter grandes dificuldades na condução de suas vidas.

7

A RELAÇÃO CONSIGO MESMO

Você me pergunta qual progresso eu fiz.
Eu comecei a ser meu próprio amigo.

HÉCATO DE RHODES[1]

O MEDO DA SOLIDÃO

VOCÊ JÁ OUVIU FALAR de "hospitalismo"? Eis um fenômeno que nos ajuda a entender a importância da conexão social para o ser humano. O psiquiatra René Spitz (1887–1974) foi capaz de observar carências afetivas sofridas por crianças muito novas (entre zero e dois anos) colocadas em orfanatos. Ele identificou quatro estágios que levam à depressão e morte em crianças privadas de laços afetivos:

1) A criança isolada protesta, grita, chora e busca a presença de alguém.

2) Ela apenas geme, perde peso e seu desenvolvimento físico não avança.

3) Ela se fecha para o mundo, não tolera mais o contato com os outros e afunda em uma depressão profunda.

4) Ela definha e morre com uma expressão de horror no rosto.

Sem passar por todos esses estágios, alguns adultos experimentaram um certo número de carências afetivas durante a infância, desenvolvendo assim um estilo de apego inseguro e conservando algo da criança assustada com a ideia de ficar sozinha. Para eles, a solidão está intimamente associada à ideia de morte psíquica e física, embora isso permaneça inconsciente. É verdade que os seres humanos não podem viver sem relações sociais. Sabe-se que pessoas completamente isoladas por vários meses acabam sofrendo alucinações e pensamentos mais ou menos delirantes. Mas em condições normais, o adulto é capaz de suportar momentos de solidão. Por que alguns não conseguem?

Solidão e "isolamento ontológico"

Primeiro, vamos distinguir solidão de isolamento ontológico.

Solidão é estar sozinho, sem ninguém com quem estabelecer trocas. O isolamento ontológico é algo completamente diferente: é a solidão que se pode sentir mesmo quando se está bem acompanhado; é estar "sozinho na própria cabeça", perceber que a sua consciência não pode se fundir com outra. É possível comunicar-se, mas sentimos que há um abismo intransponível entre a nossa consciência e a dos outros.

Você pode sentir isso, por exemplo, quando vai dormir e teme o momento em que o sono vai cortá-lo dos outros. A psicologia existencial resume essa ideia de forma muito simples: você chega sozinho neste mundo e vai embora sozinho.

O isolamento ontológico é muito mais assustador do que a simples solidão porque faz parte da nossa condição humana e não podemos fazer absolutamente nada a respeito. É uma limitação que não podemos abolir e é tão intolerável quanto outras grandes limitações, como a morte (limitação no tempo) ou a falta de sentido no mundo (limitação do que podemos saber).

Muitas vezes pensamos que podemos escapar desse isolamento mantendo o vínculo com os outros de todas as maneiras possíveis. "Se estou sozinha, perco o controle", diz Fanny. "Assim que alguém sai da sala e a porta se fecha, sinto uma estranha sensação de abandono. Também sinto felicidade quando ouço alguém voltando. Quando estou em casa com um amigo, tenho tendência a segui-lo por todos os cômodos…"

O psiquiatra existencial Irvin Yalom escreve:

> O "conflito [psíquico] universal" do ser humano reside no fato de que ele se esforça para ser um indivíduo e que, para isso, é necessário tolerar um isolamento aterrorizante. A negação é o modo mais comum de lidar com esse conflito: o indivíduo elabora uma ilusão de fusão e, na verdade, proclama: "Não estou sozinho. Sou parte dos outros". Ele atenua assim os limites de si mesmo e se torna parte de outra pessoa ou de um grupo que o transcende.[2]

Fanny ainda está, de certa forma, no estágio da criança pequena incapaz de lidar com a ausência dos pais e tentando acreditar que é "parte dos outros". Portanto, aos 28 anos, ela ainda não deixou sua base de segurança original. Parece-lhe anormal estar sozinha e ela se considera incapaz de ficar nessa situação: "Quando não há ninguém", diz ela, "não sou mais nada, não sei mais quem sou, não sei mais o que fazer. Fico muito angustiada". Nos momentos de solidão, Fanny toca seu isolamento ontológico: ela acredita que não tem mais valor, identidade, impulso de vida ou projeto; tem a sensação de estar desaparecendo, enquanto o mundo em si parece ameaçado de aniquilação. Assim como na criança pequena, é o outro que garante sua existência.

Como vimos nas páginas anteriores, esse é um medo de crescer que impede a internalização de uma razão de viver pessoal e individual, ou melhor, o desenvolvimento da capacidade de existir por si próprio e para si próprio.

Deve-se dizer que Fanny cresceu com pais particularmente fusionais, em um ambiente no qual as proibições implícitas de crescer e se afastar eram muito fortes. Tanto é que a jovem, que recentemente se mudou para o próprio apartamento, já está considerando voltar para a casa de seus pais: "Meu apartamento não é minha casa, porque na minha cabeça minha casa ainda é a dos meus pais".

Em seu modo fusional, Fanny encontra todas as maneiras possíveis de não ficar sozinha em casa: convida muitos amigos, sai sempre à noite, passa muito tempo no telefone, a ponto de sempre dormir durante as conversas. Não é surpreendente que ela durma muito tarde, deixe uma luz acesa e música de fundo a noite toda. Mas, em outros momentos, a necessidade de se isolar prevalece e ela coloca os outros à distância e se fecha. Isso pode parecer contraditório, mas na verdade é muito lógico, pois em algumas ocasiões, os outros (amigos, conhecidos) podem ser percebidos como "separadores", terceiros que tendem a afastar Fanny de sua base de segurança original (os pais).

A ilusão de independência

No modo heroico, o adulto tem tanto medo da separação e do abandono que pode convencer a si mesmo de que não "precisa de ninguém". "Prefiro morrer a admitir minha dependência ou minha necessidade dos outros!", ele poderia declarar. Assim, se refugia facilmente em sua torre de marfim, proclamando com insistência suspeita seu amor pela solidão, seu desprezo pela proximidade, seu nojo pela promiscuidade. No entanto, ao mesmo tempo, se aplica em manter uma vida social rica, desde que esta permaneça centrada nele mesmo. E então se perde interpretando o papel do independente que ele absolutamente não é e sofre em silêncio com o medo da separação e do abandono.

Fusional ou heroico, o problema fundamental permanece o mesmo, embora os comportamentos possam diferir: trata-se da *incapacidade de confiar no vínculo com os outros*. Essa incapacidade leva a fazer de tudo para seduzir o outro, para ser amado, mesmo que isso signifique manter relações superficiais, desempenhar um papel e colocar-se a serviço das expectativas dos outros em vez das próprias.

Assim, o medo da solidão leva o adulto não assumido a se desconectar de si mesmo. Sartre ironicamente escreve que "se você se sente sozinho quando está sozinho, está em má companhia". O adulto não assumido sequer concebe a possibilidade de estar "bem consigo mesmo". A solidão coloca a questão da relação consigo mesmo: quem sou eu para mim mesmo?

O MEDO DE SEUS SENTIMENTOS E EMOÇÕES

A desordem emocional

É difícil saber quem manda em nós! As emoções nos dominam, insistem, voltam a nos invadir e nos perturbar incessantemente por razões que temos dificuldade em determinar. Algumas, mais reincidentes do que outras, se estabelecem, como a raiva, o ressentimento, a vergonha, a tristeza. Muitas vezes, elas já estavam presentes na infância e ainda se sobrepõem ao presente (efeito decalque). No fundo, todos vivemos em uma espécie de desordem emocional contínua. É também aí que reside uma boa parte dessa infância que persiste em nós.

As emoções são, de fato, inatas, presentes desde o nascimento e não variam com o tempo ou com o crescimento, nem com os eventos que vivemos. Você ri hoje da mesma maneira que quando tinha apenas alguns meses; você é triste ou feliz como a criança que foi. O que evolui em nós é o pensamento consciente, a maneira de raciocinar e tratar as informações. Nesse sentido, talvez se entenda melhor o conflito criança/adulto que é discutido aqui e que busca equilibrar o que é inato e não evolui (a emoção) e o que é consciente e evolui (o pensamento).

A emoção, se for preciso defini-la, é acima de tudo uma reação do corpo — e mais, uma reação geneticamente programada. Muitos filósofos destacaram que nem sempre temos certeza de distinguir bem as emoções que sentimos. Às vezes, somos reduzidos a interpretá-las de acordo com o que está acontecendo ao nosso redor. É verdade que as diferentes emoções se manifestam de modos muito semelhantes. Por exemplo, se eu descrever um personagem fictício que começa a tremer, ficar vermelho, respirar forte, gritar, chorar... você não poderá deduzir qual a emoção que o domina: ele poderia muito bem estar explodindo de alegria, raiva ou tristeza.

Soma-se a essas dificuldades o fato de que os psicólogos não concordam totalmente com a definição ou classificação das emoções. Tradicionalmente, desde Aristóteles, considera-se que existem seis emoções "básicas": alegria, tristeza, raiva, medo, surpresa e nojo. Mas pesquisadores atuais afirmam que existem dezenas de outras, como admiração, diversão, tédio, nostalgia, alívio... De acordo com alguns autores,[3] o número de emoções pode chegar a 27, talvez ainda mais... Como se surpreender com a sensação de muitas vezes não sabermos nos decifrar e de sermos como que "cortados" de uma parte importante de nós mesmos?

Meus sentimentos me pertencem?

Durante uma sessão, Fiona revelou-me que tem medo de não amar realmente o marido: "Eu o amo", ela diz, "mas às vezes me pergunto se não estou enganando a mim mesma". Como ela não consegue confiar em si mesma, teme que a terapia a faça descobrir sentimentos ou emoções que estaria escondendo de si mesma. Assim como muitos outros, ela tem a sensação de que seus sentimentos são impostos a ela e que sequer lhe pertencem. Ela se sente como um joguete das emoções e sentimentos que a atravessam, e o mesmo acontece com seus pensamentos, que supõe não passarem de reflexos de pensamentos dos outros: "Eu faço e digo o que os outros fazem e dizem". Como uma simples espectadora de sua vida, ela se sente ameaçada pelo que a vida e os outros podem reservar-lhe a qualquer momento. Isso inclui o tempo — ela descreve o que poderíamos chamar de "hipersensibilidade climática": "Se está nublado, estou triste; o dia está bonito, estou feliz. Meu humor é ditado pelo exterior, pelas cores, pelas luzes, pelas pessoas". Como as crianças, ela se mostra hipersensível ao contexto e não consegue opor a ele uma "meteorologia interior".

Pierre, por sua vez, descreve a si mesmo como um "deficiente dos sentimentos". "Na minha família", ele diz, "não devemos expressar nossas emoções. Ou apenas de forma disfarçada. Usamos muito o humor e a ironia. Então, sempre que falo dos meus sentimentos com alguém, tenho sensações desagradáveis na barriga, na garganta... Me sinto culpado." Na família de Pierre, é preciso ser forte em todas as circunstâncias. As emoções são consideradas sujas, inadequadas; fala-se apenas do que é concreto. Pierre tem muita dificuldade em reconhecer e nomear seus sentimentos. Sofre do que é chamado em psicologia de "alexitimia". "Eu tenho que engolir meus sentimentos e sempre parecer bem. Mas sei que tudo o que é retido dentro de mim é a origem dos meus problemas e das minhas angústias..." Pierre também sofre de uma fadiga permanente e socialmente aceitável. Uma fadiga que se tornou para ele a máscara de todos os sentimentos e que acabou por isolá-lo, confortando-o em um recolhimento de si mesmo. Quando nos desconectamos de nós mesmos, também nos desconectamos dos outros.

Por outro lado, Amélie, outra paciente, mostra-se ávida pelo contato com os outros. "Estou presa à minha empatia", diz ela. "É sempre o que os outros sentem que conta, e não o que sinto. Estou sempre alerta." Ainda prisioneira da fusão familiar, Amélie não consegue se apropriar de seus próprios sentimentos. O que ela chama de empatia não é realmente empatia. Seria melhor falar em sensibilidade: embora esteja constantemente preocupada com os outros, é na realidade incapaz de reconhecer e entender o que eles sentem. Assim, é conduzida a fazer hipóteses e a imaginar cenários geralmente negativos em relação a eles. Estão felizes, satisfeitos, alegres ou tristes? Não correm o risco de sofrer um acidente ou ficar doentes? Ela vive em um mundo mais imaginário do que real, o que a leva a duvidar constantemente de sua capacidade de ser amada.

O MEDO DE AMAR E DE SE APEGAR

Incapacidade de dizer "Eu te amo"

Dizer "Eu te amo" é algo precioso e solene! Charles, casado e pai de dois filhos, nunca disse "Eu te amo" para ninguém. No máximo, contenta-se em responder aos "Eu te amo" com um simples "Eu também". É preciso dizer que Charles cresceu com uma mãe "glacial" e um pai que morreu cedo demais (ele tinha seis anos). Dizer "Eu te amo" ainda parece uma aberração para ele. Talvez ele nem entenda realmente o que isso significa. "Sim", ele responde, "eu tenho esse tipo de emoção, mas apenas quando estou sozinho e ouvindo certas músicas. Então tenho vontade de chorar e me desespero por não ser capaz de expressar meu amor aos meus familiares."

Quase todos nós temos uma música ou um filme que sempre nos faz chorar. Aliás, isso é um elemento muito útil para o trabalho terapêutico em sessão. Charles, por exemplo,

300   *Eudes Séméria*

chora todas as vezes que vê *Itinerário de um aventureiro,* de Claude Lelouch, filme iniciático no qual um jovem (Richard Anconina) é levado à idade adulta por um homem de negócios experiente (Jean-Paul Belmondo). Charles teria sonhado em ter um pai assim... Outra paciente não consegue conter suas lágrimas assim que ouve "Viens, viens", música de Marie Laforêt que sua mãe, com quem ela conviveu apenas até os sete anos, gostava tanto. Outro cita o filme *A voz do coração* porque as crianças são respeitadas lá (ao contrário dele na infância) etc. Em todos os casos, são emoções reprimidas há muito tempo que emergem. E mesmo que elas eventualmente sejam tingidas de nostalgia ou melancolia, às vezes de tristeza e arrependimento, sentimos um imenso alívio. Elas produzem um efeito benéfico ao mesmo tempo que uma libertação. Daí o interesse, para aqueles que desejam se explorar, de se confrontar com elas de vez em quando, a fim de experimentar esse tipo de abertura e contato com o que há de mais profundo em si mesmos.

Mas voltemos à incapacidade de dizer "Eu te amo". Muitas pessoas relacionam essa incapacidade à sua desconfiança, ao medo de se abrir: "Sempre estou na defensiva", confessa uma paciente. "Tenho medo de errar e parecer ridícula", diz outra. "Talvez eu não seja capaz de amar e ser amada?", pergunta uma terceira.

Embora esses argumentos possam ser entendidos em certas formas de relacionamento, eles são difíceis de se compreender dentro da família. Como compreender que tantas pessoas se sintam tão desconfortáveis ao dizer explicitamente "Eu te amo" ao cônjuge ou aos filhos?

A maioria responderá que o amor que sentem é evidente e não precisa ser verbalizado, como talvez tenha sido o caso com seus próprios pais. Mas essa proibição familiar de mostrar seus sentimentos não explica tudo. Existem também pessoas oriundas de famílias amorosas e que ainda são incapazes de dizer "Eu te amo" a pessoas estranhas à família de origem. Podemos considerar três razões diferentes para isso.

A lealdade familiar: se o adulto não assumido ainda está sujeito à lealdade familiar, ele comete uma traição ao investir em outro lugar seu afeto.

O posicionamento infantil: devido ao medo de crescer e se afirmar, o indivíduo não se sente à altura dos adultos que encontra, de modo que um "Eu te amo" sempre lhe parece um pouco deslocado. E isso é ainda mais verdadeiro quando ele não ama a si mesmo.

Incapacidade de compreender a alteridade: dominado pela sua parte infantil, o adulto não assumido falha em acessar plenamente a singularidade radical do outro. Ora, não é possível apaixonar-se por outra pessoa a menos que ela seja reconhecida em sua alteridade, o que implica no reconhecimento de nossa própria singularidade — e, portanto, na superação da fusão familiar, possibilitando que se viva como uma pessoa independente. Assim, alguns não entendem o que significa amar em geral, como na expressão "Amai-vos uns aos outros". Para eles, o amor é necessariamente físico, visível, mostrado pelo corpo e pelos gestos. Até o dia em que a aceitação de crescer produz seu efeito e eles finalmente alcançam uma "dimensão suplementar", um novo sentido, como se o seu coração se abrisse. Descobrem então que não sabiam amar, mas apenas se apegar.

O medo de nunca encontrar a "pessoa certa"

Muitos imaginam que a "pessoa certa", aquela que é "feita para [eles]", existe em algum lugar do mundo. Os adultos não assumidos tendem a se absorver em devaneios construídos sobre o modelo de filmes românticos em que o destino precipita os amantes nos braços um do outro. O ideal para um adulto assim seria ser descoberto, de certa forma "eleito", por outro. Nos seus momentos heroicos, ele pode ir até o ponto de fantasiar que uma organização, um Estado, serviços secretos ou ainda um grande meio de comunicação apareçam um dia em sua casa para revelar ao mundo seus dons intelectuais, artísticos, esportivos ou outros. Atrás desse tipo de fantasia, captamos a expectativa de eleição da criança pequena diante dos pais e, mais tarde, diante do amor da sua vida.

No entanto, a "pessoa certa" não existe, assim como não existe "direito à felicidade", como sugerido pela publicidade e marketing; não há nenhuma pessoa que, como um produto, esteja pronta para uso e perfeitamente adaptada ao que eu gostaria de fazer dela. Mais uma vez, estamos lidando com um pensamento que funciona ao contrário. O adulto não assumido parece dizer: "Dê-me a pessoa certa e mostrarei que sou capaz de amar". Como em outros momentos, ele poderia dizer: "Dê-me dinheiro e mostrarei que posso ter sucesso". Ou, ainda: "Torne-me famoso e mostrarei meus talentos".

Ora, pensar corretamente significaria inverter a causalidade, ou seja, se esforçar para ser capaz de amar — e, antes de tudo, amar a si mesmo — e assumir-se como adulto diante dos outros adultos. Isso também significaria considerar que não se trata de encontrar a pessoa certa, mas sim inventar e construir a "relação certa". Pois, para um casal, são os momentos vividos juntos que fazem com que um e outro moldem sua adequação — que não existe *a priori*.

A *sabotagem da sua vida sentimental*

Aqui é onde a coisa fica complicada. Nada é mais assustador para o adulto não assumido do que um relacionamento que seja construído pacientemente e que exija um compromisso autêntico. Em especial porque a atração amorosa produz invariavelmente (em todo mundo) uma espécie de regressão ao estado infantil: as palavras se misturam, o coração bate forte, as mãos tremem, as ideias ficam confusas... Diante da pessoa desejada, sentimo-nos "muito pequenos" e, de fato, reativa-se transitoriamente uma posição de criança. O desafio parece esmagador. Alguns recuperam rapidamente seus meios, outros, não. Estes últimos preferem recuar. "Quando conheço um homem", explica Évelyne, 48 anos, "a primeira coisa que faço é imaginar que essa história vai terminar de maneira lamentável..."

Évelyne é uma mulher bonita, cheia de vida e animada. Ela se lamenta por envolver-se apenas em histórias sentimentais curtas e decepcionantes. Mas o fato é que, no início de cada relacionamento, ela se esforça para sabotar o encontro. Como uma adolescente, ela ri e fala alto, transforma tudo em uma piada, começando por si mesma. Sempre acaba dando aos outros a imagem de uma "boa amiga". Ela não consegue levar a situação a sério: "No primeiro jantar com um homem", ela diz, "sinto como se estivesse brincando de casinha. Vejo a mim mesma agindo como se não fosse real ou natural. É como se eu estivesse brincando de ser adulta, e sempre me sinto um pouco ridícula". Como resultado, todas as histórias de Évelyne começam ao contrário, com um esforço de fuga e de separação e, no final, com o cancelamento do encontro.

Alguns meses após o início do nosso trabalho, Évelyne chegou à sessão com um grande sorriso: "Conheci um homem de verdade!". Os homens que ela havia conhecido antes sempre tinham "algo tímido, algo de feminino". Resumindo: uma parte da infância. Pela primeira vez, portanto, Évelyne não recuou diante de um adulto verdadeiramente assumido. Ela começa a chorar ao dizer isto: "Ele me disse que me achou feminina e é a primeira vez que recebo um elogio desse tipo. Antes, os homens sentiam que eu não queria assumir essa feminilidade, porque viam que eu estava desconfortável. Desta vez, aceitei e isso mudou tudo".

O que Évelyne encontrou e aceitou, na verdade, não foi tanto um "homem de verdade", mas sim a "mulher verdadeira" que está dentro dela, ou seja, o adulto. Essa é, no fundo, a busca implícita de muitos adultos não assumidos.

Assim como Michel, de quarenta anos. Seu status de adulto o aterroriza e ele declara: "Quando entro em um relacionamento, digo a mim mesmo que não sairei vivo.

Sensação estranha". Ele também mostra uma tendência inconsciente de sabotar seus relacionamentos. "Só me interesso por mulheres machucadas, em sofrimento, que me dão pena, que precisam ser amparadas, ajudadas. Estou consciente de que é o que sempre tentei fazer com minha mãe: recuperá-la."

O que a análise existencial pode dizer sobre isso? Que se o encontro amoroso produz uma regressão e nos torna "pequenos", então Michel contorna esse problema simplesmente procurando alguém menor que ele. Ele forma, então, um "casal de crianças", um casal sem futuro, destinado ao fracasso. "É verdade que diante dessas mulheres irremediáveis, eu me sinto valorizado, menos ferido, mais útil. É esse contraste que me faz bem. Eu tenho menos medo. Mas, ao mesmo tempo, não consigo alcançar nada."

Há muitos outros comportamentos de autossabotagem. Um dos mais comuns é procurar uma pessoa que agrade aos pais e à família. Caso os pais sejam fusionais, é provável que eles nunca fiquem satisfeitos e geralmente rejeitem o intruso (destruidor de fusão) por princípio. Muitas pessoas lamentam não conseguir "levar para casa" o genro ou a nora perfeitos, capazes de corresponder aos critérios dos pais. Fabienne diz:

> Meus pais são amorosos, mas esperam que eu encontre um homem jovem, bonito, sem filhos, com uma profissão prestigiosa. Eu sempre saí com homens de origem estrangeira ou que já foram casados, ou artistas falidos. Isso contrariava meus pais. Eles me

diziam: "O que há de errado com você?". Como meu namorado não agradava a eles, eu terminava a relação porque não queria fazê-los sofrer. Então me acostumei a viver minhas histórias sem falar com eles. O problema é que hoje ainda sou incapaz de impor alguém aos meus pais...

Ao contrário de Fabienne, alguns obedecem a seus pais e assim consentem em formar um casal estável, "autorizado" e obediente. Mas onde está o amor nisso? Outra maneira de se autossabotar é se esconder, nunca se abrir para o outro, a ponto de mentir e ter que compartimentar sua vida. Assim, uma paciente acreditava que poderia viver uma história de amor com um homem muito apaixonado por ela sem nunca lhe contar nem a sua idade nem o seu endereço, nem falar sobre a sua família ou o seu passado. Ela até se surpreendia, muito sinceramente, que isso fosse necessário. Resultado: assim que as coisas ficaram sérias, ela terminou o relacionamento e passou a buscar outra pessoa. O que não a impede de reclamar de uma espécie de fatalidade que a impede de "encontrar a felicidade".

A relutância em estar "em um relacionamento"

Não é tão difícil estar em um relacionamento. Muitos adultos são escolhidos ou "deixam acontecer", felizes demais por terem alguém que escolhe e age por dois. Eles acabam em um relacionamento sem realmente procurá-lo e, olhando para trás (depois de alguns anos), muitas vezes têm dificuldade em dizer o que viram em seu parceiro. "Foi assim que aconteceu. Eu o amo? Não sei." Não é tanto uma questão de sentimentos quanto de eventos que se impuseram a eles. "Não escolhi esse homem", diz uma mulher casada há quinze anos. "Acho que estou apaixonada pelo relacionamento, mas não por ele. E percebo que me sinto tão sozinha, senão mais, do que antes de conhecê-lo..."

Outras pessoas permanecem solteiras para sempre, passando de uma história breve para outra, com períodos de celibato mais ou menos assumidos. As ordens parentais mostram aqui toda a sua força. "Minha mãe me disse toda a minha vida", explica uma jovem, "que ninguém poderia me aguentar. Ela repetia: 'Nenhum homem vai querer você! Você já se olhou? Eu tenho pena do seu futuro marido e filhos!'"

Muitos adultos casados ou em um relacionamento continuam inconscientemente a formar um casal com a mãe, o pai ou ambos. O centro de gravidade de sua vida ainda está na família de origem, de modo que sua lealdade só pode se referir ao cônjuge e aos filhos se eles próprios forem "anexados", incorporados à família de origem. Na verdade, trata-se de satisfazer o desejo inconsciente dos pais, que esperam que o investimento afetivo de seus filhos não saia de sua família. Muitos são os cônjuges "adotados" pela família do cônjuge, obrigados a lutar constantemente para impedir que os sogros intervenham em suas vidas e escolhas, inclusive em relação à educação de seus filhos.

Uma paciente me contou sobre o choque que teve ao ver no telefone do marido que o nome "Casa" estava associado ao número dos pais dele. Ela percebeu com amargura que o marido, que ela tendia a considerar "mais um filho", não estava realmente comprometido com o casal. Ele havia tido filhos, mas como ainda se via como "filho de seus pais", não conseguia se assumir plenamente como adulto e pai.

Para evitar a solidão, os adultos fusionais estão dispostos a qualquer compromisso, o que, aliás, os torna presas de manipuladores e outros narcisistas perversos. Mas mesmo relacionamentos de casais isentos de hostilidades acabam por revelar-se decepcionantes e engessados, mas impossíveis de serem desfeitos.

Os adultos heroicos, por outro lado, se manterão longe de compromissos e tenderão a multiplicar aventuras e até histórias paralelas, se preocupando muito pouco, no modo infantil de negação, com considerações morais.

Em todos os casos, o adulto não assumido idealmente visará uma posição hesitante e contraditória: não está sozinho, mas também não está em um relacionamento. Isso deixará todas as possibilidades abertas, mas não trará nenhuma satisfação duradoura. Como resolver esse dilema? Como estar bem consigo mesmo e com o outro?

Essa é uma questão de grande importância, colocada desde a Antiguidade!

Talvez tenham dito que você deveria se esforçar para cuidar de si mesmo, ouvindo mais suas emoções, respeitando melhor seu corpo e saúde, praticando ioga e meditação e comunicação não violenta? Esses primeiros passos não são inúteis, porque permitem que você se reconcilie consigo mesmo. Mas é possível ir muito além disso, até a raiz de seu medo.

EM TERAPIA

PARA APRENDER A ESTAR SOZINHO CONSIGO

Lealdade absoluta e lealdade relativa

O medo de ficar sozinho é tanto uma questão de apego quanto de amor. Qual a diferença? Tecnicamente, não há sentimento algum no apego. O apego, lembremos, é um reflexo inato e visa apenas uma coisa: a segurança. É uma necessidade *primária*, pois não decorre de outra necessidade, como a de se alimentar. Experimentos realizados com animais bebês mostraram que quando eles são forçados a escolher entre comida e a possibilidade de se aninhar em pele, eles escolhem a pele.

No entanto, frequentemente confundimos apego e amor. Podemos, assim, acreditar que amamos alguém quando, na realidade, amamos apenas a capacidade dessa pessoa de nos tranquilizar; de fato, esperamos que essa pessoa rompa nossa solidão, o confronto consigo mesmo, que nos faça desaparecer como indivíduo independente. Mas, uma vez que nos recusamos a ver o que nos separa do outro, não conseguimos aceitar sua alteridade radical, aquilo que faz com que ele seja diferente de nós, e, portanto, não podemos amar verdadeiramente. Quantas vezes já ouvi "Eu nem sei o que é estar apaixonado"!

Seria necessário aprendermos a nos desapegar? Certamente não! Todos nós temos uma necessidade vital de apego e seria um grande erro acreditar (no modo ilusório do heroico) que podemos nos desapegar completamente dos outros. Sem dúvida, com isso perderíamos nossa humanidade. No entanto, ainda podemos buscar um desapego relativo.

Para o bebê ou a criança pequena, incapaz de garantir sua sobrevivência sozinha, a lealdade dentro da família é vista como absoluta. A família, de fato, vem antes de tudo e a obediência aos pais não é negociável, o que garante a segurança e a coesão do todo. Mas essa lealdade absoluta não é destinada a durar para sempre. Idealmente, ela deveria, de forma gradual, afrouxar sua pressão para se tornar *relativa*, não apenas do ponto de vista das crianças, mas também dos pais. Isso significa que nossa lealdade incondicional deve se tornar condicional para chegar a algo como: a família vem antes de tudo *em certas circunstâncias e sob certas condições*.

De fato, o indivíduo que desperta para o mundo exterior à família faz amigos e investe neles uma parte de sua afeição. Ele coloca a família, os amigos e mais tarde o amor em concorrência. A quem você deve sua lealdade? À sua esposa, seu marido, seus filhos ou seus pais? Tudo dependerá das circunstâncias a partir de agora. Quando o indivíduo aceita sua condição de adulto e consegue se afastar da base de segurança, ele teoricamente aceita conjugar vários laços de lealdade. Isso o leva, obviamente, a ter que "trair" regularmente uns e outros. Algo que pode nos contrariar...

Pois se você privilegia seus pais em detrimento do seu parceiro, então você "trai" seu cônjuge e vice-versa, de forma que você estabelece implicitamente uma hierarquia mutável em suas lealdades. Note bem que o mesmo vale para todos que o rodeiam: às vezes eles o privilegiam, às vezes não. As relações humanas na idade adulta são tão complexas que precisamos constantemente manter um equilíbrio sutil entre várias lealdades, portanto, trair e suportar com frequência pequenas traições.

Algumas pessoas entendem bem essa ideia, mas não conseguem integrá-la emocionalmente. Assim, Agathe diz que vive um verdadeiro inferno em seus relacionamentos: "Tenho um medo profundo de não ser a preferida das minhas amigas. Quando duas delas se aproximam e conversam entre si, é como se eu levasse um soco no peito. Eu me sinto completamente abandonada. Sinto que não valho mais nada". Agathe não só está presa na armadilha de suas múltiplas lealdades, mas também na ideia de que toda lealdade deve ser absoluta, de modo que é incapaz de lidar com as pequenas traições inevitáveis e necessárias na vida social. Além disso, ela sugere que seu valor pessoal depende inteiramente do olhar dos outros, o que ainda acentua sua posição de criança dos pais.

Para sair dessa posição, a psicologia existencial costuma dizer que é preciso "tornar-se seu próprio pai". O que isso significa?

Tornar-se seu próprio pai

A formulação pode parecer estranha. Ela indica uma mudança fundamental de posição (porque sempre se trata de mudar de lugar). Irvin Yalom escreve que "tornar-se seu próprio pai significa renunciar ao confortável apoio parental diante do sofrimento inerente à consciência de sua própria finitude. [...] ficar em pé sozinho sem recorrer ao mito do salvador e sem o conforto do ninho humano".

Diante desse desafio, se o adulto admite que todas as suas lealdades são necessariamente relativas, mesmo que sejam múltiplas, ele pode ainda assim tornar-se seu próprio pai, desde que conceda a si mesmo uma lealdade absoluta. Isso certamente não significa que ele deva, de maneira egoísta, colocar seus interesses acima de interesses alheios, mas simplesmente que pode fazer o possível para não se trair.

Vamos direto ao ponto: tornar-se seu próprio pai ou sua própria mãe é dominar a ideia de seu isolamento ontológico. O que inevitavelmente nos leva a enfrentar mais uma vez a insistente questão do sentido da vida. Tudo está ligado...

Para o que eu posso servir neste mundo?

Mais uma vez, trata-se de acessar a nossa vida adulta e, aqui, é necessário estabelecermos algo: a parte da criança e do emocional em nós não é prejudicial ou tóxica em si mesma. Pelo contrário, é essencial para todo ser humano: é uma espontaneidade, um impulso de vida que não evolui, que não envelhece; é a fonte de nosso espanto, nossa curiosidade, nossa criatividade, nosso entusiasmo e provavelmente de nossa capacidade de nos abrir para o mundo espiritual e para a ideia de transcendência.

Portanto, certamente não se trata de expulsá-la ou erradicá-la, mas sim colocá-la a serviço do que evolui em nós, ou seja, do pensamento racional e consciente de nossa liberdade. A parte da criança deixada a si mesma só produz caos. Mas, desde que seja "educada" pelo pensamento racional e razoável, produz as maiores obras. Pablo Picasso disse: "Levei toda a minha vida para desenhar como uma criança". Mas os desenhos de crianças, por mais comoventes que sejam, não são expostos no Louvre. O que Picasso está afirmando, na realidade, é que passou toda a vida desenhando seriamente como uma criança — ou, se quiserem, que considerou seu trabalho com seriedade. Daí o seu talento excepcional. No campo da arte, ele conseguiu harmonizar a parte da criança e a parte do adulto.

Feita essa consideração, resta-nos compreender o que significa enfrentar o sentido da nossa vida. Qual é o sentido da sua vida? É verdade que já abordamos essa questão em outros capítulos, mas ainda podemos avançar. Lembremos que lançamos a hipótese de que tínhamos um ponto de partida e um ideal a alcançar.

O ponto de partida mais evidente é sempre o sofrimento que identificamos em nós. Você se sente à vontade no seu relacionamento, no seu trabalho? Está ansioso, deprimido? Sente que não consegue realizar projetos importantes para você? Tem a sensação de estar perdendo tempo em sua vida ou mesmo de não estar progredindo? Então aqui está o ponto de partida: como mudar de posição?

Quanto ao ideal a ser alcançado, parece-me sempre ser útil tanto para si mesmo quanto para os outros (a humanidade). Sêneca escreveu isso em algum lugar nas *Cartas a Lucílio*: "Viver é ser útil aos outros. Viver é ser útil a si mesmo".

Mas atenção: muitos podem argumentar que o sentido de suas vidas se resume a seus filhos, marido, esposa, família... Deixemos claro desde já: essa resposta não é aceitável. O sentido da vida — da sua vida — não pode residir em outras pessoas, mas apenas em si mesmo. Os familiares podem ser prioridades, com certeza, e isso é absolutamente incontestável, mas eles não podem ser o "sentido", e isso por uma razão de lógica pura: se essas pessoas desaparecerem, então o sentido da sua vida também desaparecerá. Isso significaria que você estava em um relacionamento fusional com essa outra pessoa, com a intenção mais ou menos declarada ou consciente de *não existir plenamente como indivíduo*. Viver por procuração é na verdade uma recusa ao sentido. O mesmo ocorre se o único objetivo for ajudar os outros em detrimento de si mesmo (sacrifício) — ou, inversamente, se apenas seus próprios interesses forem considerados em detrimento dos interesses dos outros (egoísmo).

Entre o ponto de partida (sofrimento) e o ideal desejado (ser útil para si e para os outros), a questão pode, portanto, concentrar-se em *como*: como ser verdadeiramente útil e em que posição?

Muitas vezes, é ao enunciar essa pergunta que as coisas se complicam. Em sessão, muitas pessoas respondem: "Eu não sei". Portanto, é preciso seguir passo a passo (ver diálogo "pergunta-pergunta", p. 242). Porque mesmo que pareça que sua vida "não tem sentido", na verdade o sentido está em toda parte ao seu redor, em sua trajetória, no que você faz, no que você ama. Você fez múltiplas escolhas, percorreu um caminho, tem tendências, impulsos, desejos e, no fundo, talvez intua que tem algo a fazer neste mundo. Mas talvez tenha esquecido, enterrado sob as injunções familiares, reprimido atrás da máscara de um personagem que você interpreta para ser amado. Onde estão as pistas desse sentido?

O caso de Orianne: solucionadora

Se você não encontrar uma resposta, questione-se sobre o que já gostava de fazer quando era criança. Se ainda não encontrar, pergunte-se então o que você procura sistematicamente em qualquer interação social. Para entender melhor, eis um exemplo concreto.

Orianne, uma jovem paciente de 36 anos, ocupa um emprego administrativo que não gosta. No entanto, ela é competente porque sabe encontrar soluções para os problemas que surgem. Não apenas os problemas relacionados ao trabalho, mas também os problemas de amigos e colegas, os problemas do dia a dia. Ela sempre foi excelente nisso, desde a infância. Seu lema é: "Problema? Solução!".

Assim, seja qual for o assunto da conversa, seja qual for a interação com os outros, seja qual for sua atividade,

Orianne procura *espontaneamente* (para não dizer automaticamente) soluções para os problemas. Encontrar soluções é o pano de fundo de todas as suas ações. Poderíamos dizer que é o "verbo" de sua vida — Sartre talvez afirmasse tratar-se de seu "projeto principal", Aristóteles, de sua "virtude", o senso comum chamaria de sua "utilidade" ou sua "função".

No entanto, ainda que essa tendência de querer encontrar soluções estivesse sempre presente em Orianne, ela nunca a havia formulado claramente até conversarmos sobre isso. "Eu encontro soluções, é isso. E agora que sei disso, muda completamente minha visão do que quero fazer de mim." De fato, seu trabalho não responde a esse "verbo", ou o faz apenas marginalmente. Mas então, o que Orianne poderia fazer para se sentir realmente em seu lugar?

Em primeiro lugar — e isso é valioso —, agora ela sabe o que colocar entre seu sofrimento (insatisfação profissional) e o ideal de ser útil aos outros e a si mesma: encontrar soluções. Resta saber como.

A análise em terapia permitirá que Orianne se oriente finalmente para uma formação de coach, onde descobrirá o meio de se realizar de forma plena. Como chegamos a essa orientação? Demoraria muito explicar os detalhes técnicos da análise em sessão. Mas podemos observar duas coisas importantes. A primeira é que o melhor lugar que se pode encontrar não está necessariamente ligado ao *que se sabe fazer*. Não é porque uma pessoa é talentosa em desenho ou matemática que ela deva se tornar desenhista ou matemático. A segunda coisa é que há um número bastante restrito de "verbos" entre os quais você pode encontrar o seu — mediante um trabalho posterior de refinamento. Podemos citar, por exemplo:

Inventar, criar
Áreas artísticas e literárias, científicas

Construir, edificar
Concepção, engenharia
Fabricação, artesanato, atividades manuais

Compreender
Pesquisa científica, auditoria
Investigação, jornalismo, formação

Educar
Ensino, formação, treinamento, educação

Relacionar
Tradução, mediação
Associação, comunicação
Política, relações humanas

Encontrar soluções
Cuidado, cura, medicina, psicologia
Proteção, cuidado, acompanhamento, organização
Polícia, segurança, defesa, resgate

Trocar
Vendas, negociação, finanças
Atividades culturais

Essas são apenas sugestões e é claro que todos esses verbos e palavras devem ser discutidos, cruzados, esclarecidos e hierarquizados caso a caso; eles devem, de uma forma ou de outra, já fazer parte de sua maneira de ser.

Para avaliar a delicadeza deste trabalho, aqui está outro caso clínico, com verbos que não foram mencionados na lista: *comandar, dirigir*.

Quentin é um jovem de 28 anos. Ele trabalha sem convicção alguma em uma agência imobiliária. Paralelamente, lançou um projeto: um aplicativo ecológico que corresponde aos seus interesses e seu compromisso com mudanças em nossa sociedade. Quentin começou a procurar financiamento, contratou dois programadores para criar o aplicativo, escreveu o projeto em detalhes... Mas rapidamente perdeu a motivação.

Verifica-se que o verbo de Quentin é *comandar*, associado a *organizar, reunir os outros, liderar uma equipe*. Quando criança, já era isso que ele fazia espontaneamente na escola. E ainda hoje, nada lhe agrada mais do que assumir a organização das atividades para seu grupo de amigos em festas, aniversários e passeios.

A razão pela qual Quentin perdeu a motivação em seu projeto de aplicativo aparece aqui: o projeto não permite, no momento, que ele lidere uma equipe, ocupe o lugar de líder que ele almeja.

Então, como fazer? Parece que a solução em qualquer projeto (insisto nisso) *é ocupar desde o início o lugar que se procura*. Na verdade, um escritor não espera ter um editor para escrever: ele escreve. Da mesma forma, um pintor não espera ter um galerista, um cantor não espera ter um produtor. Eles estão fazendo o que precisam fazer. A solução para Quentin seria, portanto, associar-se imediatamente a cinco ou seis pessoas e assim se encontrar no centro de uma equipe. Seu lugar seria então muito mais relevante e ele poderia dar plena potência aos seus impulsos e desejos. A partir daí, o sentido de sua vida poderia se refinar e se delinear com mais e mais clareza. Ele poderia descobrir o que Goethe formulou com tanta precisão:

> Existe uma verdade elementar cuja ignorância já minou grandes ideias e planos maravilhosos: é que no momento em que você se compromete, a providência também intervém.
>
> Toda uma série de eventos irrompe com a decisão, como para apoiá-la com todos os tipos de incidentes imprevistos, encontros e assistência material, os quais você nunca teria sonhado que poderiam acontecer.
>
> Qualquer que seja a sua vontade ou sonho, realize-o. A audácia dá genialidade, poder e magia.
>
> Comece agora.

Comece agora... sabendo que para obter essa "magia" é indispensável colocar-se, enfim, a serviço da própria vida. É o seu caso? O que ainda está inacabado em você? O que você nunca ousou fazer e ainda está guardado aí dentro, esperando que você encontre o seu lugar certo? Pintar? Escrever? Fazer teatro? Mudar de carreira, país, estilo de vida? Ter confiança no relacionamento com os outros e alçar voo?

8

A RELAÇÃO COM O OUTRO

O QUE OS OUTROS pensam de mim? É a essa pergunta que dedicamos a maior parte do nosso tempo de vida, de nossos esforços e energia. Mas devido ao nosso isolamento ontológico, não podemos ter certeza de nada. Por isso, sempre seremos mais ou menos relutantes em confiar totalmente nos outros. Haverá sempre uma dúvida, queiramos ou não. Será que gostam de mim? Meus pais me estimam? Eu sou realmente importante para os outros?

A suspeita é permanente, às vezes invasiva, porque as relações estão sempre evoluindo e temos que decidir entre nossas diferentes lealdades, especialmente na família e no casal. Daí a profunda desconfiança de alguns, estimulada, entre outras coisas, pelo medo de ser julgado, rejeitado, abandonado, enganado, ferido... Diante desses medos, frequentemente desenvolvemos defesas psíquicas que só aumentam nossa desconfiança em relação ao vínculo com o outro.

O MEDO DE SER ABANDONADO

Separação, abandono

Não será surpresa descobrir que o medo excessivo da separação, e até mesmo do abandono puro e simples, é um resquício da infância. Classicamente, estima-se que por volta dos oito meses o bebê manifeste esses medos, mas é muito provável, na verdade, que eles estejam presentes desde o nascimento. Assim que as figuras de apego se afastam, a criança chora, recusa contato com estranhos e só se acalma com o retorno dos próximos. Ao longo de seu desenvolvimento psíquico, enquanto ele se constrói como indivíduo distinto dos demais, acaba entendendo que o vínculo — a relação com o outro — não necessariamente desaparece com a distância. Em alguns casos, entretanto, um medo excessivo persiste sob a forma de ansiedade de separação. Nesse caso, o adulto poderá manifestar comportamentos semelhantes aos da criança pequena incapaz de ficar sozinha.

As causas objetivas podem ser muito diversas: abandono real, comunicação ambígua ou paradoxal na família, falhas ou ausência dos pais, morte de um familiar, chegada de um irmão mais novo. As causas subjetivas são muito mais complexas: elas se relacionam, como vimos, com o lugar atribuído à criança, com a maneira como ela constrói suas defesas psíquicas, seu enclausuramento na base de segurança. É a partir de sua incapacidade de crescer e, portanto, de sua vulnerabilidade, que ela desenvolve uma dependência psicoafetiva.

Você é afetivamente dependente?

Lembre-se primeiramente de que a dependência dos outros não é patológica em si mesma. Afinal, ser humano algum pode ser totalmente independente ou autônomo. Seria um pouco como ser a única pessoa sobre a Terra... O ser humano é definitivamente um ser de relações, obrigado a enfrentar o desafio de ser ele mesmo sem se isolar nem se fundir na multidão.

Quando se tem dificuldades em aceitar ou enfrentar esse desafio, pode surgir uma dependência afetiva. Os manuais de diagnóstico falarão, eventualmente, de um "transtorno de personalidade dependente". Os principais sinais, do ponto de vista estatístico, são os seguintes:[1]

- Dificuldade em tomar decisões sem o conselho dos outros.

- Dificuldade em expressar desacordo e dizer não.

- Dificuldade em iniciar projetos e fazer coisas por iniciativa própria.

- Tendência a fazer coisas desagradáveis ou negar a si mesmo para manter um relacionamento.

- Tendência a colocar os interesses dos outros acima dos seus.

- Medo excessivo da solidão.

- Hipersensibilidade à crítica.

- Baixa autoestima.

- Dificuldade em cuidar de si mesmo.

Outros distúrbios que ecoam mais ou menos esse mesmo quadro clínico, no qual podemos reconhecer muitos comportamentos já abordados ao longo deste livro, foram reconhecidos. Por exemplo, o conceito de "estado prolongado de infância",[2] "infantilismo psicológico"[3] e "personalidade infantil".[4] O distúrbio de imaturidade afetiva,[5] mais recente, é caracterizado pelos seguintes traços:

- Avidez afetiva, incapacidade de se satisfazer com suas relações interpessoais.

- Possessividade, necessidade de exclusividade na afeição das pessoas próximas.

- Dependência afetiva.

- Incapacidade de ficar sozinho, necessidade constante de apoio.

- Tendência à submissão passiva.

- Hiperemotividade, flutuações de humor.

- Intolerância à frustração.

Talvez apenas pessoas fusionais se identifiquem com alguns desses sintomas (no entanto, evitaremos tirar conclusões precipitadas e, muito menos, um diagnóstico). As pessoas heroicas geralmente não se sentirão representadas. Que elas não se enganem, pois são tão dependentes quanto os outros, mas de maneira mais dissimulada. Elas se traem, por exemplo, como as pessoas fusionais, por sua excessiva suscetibilidade.

A suscetibilidade comum é uma simples sensibilidade à crítica. Qualquer um pode experimentá-la ao sentir-se julgado ou ao perceber alguma injustiça no modo como os outros avaliam suas qualidades. Isso ocorre apenas ocasionalmente. No caso do heroico e do fusional, que sempre têm medo de serem julgados, ela é permanente.

O MEDO DE SER JULGADO

A suscetibilidade fusional

A pessoa fusional não percebe que as críticas se referem às suas próprias qualidades ou a seu valor. O que é lógico, uma vez que tal pessoa tende a subestimar a si mesma e minimizar o que faz. A particularidade de sua suscetibilidade é se concentrar apenas na *ligação* com os outros. Assim, quando alguém emite um julgamento crítico, mesmo que mínimo, sobre seu trabalho, talentos ou outros traços como pontualidade, confiabilidade etc., o adulto fusional pensa sistematicamente (e implicitamente) que é o *relacionamento* que está sendo questionado. Ele se sente abandonado, traído e deixado de lado, mesmo que apenas um ponto de vista neutro tenha sido expresso ou um conselho dado.

Se você teme ser demitido quando seu chefe faz uma simples observação ou dá uma diretriz, então você pode ter esse tipo de suscetibilidade. A mesma coisa vale se você se sente na defensiva assim que falam de você ou se sente que nunca é suficientemente levado em consideração. Você está como um alpinista, suspenso sobre o vazio e mantido apenas pela corda que o liga a seu companheiro de escalada, empoleirado diretamente acima. Se ele soltar a corda… será o fim. O que assombra a mente do adulto fusional, de forma confusa e não pensada, é a ideia de que nenhum relacionamento jamais será suficientemente seguro.

A *suscetibilidade heroica*

Sob o efeito da raiva, o adulto fusional pode às vezes tender para seu lado heroico. Quando um relacionamento o faz sofrer demais, ele corta os laços abruptamente. Ele experimenta então uma suscetibilidade heroica, voltada para a ilusão de independência.

Devido à sua angústia permanente em relação à solidez das relações humanas, o adulto heroico se convence de que não precisa de ninguém. "Melhor sozinho do que mal acompanhado!", parece dizer, como se a relação com os outros não fosse tão importante para ele. Mas é claro que isso não é verdade.

Na prática, sabe-se que o adulto heroico cultiva uma imagem muito boa de si mesmo e nega aos outros qualquer legitimidade para julgá-lo ou avaliá-lo. Convencido de sua autossuficiência, ele julga a si mesmo, e isso é suficiente. Dessa forma, tenta negar sua falta de confiança e autoestima, assim como sua profunda dependência dos outros. Ele sabe que as críticas poderiam fragilizar — ou até refutar — sua ilusão de potência.

O adulto suscetível — seja heroico ou fusional — permanece como que sempre alerta. Muitas vezes ele constrói e rumina raciocínios complexos com o objetivo de interpretar o pensamento dos outros, especialmente de familiares ou próximos, sobre quem ele tende a projetar (inconscientemente) sua própria agressividade.

O MEDO DE SER AGREDIDO

Uma "ligeira tendência paranoica"

Cada vez que alguém próximo ou desconhecido olha para nós, sentimos internamente uma tensão, ainda que mínima: "Eu sou bom o suficiente? O que as pessoas pensam de mim?"; ou até mesmo: "O que eu fiz de errado?". Para todo mundo, a reflexão sobre o valor e a culpa é quase contínua e flutua ao longo do dia de acordo com as interações sociais e eventos. Isso ocorre porque nossa posição entre os outros é fundamentalmente dinâmica e constantemente questionada.

Na medida em que um indivíduo não é capaz de aceitar uma certa quantidade de incerteza (geralmente quando ele carece de segurança em relação ao seu valor intrínseco), o olhar dos outros pode se tornar muito difícil de suportar. Os psicólogos às vezes se referem, nesses casos, a uma fobia social, destacando as seguintes características:

- Medo de ser exposto a várias situações sociais (espaços públicos, reuniões, conversas etc.), o que tem um impacto significativo na qualidade de vida, relacionamentos e atividade profissional.

- Ansiedade desproporcional e constante em relação ao olhar dos outros.

- Medo de não agir "corretamente" e ser julgado negativamente.

Sem dúvida, ter que falar em público, fazer uma apresentação ou discurso, não é fácil para ninguém. Mas, para alguns, até mesmo uma simples conversa pode representar um desafio. Isso é verdade para a criança diante do adulto. Como a criança, o adulto não assumido desenvolve uma suspeita permanente; ele procura literalmente entrar na cabeça dos outros e acaba "pensando por eles". O problema é que, com base em interpretações espontâneas e sentimentos vagos, ele se aventura muito além do que os fatos por si só lhe permitiriam concluir. Cada palavra, cada frase, cada gesto será pesado, avaliado e depois integrado como prova de que o outro não é sincero e não o estima, ou não o suficiente.

"Quando falo com as pessoas", conta Hélène, "quero que elas olhem nos meus olhos para ter certeza de que estão me ouvindo. Eu sempre sinto que elas não estão me ouvindo." Hélène teme que o vínculo seja cortado assim que a outra pessoa desviar o olhar. A equação que se formula em sua cabeça é a seguinte: se não me escutam, é porque não sou interessante, então não tenho valor, e estou sozinha e abandonada. Ela não sente mais o vínculo com a outra pessoa, vínculo que ela sempre considerou muito frágil. "Às vezes," ela diz, "acho que estou à beira da paranoia. Imagino que os outros estão me escondendo coisas, me enganando, mentindo para mim. Eu me sinto em perigo quando meus amigos fazem coisas sem mim. Na verdade, não sou capaz de confiar em ninguém."

A suspeita sistemática misturada com ansiedade se generaliza a ponto de o medo de ser abandonado pelos familiares ou próximos se transformar em medo dos outros, especialmente dos desconhecidos: medo de ser agredido, estuprado, morto. Os desconhecidos, já considerados potenciais destruidores do relacionamento fusional em família, são gradualmente percebidos como potenciais perigos, loucos, psicopatas, assassinos. Nessas condições, muitos adultos têm dificuldade em levar uma vida normal, imaginando os piores cenários sempre que precisam sair de casa. Além disso, sua dor é duplicada pelo fato de que os outros, amigos e colegas, parecem à vontade e progredindo em suas vidas. Há aqui, segundo eles, uma injustiça incompreensível.

A *tendência a invejar os outros*

Jules, um paciente de 22 anos, percebe que frequentemente sente uma alegria perturbadora quando seus amigos têm problemas. "A vida deles é tão melhor do que a minha", diz ele, "que me sinto aliviado quando eles têm problemas como eu. Não consigo ficar feliz por eles quando têm sucesso! Mesmo contra a minha vontade, desejo a infelicidade dos outros, e ao mesmo tempo acho isso horrível."

O que Jules sente se chama inveja. Essa palavra não quer dizer, aqui, aquele simples desejo de ter o que o outro tem, e sim uma "paixão ruim que consiste em afligir-se com o sucesso ou a felicidade dos outros, e pode ir até o ponto de se desejar o mal e tentar prejudicá-los".[6] Observemos também que a inveja se distingue do ciúme, pois este se refere ao medo de perder algo que já se possui.

A inveja, cujo caráter infantil é facilmente perceptível, remete diretamente ao sentimento de inferioridade, de insuficiência, de falta de autoestima. Senti-la e identificá-la já é algo doloroso. Mas além de constituir um segredo inconfessável, ela induz uma imagem extremamente negativa de si mesmo. O medo de ser julgado só aumenta. Sempre acompanhada de vergonha e culpa, a inveja tende a tornar as relações sociais mais problemáticas, avivando o medo do outro, inclusive — e talvez principalmente — no casal.

O MEDO DO OUTRO NO CASAL

O casal como nova "base de segurança"

No início da vida adulta, o encontro amoroso é a oportunidade de criar uma nova base de segurança, uma base secundária que tende a assumir o lugar da base de segurança familiar. A história de amor começa naturalmente com um período de fusão — também chamado de "paixão". Busca-se "tornar-se um"; o outro, em quem às vezes se reconheceu como um duplo, rapidamente se torna a "metade" — e até mesmo a totalidade, quando se declara febrilmente: "Você é minha vida!".

Surge, então, um poderoso processo de regressão. O cérebro, submetido a ondas hormonais, é profundamente abalado e rearranja suas conexões para que cada um dos amantes possa fazer seu ninho na vida do outro. Essa intrincada fusão transforma virtualmente as duas pessoas em um único ser de duas cabeças, quatro braços e quatro pernas.[7] Mas esse ser "dois em um" é como um bebê que descobre o mundo. Na verdade, os amantes precisam (re)aprender a andar (juntos, de braços dados), precisam (re)aprender a falar (eles inventam sua própria linguagem, seus apelidos, "meu bebê", "meu coração" e afins); eles se exploram, aprendem a se harmonizar um com o outro, a ajustar sua psicomotricidade, a encontrar seus ritmos, seus hábitos, seu lugar na cama, à mesa, no carro.

A intensa felicidade que eles sentem deve muito ao fato de que a fusão amorosa provavelmente constitui uma das duas defesas mais sólidas* contra as angústias existenciais: o sentimento de solidão desaparece, a vida ganha todo o seu sentido (sob a forma de um destino amoroso), a morte não é mais um problema (desde que morramos juntos), a responsabilidade pelo que acontece é deixada à entidade representada pelo "nós". A pessoa que amamos nos faz reviver tanto a fusão quanto a onipotência heroica, e representa por algum tempo uma forma de segurança absoluta.

Mas o tempo passa e a situação inexoravelmente evolui. Uma rápida ontogênese do casal poderia explicar como o "bebê-casal" cresce e muda. Comparemos então a evolução do casal e a da criança pequena ao longo do tempo.

Nos dois ou três primeiros anos, o casal — como a criança — está mais ou menos fechado em seu próprio espaço. Cada um brinca de bebê, gosta de ser acariciado, fala com uma voz infantil. Então, enquanto a criança de três anos se afasta um pouco de seus pais, os amantes começam, pouco a pouco, a se desgrudar e a se abrir para o exterior. Cada um dos dois amantes lembra-se de que tem amigos e os reintegra em sua vida; eles também podem

---

* A outra grande defesa contra as angústias existenciais é a fé religiosa.

se abrir para fazer novos amigos. A exclusividade induzida pela fusão inicial perde sua rigidez.

Por volta dos seis anos, a criança se sente capaz de se afastar de seus pais sem muito medo; o mesmo acontece no casal, quando cada um permite novamente atividades "sem o outro". Por volta dos doze ou treze anos, no início da puberdade, o pré-adolescente descobre sua sexualidade; no casal, é então que podem surgir tentações extraconjugais, bem como pensamentos de emancipação. Enfim, por volta dos quinze anos, o adolescente rejeita seus pais, busca se individualizar, sonha em "fazer sua vida", enquanto o casal, por essa mesma época, possivelmente atravessa uma crise e pensa em separação.

Claro, o que importa aqui não são tanto as durações de cada período quanto o processo que vai da fusão à separação. Porque, embora a transformação da relação de casal seja inevitável ao longo dos anos (rotina, desgaste, mudança de sentimentos etc.), cada um lida com isso à sua maneira. Obviamente, a separação não é a única saída possível: muitas pessoas transformam seu amor em amizade ou ternura; outros simplesmente evitam pensar nisso, priorizando a segurança e a estabilidade em detrimento de seus desejos sexuais ou amorosos. Muitos se agarram literalmente à sua base de segurança conjugal em detrimento de seu desenvolvimento ou crescimento pessoal. No entanto, como para a criança que cresce com seus pais e depois os deixa (ou não), o desafio existencial no casal talvez seja *conseguir se afastar da base de segurança sem danos*. Isso certamente não significa que o destino obrigatório do casal seja a separação, mas que é essencial não se esquecer de si, nem se sacrificar, caso contrário, renegamo-nos como adultos e nos condenamos a viver sob o domínio de nossos medos infantis.

O casal e seus medos...

"Faça amor, não guerra. Ou então, faça os dois: case-se", disse um anônimo inspirado. Fala-se muito, e com razão, do flagelo da violência doméstica. Há hoje muitos livros sobre o assunto. Por outro lado, fala-se muito menos, ou quase nunca, dos medos ordinários, quase silenciosos mas ainda assim onipresentes, que, no entanto, fazem parte do cotidiano do casal: o medo de contradizer o outro, o medo de machucá-lo, de irritá-lo, de decepcioná-lo, de desagradá-lo... Com o tempo, os amantes aprendem implicitamente o que não devem dizer ou fazer, os assuntos a evitar, as atitudes ou comportamentos a abandonar. Cada um faz todo tipo de pequena concessão para que o outro fique confortável, até chegar a um estilo de vida que supostamente satisfaça a ambos. Nada mais normal... e nada mais quimérico. Por um lado, o compromisso perfeito nunca será alcançado, por outro, tal estilo de vida tende a se tornar gradualmente mais rígido, sem jamais eliminar por completo os medos iniciais. O preço a pagar será sempre a renúncia a uma boa parte da sua espontaneidade e autenticidade.

Também deve-se observar que, uma vez que o casal constitui uma base de segurança, a ordem que prevalece — pelo menos no casal clássico — é que "o casal vem em primeiro lugar" e que cada um lhe deve lealdade. Isso impõe a ambos, seguindo o modelo da base de segurança original, submeter-se a uma espécie de consenso conjugal que consiste em não se afastar, mover-se na mesma direção que o outro, manter a coesão do casal, ser transparente, tranquilizador etc. Essas regras parecem legítimas, e até certo ponto são. Os problemas surgem quando cada um dos amantes acaba se sentindo, queira ou não — assim como a criança diante do pai — "sob o olhar" do outro, e sempre potencialmente culpado.

É assim que uma culpa sutil muitas vezes invade o relacionamento sem que se perceba. Elizabeth, de 45 anos, não pode parar diante da vitrine de uma loja de roupas sem se sentir culpada. "Se meu marido me ligar naquele exato momento e perguntar o que estou fazendo, imediatamente me sinto culpada. Então eu minto. E se eu comprar uma roupa, a escondo no armário quando chego em casa e a tiro alguns dias depois, fingindo que está lá há muito tempo…"

Objetivamente, não há justificativa para essas estratégias de dissimulação, mas muitos adultos não assumidos sentem-se obrigados a prestar contas, mesmo ao comprar um simples livro, ao cometer um breve atraso voltando para casa, ao ter vontade de sair com seus amigos depois do trabalho etc. Sem que percebamos, as expectativas do outro acabam se tornando difíceis de entender e pesadas — e na verdade, em grande parte imaginárias ou exageradas. De forma que, após um certo tempo, o humor e a ironia tendem a desaparecer, abalados pela suscetibilidade e pela irritação de ter que obedecer. O medo de desapontar ou contrariar o outro produz uma atitude essencialmente defensiva, com a sensação de "pisar em ovos" constantemente.

Aqui está a fonte de muitas crises: em muitos casos, o casal se torna uma base de segurança tão restritiva quanto a base de segurança original (parental), pelo menos se os amantes não trabalharem para *fazerem um ao outro crescer*. Se eles não confiarem o suficiente um no outro, se não permitirem que o outro exista como indivíduo completo, então acabarão basicamente sofrendo um com o outro. Cada um reprovará no outro precisamente o que o seduziu no início. O que era considerado qualidade no começo da relação passará a ser visto como defeito: a calma será sentida como apatia, a discrição como passividade, o entusiasmo como agitação, o espírito lógico como rigidez, a cultura como arrogância… e assim por diante.

A imagem parece sombria, é verdade, mas lembremos que teoricamente tudo isso é superável, desde que se distinga amor e apego. Caso contrário, os medos serão cada vez mais numerosos, especialmente o medo de que o vínculo se rompa.

"Tenho medo de descobrir com a terapia que não amo mais meu marido", Anaïs me alerta em sua primeira sessão. Esse tipo de declaração não é incomum. Depois de dez anos de vida em comum, Anaïs não sabe mais onde está: "Meus sentimentos mudaram, mas estou realmente muito apegada a ele. Não consigo nem imaginar uma separação". A necessidade de segurança prevaleceu sobre os sentimentos. Como Anaïs, muitos aceitam fazer cada vez mais concessões, mesmo que uma fissura se abra no casal.

Essa fissura, esse afastamento, esse desgaste dos sentimentos amorosos serão afastados da consciência por muito tempo; no entanto, eles são percebidos de forma inconsciente. É muito comum, aliás, que em momentos de distanciamento no casal, surja a necessidade de implementar um projeto que pode ir desde a adoção de um cachorro até a ideia de ter um filho, passando pela compra de uma casa, a realização de uma nova atividade em comum, a organização de uma grande viagem... Esses projetos são, às vezes (felizmente nem sempre!), concebidos para preencher a lacuna e colar os pedaços do casal, mas geralmente são em vão.

A esta altura, obviamente já não se trata de recriar a paixão do início, e sim de compreender melhor a natureza real do vínculo.

O ciúme

Uma das estratégias mais comuns para manter a base de segurança no casal é recorrer a conflitos constantes. De fato, nada como um conflito para manter duas pessoas juntas. Pode parecer surpreendente, mas é preciso considerar que o conflito recria parcialmente a intensidade emocional do início. "Se estamos muito tranquilos", diz uma paciente, "eu perco o interesse em meu marido. Então, começo uma crise, ele reage, nós brigamos, nos reconciliamos, e fico melhor por um tempo." O conflito tem a vantagem de tornar o vínculo conjugal visível novamente, fazer o coração bater e acalmar de certa forma o sentimento de estar "sozinho no casal". Além disso, a reconciliação reproduz brevemente uma aparência de fusão.*

O ciúme crônico sempre leva ao conflito e, assim, questiona constantemente a solidez do vínculo. Algumas pessoas relatam que bisbilhotam as coisas de seu parceiro, o telefone, o computador, o seguem ou o vigiam discretamente, observam as menores mudanças, os indicadores mais sutis de traição. Outros exigem transparência absoluta, chegando a iniciar crises violentas, com gritos e golpes, chantagem emocional e, eventualmente, tentativas de suicídio. Quando o ciúme atinge esse nível de assédio, demonstra na pessoa ciumenta um sofrimento aterrador.

Existem pontos em comum surpreendentes entre o ciumento e o hipocondríaco, que passa o tempo vigiando o próprio corpo. Uma palpitação, uma espinha, uma sensação dolorosa podem provocar um verdadeiro pânico. Apesar de exames médicos perfeitos, ele não pode deixar de espiar seu corpo com medo de ficar doente ou morrer repentinamente. O ciumento não age de outra forma, exceto que ele não vigia seu corpo, mas o do cônjuge. Ele é implicitamente convencido de que a separação poderia levar à morte física ou aniquilação psíquica ("Sem você, eu não sou nada").

---

* Não devemos ignorar, no entanto, o fato de que o conflito estabelecido como modo de relação pode levar à violência física e, eventualmente, a danos irreparáveis, como suicídio, ferimentos graves e assassinato. Portanto, é importante ressaltar aqui que a violência física dentro do casal (assim como em qualquer outro lugar) não é de forma alguma aceitável e nunca deve ser tratada levianamente.

Tudo acontece como se ele considerasse o outro como seu recipiente, "o corpo de seu corpo", e não pode conceber se afastar, tornar-se relativamente independente.

O MEDO DE SER INDEPENDENTE

Vamos dizer claramente e de uma vez por todas: a família "normal" não existe. Todas as famílias encontram dificuldades de comunicação, conflitos, raiva, ciúmes, ressentimentos, tabus e segredos, enfim, disfunções mais ou menos graves.

Em muitas famílias, uma situação de tensão se instala entre alguns membros porque eles não conseguem encontrar a distância certa entre si. Não podem se aproximar nem se afastar e se sentem literalmente amarrados nas redes afetivas uns dos outros.

A *armadilha das dependências familiares*

Hélène, parentificada desde a mais tenra infância, aos 45 anos é a cuidadora de sua mãe deprimida. Depois de cuidar de seus irmãos e irmãs, ela se dedica à mãe idosa: "Eu ligo para ela duas ou três vezes por dia. É um hábito antigo. Às vezes, ela me reprova por ligar com muita frequência, mas se eu não o fizer pelo menos duas vezes por dia, ela diz: E então? Esqueceu de sua mãe?". Hélène tenta vigiar a mãe, que tem tendência a beber demais e reclama constantemente de tudo. É preciso ajudá-la, aconselhá-la, fazer compras para ela. "Ela reclama o tempo todo e nunca me agradece", diz Hélène, "e, aliás, nunca foi carinhosa; sinto que nunca fui importante para ela. No entanto, não posso abandoná-la. Meus irmãos e irmãs não cuidam dela. Estou presa."

Mathieu, outro paciente, conta que perdeu o pai muito cedo e desde então sua mãe fez par com ele. Ela o criou de forma que ele cuidasse dela pelo resto de sua vida.

> Não a suporto mais. Ela impede que eu tenha uma vida pessoal, critica todas as meninas que conheço, acha que minha vida profissional é medíocre, quer decidir tudo por mim, sendo que ela não decide nada por si mesma. No entanto, não consigo me afastar. É mais forte do que eu, tenho que ajudá-la porque tenho medo de que algo aconteça com ela. Ela é como um software na minha cabeça e está sempre presente nos meus pensamentos.

Richard tem uma filha de trinta anos deprimida, Lola, que trabalha, mas não quer sair da casa da família. "Ela quer ficar grudada em mim", diz Richard. "Ela não quer morar em seu próprio apartamento nem fazer amigos." Embora ela se esforce para se manter ativa profissionalmente, Lola é, em particular, dependente. Envia cerca de quinze mensagens de texto por dia para o pai em busca de conselhos, opiniões ou com simples novidades e notícias. Richard, o pai, está exausto. Ele não pode se afastar por mais de dois dias sem temer uma "crise" por parte da filha: raiva, abuso de soníferos, colapso depressivo...

Em uma forma menos grave, mais sutil, a situação de dependência na família é extremamente comum. Talvez você se reconheça nesse quadro, seja porque sente a obrigação de provar sua solidariedade, ou porque parece que seus familiares (ao menos um entre eles) não lhe fornece a segurança que você acha que merece.

Por exemplo, você tem medo excessivo de que algo grave aconteça com seus pais ou seus filhos? Tende a verificar o que eles estão fazendo ou tomar decisões por eles "pelo bem deles"?

Ou será que é você quem precisa prestar contas e obedecer às ordens familiares? Delphine, 42 anos, conta:

> Meus pais não deixam que eu faça equitação. É muito perigoso. Eles se recusam a me deixar pegar um avião, a viajar. É muito perigoso. Eles me proibiram de estudar artes porque não levava a um trabalho seguro o suficiente. Assim que saio, tenho que enviar uma mensagem dizendo onde estou, com quem, e depois avisar que cheguei bem em casa. Minha mãe não para de me explicar que tudo é perigoso. O pior é que acabei acreditando e agora também tenho medo de tudo.

É claro que a lealdade familiar e a ordem de permanecer ligado à família de origem prendem uns e outros em relacionamentos muito estreitos, com um fundo de "medo da vida". É legítimo, é claro, se preocupar com seus próximos, protegê-los — a vida é cheia de imprevistos —, mas talvez não a ponto de impedir que você viva sua vida de forma suficientemente independente, nem de impedir que os outros o façam. Porque dessa maneira pode se estabelecer uma dominação mútua, ou até mesmo o que eu costumo chamar de uma situação de "assédio fusional".

O conceito de "assédio fusional"

O assédio fusional ainda é amplamente desconhecido e, no entanto, provavelmente afeta milhões de pessoas. De um lado, aqueles e aquelas que todos os dias têm que apoiar um pai em sofrimento crônico, uma mãe vulnerável ou possessiva, um filho adulto incapaz de levar sua vida de forma autônoma, um cônjuge frágil ou doentio de ciúmes, um amigo instável ou prisioneiro de um relacionamento tóxico. Do outro lado, todas as pessoas que são dependentes afetivas, que sofrem com o medo da separação e do abandono, que vivem apenas através dos outros e assim produzem um contexto de fusão.

O assédio fusional é definido como "um conjunto de comportamentos repetidos de apego, apreensão e dependência, pelos quais um adulto força outra pessoa a cuidar dele em várias áreas da vida prática e psicológica".[8] Esse assédio pode se manifestar de várias formas na família e no casal: possessividade, ciúme, aflição emocional, comportamentos de fracasso que forçam os familiares a intervir (perda de emprego, problemas financeiros, errância, comportamentos de risco, vida afetiva perturbada, instabilidade psicológica etc.). Ele produz preocupação e desânimo nos próximos e, às vezes, leva ao esgotamento físico e psicológico.

Mas não nos enganemos: na verdade, trata-se de um fenômeno de codependência afetiva. Com efeito, embora se possa identificar, em algumas famílias, uma pessoa "dependente" que exerce uma forma de assédio sobre os outros, aqueles que supostamente deveriam apoiá-la compartilham de forma ampla a dependência afetiva. O apego é coletivo.

Portanto, nesse assédio, não há "assediador" no sentido de que um assediador supostamente deseja dominar e destruir o outro, mas sim uma *situação de assédio*. Isso faz toda a diferença em relação a outros tipos de assédio, como o assédio moral ou o assédio sexual. Aqui, mesmo que o familiar dependente e vulnerável pareça ser o assediador, na verdade, ele está apenas voltando a própria agressividade contra si mesmo (por exemplo, desvalorizando-se, adotando comportamentos de risco, fazendo com que seus projetos fracassem, pedindo apoio etc.), agressividade que afeta indiretamente aqueles que tentam ajudá-lo. Daí as tensões e o desgaste emocional.

Outra especificidade do assédio fusional é que, neste caso, a dependência e as possíveis violências (reprovações, ressentimentos, desacordos, conflitos, gritos, raiva etc.) são recíprocas, tanto para aquele que se sente obrigado a fornecer apoio quanto para aquele que o exige. Pois dos dois lados há uma verdadeira incapacidade de se afastar do outro; dos dois lados há sofrimento e recusa em se "descolar" e viver como indivíduo separado.

Incapacidade de dizer não

Diante de uma situação de conflito, na família ou no casal, e até mesmo diante das situações mais ordinárias de simples insatisfação, muitos se sentem incapazes de se emancipar, mesmo que seja óbvio que se afastar seria uma solução razoável, senão libertadora. Que medo os impede?

Para entender isso, basta perguntar o que aconteceria se uma criança maltratada fosse solicitada a deixar seus pais. É um fato conhecido que crianças violentadas, espancadas, abusadas sexualmente tendem frequentemente a defender seus pais e minimizar as violências sofridas — até mesmo a se responsabilizarem pelos abusos. "É minha culpa", dizem elas. Isso também se verifica entre pessoas agredidas por seus cônjuges. No fim das contas, tudo acontece como se a ordem "Não se afaste" fosse mais forte do que a necessidade de integridade física e o instinto de sobrevivência. Uma força invisível parece impedir qualquer ação de autopreservação. Aqui, além das razões expostas anteriormente, outro fator entra em jogo: a incapacidade de dizer não.

Dizer não é colocar em risco o relacionamento, uma vez que se manifesta oposição e se corre o risco de contrariar o outro. Ora, desde muito cedo, a criança aprendeu a não se opor, a não "responder" e a dobrar-se à vontade do adulto. O adulto não assumido, que justamente não aprendeu a falar seu "próprio não", ainda obedece a essas ordens antigas. De modo que, se ousar dizer não, ele experimenta a mesma coisa que quando criança ao tentar se opor a seus pais: se sente culpado e teme a punição, ou seja, a possibilidade da perda do amor e a ruptura do vínculo.

Se você tem dificuldades para dizer não, talvez você acrescente que não gosta de conflito (e quem gosta?), que não quer magoar os outros, que é uma pessoa conciliadora e prestativa. Mas é provável que a verdadeira razão seja outra: você teme que seu "não" resulte na expulsão da sua base de segurança. Uma expulsão que significaria a perda instantânea do seu valor.

Mas afinal, alguns perguntarão, por que não se submeter a vida toda e deixar os outros assumirem nossas responsabilidades? Porque evitar a emancipação a todo custo leva a negar a si mesmo cada vez mais, acumulando frustrações e raiva. É por isso que é melhor praticar a *expressão da sua verdade* com seus pais ou seu parceiro, expressar simples e sinceramente o que você gosta ou não, dizer do que precisa ou não.

Um conselho, uma recomendação, uma opinião, uma atitude desagradam você? Diga! Uma proposta de saída ou reunião familiar não lhe interessa? Diga. Você quer comprar uma roupa ou objeto específico? Faça-o abertamente. Precisa ficar sozinho, não fazer nada, assistir TV, descansar, sair com seus amigos, viajar sozinho por alguns dias, ter um espaço só seu na casa? Você não quer sair de férias com seus pais como todos os anos?

Veja como todos os dias surgem mil pequenas oportunidades para você assumir o que realmente quer para si mesmo. O importante é aceitar o risco de desapontar o outro, afirmando o seu lugar, e até mesmo se atrever a pensar: "Não tenho medo de você", o que significa: tenho o direito de existir tanto quanto qualquer pessoa e expressar o que eu realmente preciso nesta vida.

Você se sentirá culpado, é claro. Uma culpa que pode ser extremamente forte: "Não posso abandonar minha mãe!"; "Devo ajudar meu filho!". Você terá a sensação de que é definitivamente impossível escapar da sua lealdade familiar. Mas obviamente não se trata de abandonar ninguém, nem de romper relações. Trata-se, antes, de não se deixar de lado, de não mais se considerar uma "variável de ajuste" e, por fim, de aprender a confiar no vínculo.

EM TERAPIA

PARA CONFIAR NO VÍNCULO

"TEORIA DA MENTE" E "PERMANÊNCIA DO OBJETO"

Ao longo deste livro, tentamos medir o que pode permanecer infantil em cada um de nós. Para isso, baseamo-nos em vários conceitos, como a teoria do apego ou a base de segurança. Aqui podemos evocar dois outros conceitos da psicologia do desenvolvimento: a "teoria da mente" e a "permanência do objeto".

A *teoria da mente*

Até cerca de quinze meses, a criança não tem realmente consciência de que outras pessoas têm seus próprios pensamentos e crenças. Parece-lhe que todo mundo pensa e percebe o que *ela* pensa e percebe, um pouco como se a mesma consciência fosse compartilhada por todos. Mas por volta dos quinze meses,[9] ela começa a entender que o seu ponto de vista é diferente e separado do dos outros. Em outras palavras, ela adquire o que é chamado de "teoria da mente": torna-se capaz de considerar o fato de que os outros também têm seus próprios pensamentos e percepções, e que estes são distintos dos seus. No entanto, ele ainda precisará de alguns anos para dominar esse conhecimento, e os pais perceberão quando ela começar a mentir, por volta dos quatro ou cinco anos...

Todos os adultos (exceto no caso de patologias como algumas formas de autismo) adquirem a teoria da mente e, portanto, são perfeitamente capazes de entender, pelo menos intelectualmente, que os outros têm seus próprios pensamentos. Porém, parece que o adulto não assumido não conseguiu acessar uma compreensão emocional desse fato. Tudo se passa como se ele ainda estivesse naquele estágio fusional precoce, onde parecia óbvio que seus pensamentos eram compartilhados com os outros. Mesmo que saiba que não é o caso, ele insiste, por uma espécie de vontade de retorno ao estado de fusão, em penetrar nos pensamentos dos outros. "Eu sei o que você está pensando!", ele pode dizer aos seus familiares; "Eu adivinho muito bem o que as pessoas pensam de mim, e raramente estou errado". Ele atribui aos outros seus pensamentos, muitas vezes negativos e que geralmente são projeções de seus próprios medos.

Para confiar no vínculo, ele deve renunciar a essa ideia inconsciente de fusão de consciências e, assim, enfrentar o famoso limite do isolamento ontológico.

A "permanência do objeto"

Este é outro conceito, cujos fundamentos foram estabelecidos por Jean Piaget, na intersecção da psicologia cognitiva e da psicologia do desenvolvimento.

A permanência do objeto é uma ideia bastante simples: todo indivíduo sabe que quando um objeto qualquer sai de seu campo de percepção, esse objeto continua a existir. No entanto, isso não é tão óbvio para os bebês, que devem esperar até o quinto mês para entender que as coisas ou pessoas não desaparecem quando ele não as vê ou ouve.

Nada mais óbvio. Contudo, é possível pensar que, também neste caso, o adulto não assumido é amplamente capaz de admitir essa realidade de maneira intelectual, mas não necessariamente no plano emocional. O simples afastamento de outra pessoa desperta nele o medo irresistível, embora irracional (e ele sabe disso), de que ambos desapareçam.

A teoria da mente e a permanência do objeto são apenas dois exemplos entre outros desses restos imaturos que persistem em nós. Eles nos ajudam a ver como o pensamento racional em adultos muitas vezes está longe de acompanhar harmoniosamente sua experiência emocional. Quanto ao adulto heroico ou fusional, é bastante claro que sua razão e suas emoções estão constantemente em conflito e funcionam de forma independente uma da outra. Daí o sentimento frequente de uma dupla personalidade em adultos que afirmam querer tanto uma coisa quanto o seu oposto — por exemplo, eles desejam realizar uma tarefa e, ao mesmo tempo, sentem-se incapazes de realizá-la. Daí também o "pensamento invertido", abordado em diversas ocasiões nos capítulos anteriores (notadamente a tendência a procurar problemas em vez de soluções).

Ora, os neurocientistas demonstraram que é rigorosamente impossível tomar boas decisões sem recorrer à emoção. O pensamento lógico por si só leva apenas a erros, especialmente no domínio das relações humanas (mas também em áreas consideradas puramente lógicas).

Isso também é observado em adultos não assumidos. Esse comportamento pode ter origem na tendência defensiva de "cortar" certas partes de si mesmo, rejeitando ou ignorando emoções dolorosas, a ponto de não sabermos mais como nomeá-las ou entendê-las. Ao dissociar-se precocemente de si mesmo, de seu corpo e das emoções que o atravessam, o adulto não assumido também se cortou da relação com os outros. Assim, tornou-se tão difícil para ele compreendê-los emocionalmente quanto compreender a si mesmo. Ele fica limitado a remoer hipóteses e a temer sempre o pior.

É possível modificar essa forma de ser? É certo que uma *remediação cognitivo emocional*[*] seria bem-vinda, praticada como uma série de exercícios que permitam coordenar o racional e o emocional. O problema é que essa remediação cognitiva ainda está por ser inventada... No entanto, a terapia existencial permite progredir graças a algumas regras muito simples.

---

[*] A remediação cognitiva, amplamente praticada na psiquiatria, tem como objetivo restaurar ou melhorar as funções cognitivas em pessoas com transtornos mentais ou dificuldades específicas (como TDAH). Os exercícios são direcionados para habilidades de raciocínio, atenção, planejamento, aprendizado e muitas outras.

OS LIMITES MÍNIMOS

As regras mínimas que proponho aqui, é claro, complementam todas as pistas de mudança evocadas nos capítulos anteriores. Elas visam domesticar a distância e a separação, e, portanto, desenvolver uma relação mais segura com o outro.

1) *Sem queixas.* A reclamação convoca o apoio do outro e sua proximidade. Ela permite manter uma transparência fusional. Não se queixar sistematicamente e guardar certas coisas para si mesmo é se tornar capaz de manter certa distância em relação ao outro, ao mesmo tempo que se constrói uma interioridade. Também se trata, é claro, de não aceitar a queixa sistemática dos outros.

2) *Sem conselhos.* É importante não dar nem aceitar conselhos não solicitados. E mesmo que sejam solicitados, é importante sempre se perguntar se temos realmente algo útil a dizer. Se não for o caso, é melhor permanecer em uma atitude de escuta neutra e amigável e não hesitar em reconhecer que não temos opinião ou que não precisamos da opinião do outro.

3) *Sem acusações.* Como com os conselhos, é muito útil proibir-se de fazer ou receber reprovações constantemente. As reprovações, como vimos, só servem para manter o conflito e, portanto, a fu-

são. A dificuldade consiste em saber quando as reprovações são relevantes e quando não são. Isso também vale para os conselhos e as queixas.

Sem reclamações, sem conselhos, sem reprovações.

Basta aplicar essas três pequenas regras para perceber que você gradualmente pode encontrar uma distância mais adequada. Mas sem reclamações, reprovações ou conselhos, o que restará da relação com um cônjuge, pai ou mãe, amigo ou colega?

Num primeiro momento, você terá a impressão de que não há mais nada. Sobre o que podemos conversar? É precisamente nesse espaço vazio que você encontrará o meio de construir um relacionamento autêntico. Melhor ainda: você perceberá que aqueles que amamos não estão lá para preencher um vazio, mas para revelá-lo e assim construir em conjunto.

Você também pode temer ser visto como indiferente e sentir-se culpado com isso; terá medo de trair o outro ou de ser traído por ele, mesmo que seja porque, ao manter distância, você carrega apenas suas próprias responsabilidades. No entanto, de maneira bastante paradoxal, você verá que o relacionamento se torna mais sólido e se sentirá mais seguro nele.

DA DEPENDÊNCIA AO INDIVIDUALISMO SOLIDÁRIO

Na terapia existencial, é necessário "trair" o terapeuta. De fato, é assim que a maioria dos pacientes aprende a dominar a "arte da traição". O que isso significa?

No início de uma terapia, de um lado há um paciente que faz um pedido de ajuda e, do outro, um terapeuta que deve possuir as ferramentas para lidar com o sofrimento expresso. A assimetria é evidente. Tanto é que o terapeuta pode rapidamente se tornar para o paciente um equivalente parental, de modo que, além das trocas em sessão, toda a problemática da emancipação é jogada novamente. É verdade que a terapia constitui também (como o casal) uma base de segurança secundária que lembra a base de segurança original (a família). Portanto, um dos objetivos será se afastar disso, cedo ou tarde. Como? Da mesma maneira que se "abandona" ou se "trai" os pais. Ao longo deste livro, frequentemente foi abordada a ideia de *não se ver mais como uma criança diante de seus pais*; na terapia, será necessário seguir o mesmo caminho até que não se sinta mais como um *paciente diante de um terapeuta*, mas como um adulto diante de outro adulto. Será, então, o "fim da queixa", para retomar o título de um famoso livro do psicólogo e psicanalista François Roustang (1923–2016). Será também uma traição (necessária) na medida em que o paciente poderá assumir a ideia de que não precisa mais do terapeuta, que pode partir, se afastar, e isso sem medo de viver sozinho com sua vulnerabilidade, suas dúvidas sobre a morte, a solidão, o sentido e a responsabilidade.

Muitas vezes me perguntam, não sem ironia, se para ser adulto seria necessário se distanciar cada vez mais dos outros, eventualmente se isolar e cortar laços afetivos. Certamente não. O reconhecimento do nosso isolamento ontológico (a impossibilidade de se fundir com o outro) não pode se tornar uma justificativa para o retraimento, o egoísmo, a indiferença. Pois isso seria simplesmente mudar do modo fusional para o modo heroico e, portanto, permanecer em um modo de ser infantil. Viver apenas para seus próprios interesses seria uma negação da própria humanidade, uma forma de autodestruição.

No entanto, uma certa forma de individualismo não é inútil. O indivíduo em si possui seu valor; o individualismo filosófico, aliás, não é nada mais do que a afirmação desse valor individual diante de uma sociedade que tende a transformar os indivíduos em estatísticas. A questão toda é encontrar um equilíbrio entre a própria existência e a dos outros. Um certo equilíbrio, que poderíamos chamar de *individualismo solidário*, consistiria em encontrar um lugar — o próprio lugar —, de onde seria possível fazer valer sua singularidade e existência sem negar a dos outros. Crescer, sim, mas crescer juntos.

PEQUENO EPÍLOGO

À MORTE, À VIDA

QUAIS SÃO SUAS RAZÕES PARA VIVER?

ENFRENTAR O SENTIDO DA própria vida é também enfrentar o sentido da própria morte. Afastar-se da base de segurança obriga a aceitar a solidão, mas também a limitação do tempo de vida. O que fazer quando percebemos que ninguém morrerá em nosso lugar, que ninguém poderá nos acompanhar nessa provação e que será necessário, de certa forma, morrer sozinho?

Desde a Antiguidade, os filósofos nos repetem que "filosofar é aprender a morrer". Podemos entender, particularmente com Montaigne, que viver já é morrer e que não há outra escolha para quem quer viver a não ser aceitar essa condição. Que seja. Mas, tanto quanto sabemos, a morte só é experimentada uma única vez. Portanto, não podemos tirar nenhuma lição dela. Embora... de acordo com os biólogos, a morte ocorra constantemente dentro de nós. Assim, bilhões de células morrem em nosso organismo todos os dias, enquanto bilhões de outras nascem. Nossos órgãos envelhecem e se renovam, a vida e a morte coexistem a cada instante nas profundezas de nosso corpo. A morte também acontece em nossa vida cotidiana, através da morte de nossos familiares, assim como outras formas de perdas, como separações, traições, rompimentos, perdas (de trabalho, objetos, integridade física), doenças, acidentes, velhice.

Toda vez que perdemos alguém ou algo, também perdemos uma parte de nós mesmos. Aprender a morrer é aceitar constantemente o luto por si mesmo: não apenas pelo que perdemos, mas também pelo que podemos voluntariamente abandonar ou por aquilo do que podemos nos desapegar.

No entanto, não importa o que se diga, a morte assusta. Paul Valéry escreve que o espírito religioso se baseia na seguinte questão: os mortos estão realmente mortos? Todos nós nos perguntamos ansiosamente a esse respeito, sem nunca obtermos uma resposta. No entanto, os Antigos constantemente tentaram nos tranquilizar. Segundo Epicuro, "a morte não é nada para nós, já que, enquanto existimos, a morte não está lá e, quando a morte está lá, nós não estamos mais". Anteriormente, Sócrates havia afirmado que ou não há nada após a morte e, portanto, não há motivo para se preocupar, ou "é apenas uma mudança de residência" e então a alma deixa o corpo infeliz em que acidentalmente caiu. Ao morrer, Sócrates teria dito a Críton, um de seus amigos: "Devemos um galo a Asclépio". Asclépio era o deus da medicina e, com o sacrifício de um galo, Sócrates queria dizer que sua morte o curava da doença de viver. Uma atitude nobre, segundo Platão — um desprezo condenável pelo corpo e pela vida, segundo Nietzsche.

Mas, afinal, como tudo isso me ajuda, eu, que estou preocupado com minha morte enquanto estou bem vivo? Qual é o sentido de morrer? Pensando bem, o verdadeiro problema talvez não seja tanto o nosso medo da morte, mas o fato de não vermos sentido na morte.

Claro, ainda temos nossas crenças. Muitos, obviamente, recorrem à religião, à espiritualidade, a convicções pessoais ou simples esperanças. Alguns, no entanto, evitam a questão ao longo de suas vidas a ponto de desejarem morrer dormindo — o que na verdade é querer morrer como se viveu.

É evidente a minha incapacidade de fornecer aqui uma solução definitiva (quem poderia fazê-lo?). No entanto, talvez me seja permitido concluir esta obra com algumas confissões sobre minha própria morte futura. Com efeito, minha convicção se baseia em uma ideia singular: a morte que nos espera poderia, aqui e agora, constituir por si só uma razão para viver...

CONFISSÕES SOBRE A MORTE

Pouca coisa sobra de uma vida. Alguns objetos pessoais, algumas cartas ou fotos que guardamos e depois esquecemos e que as gerações seguintes acabam por jogar fora. Poeira. Assim é com nossas vidas, algumas marcas e depois nada. Mentes sábias aceitam isso, simplesmente. Mas como manter o nosso humor filosófico quando uma pessoa querida ou próxima nos deixa?

Eu perdi minha mãe há dois anos, meu irmão no ano passado e meu pai há alguns meses. Minha mãe enfrentou seus últimos momentos de maneira súbita nos braços da minha irmã. E sem medo. Sei que ela tinha em mente, naquele momento, um desejo que havia anunciado várias vezes: "Serei melhor na minha próxima vida".

Qual foi o último pensamento do meu irmão, hospitalizado em coma e anestesiado para uma operação que acabou não sendo realizada porque era tarde demais? Em sua inconsciência, o que ele realmente viu e experimentou naquele momento final? E meu pai, que adormeceu em sua cadeira de diálise e morreu durante a transferência para outro hospital?

Essas pessoas amadas morreram sem saber que morriam? É possível morrer sem perceber?

Essas perguntas me atormentavam tanto quanto a perda em si, pois eu via nelas uma profunda injustiça. Por alguma razão que desconheço, tinha a sensação de que se uma consciência não experimenta seu próprio fim, se não participa dele plenamente, então é como se nunca tivesse existido.

Ouvimos frequentemente que "a chama" de nossos entes queridos "se apaga" quando eles morrem. Essa é a fórmula consagrada, não é mesmo? Mas aos poucos aceitei a ideia de que, pelo contrário, ela "se acende". Pelo menos esse é o pensamento que definitivamente me consolou e reconciliou com a morte. Isso abriu para mim uma perspectiva inesperada.

Primeiro, foi uma simples imagem que surgiu, uma imagem bonita e fascinante, a de um fogo de artifício da consciência no momento final da vida. E se a morte, em vez de ser essa aniquilação brutal que se supõe, fosse na verdade o momento mais intenso de toda a existência — o momento de uma consciência total?

Isso não passa de uma intuição, uma crença sem nenhum fundamento racional. Mas não importa se a ideia é demonstrável ou não (ela não é); não se trata aqui de se pronunciar sobre o que se seguiria a esse momento final, ou seja, sobre o que haveria *após a morte*. Trata-se apenas — e isso me parece muito mais importante — de considerar como esse fogo de artifício final pode iluminar e projetar sua luz sobre o que vem *antes da morte*, ou seja, sobre minha vida ou a sua, aqui e agora.

De fato, se a morte é o *auge* da existência terrena, então a vida que a precede está intimamente ligada a ela. Assim, não há mais dicotomia vida/morte, e o que realmente importa não é mais o que acontecerá comigo *após* a morte (já que não posso saber), mas o que posso fazer *agora* com essa morte anunciada e já em andamento, e, portanto, com minha existência.

Sabe-se que o poeta austríaco Rainer Maria Rilke (1875–1926) também cultivava a ideia de que vida e morte eram uma coisa só. Ele falava do conceito de "Aberto". Nicole Russ, especialista na obra do poeta, escreve:

> Dar sentido à sua morte, como prega Rilke, é, ao mesmo tempo, explicar a vida e aceitar o medo e a angústia como necessários a uma realização mais essencial. É preciso captar e assimilar os laços infinitos que se cruzam e entrecruzam entre a vida e a morte, aí está a verdade, a transformação, a iluminação.[1]

Em suma, trata-se de acender a própria chama *agora*, de assumir sua vida como uma sequência de centelhas, esforços deliberados de existência e consciência, antes do extraordinário jorro final. Quero acreditar que minha mãe, meu irmão, meu pai viveram essa experiência, e isso me consola e me enche de serenidade.

BIBLIOGRAFIA

BERNAUD, Jean-Luc, *Introduction à la psychologie existentielle*, Paris, Dunod, 2018.

BERNAUD, Jean-Luc, *Traité de psychologie existentielle. Concepts, méthodes et pratiques*, Malakoff, Dunod, 2021.

BUFFET, Anne-Laure, *Les Mères qui blessent*, Paris, Eyrolles, 2019.

CHENG, François, *Cinco meditações sobre a morte — aliás, sobre a vida*, Editora Autoral, 2019.

DUFOURMANTELLE, Anne, *Éloge du risque*, Paris, Rivages, "Poche", 2011.

DZIERZYNSKI, Nathalie, GOUPY, François, PERROT, Serge, "Avancées en médecine narrative", In: PLAGNOL, Arnaud, PACHOUD, Bernard, GRANGER, Bernard, *Les Nouveaux Modèles de soin. Une clinique au service de la personne*, Paris, Doin, 2018.

GONCOURT, Edmond e GONCOURT, Jules de, *Diários — memórias da vida literária*, São Paulo, Carambaia, 2021.

GUEDENEY, Nicole e GUEDENEY, Antoine, *L'Attachement: approche théorique. Du bébé à la personne âgée*, Paris, Elsevier Masson, "Les âges de la vie", 2009.

HADOT, Pierre, *Discours et mode de vie philosophique*, Paris, Les Belles Lettres, 2014.

NEUBURGER, Robert, *Exister. Le plus intime et fragile des sentiments*, Paris, Payot & Rivages, 2014.

SEMERIA, Yves, *Le Gros Mot*, Paris, Quintette, 2001.

YALOM, Irvin, *Thérapie existentielle*, Paris, Galaade, 1980.

ARTIGOS

CLANCE, Pauline Rose e IMES, Suzanne A., "The imposter phenomenon in high achieving women: Dynamics and therapeutic intervention", *Psychotherapy Theory, Research and Practice,* vol. 15, nº 3, 1978, p. 241–247.

COWEN, Alan S. e KELTNER, Dacher, "Self-report captures 27 distinct categories of emotion bridged by continuous gradients", *Proceedings of the National Academy of Sciences of the United States of America,* primeira publicação, 5 de setembro de 2017, https://doi.org/10.1073/pnas.1702247114/.

ONISHI, Kristine H. e BAILLARGEON, Renée, "Do 15-month-old infants understand false beliefs?", *Science,* nº 308, 2005, p. 255–258.

RUSS, Nicole, "Le thème de la mort dans l'ouvre de Rainer Maria Rilke", *Santé mentale au Québec,* 7 (2), 1982, p. 147–150, https://doi.org/10.7202/030153ar/.

TUGEND, Alina, "Tiptoeing out of one's comfort zone (and of course, back in)", *The New York Times,* 11 de fevereiro de 2011.

WHITE, Alasdair, *From Comfort Zone to Performance Management: Understanding Development and Performance,* White & MacLean Publishing, 2009.

LEITURAS SUPLEMENTARES

ALAIN, *Propos sur le bonheur,* Paris, Gallimard, "Folio Essais", 1985.

CÍCERO, *Devant la mort,* Paris, Arléa, 1991.

CÍCERO, *Saber envelhecer seguido de A amizade,* Porto Alegre, L&PM, 1997.

PAVESE, Cesare, *Le Métier de vivre,* Paris, Gallimard, "Folio", 2013.

ROUSTANG, François, *La Fin de la plainte,* Paris, Odile Jacob, 2000.

MARCO AURÉLIO, *Pensées pour moi-même, suivi du Manuel d'Épictète,* Tradução e apresentação por Mario Meunier, Paris, Flammarion, "GF", 2002.

SÊNECA, *Edificar-se para a morte — das cartas morais para Lucílio,* Petrópolis, Vozes, 2016.

Notas

INTRODUÇÃO

1. Citado por Irvin Yalom, *Thérapie existentielle*, Paris, Galaade, 1980, p. 346. O psiquiatra Irvin Yalom é pioneiro e um dos representantes da psicoterapia existencial.

2. Mais especificamente, psicólogo clínico inscrito no campo das terapias existenciais. As terapias existenciais se preocupam com as angústias que as pessoas desenvolvem diante dos limites da condição humana: a morte, a falta de sentido, a solidão, a responsabilidade. Para este assunto, pode-se consultar as valiosas obras de Jean-Luc Bernaud: *Introduction à la psychologie existentielle*, Paris, Dunod, 2018 ; e *Traité de psychologie existentielle. Concepts, méthodes et pratiques*, Paris, Dunod, 2021.

I — O MEDO DE CRESCER

1. Citado por Irvin Yalom, *op. cit*, p. 344.

1. A PARTE DA INFÂNCIA

1. GONCOURT, Edmond; GONCOURT, Jules. Journal. *Mémoires de la vie littéraire*. Paris: Robert Laffont, 2014.

2. Para saber mais a respeito desse assunto, veja meu trabalho *Pensées qui font maigrir*, Paris, Albin Michel, 2019.

3. A respeito desse tema, é proveitosa a leitura de Anne-Laure Buffet: *Les Mères qui blessent*, Paris, Eyrolles, 2019.

4. Guedeney, Nicole e Guedeney, Antoine, *L'Attachement: approche théorique. Du bébé à la personne âgée*, Paris, Elsevier Masson, "Les âges de la vie", 2009, p. 10.

5. *Ibid*; p. 13.

6. Séméria, Eudes, *Les pensées qui font maigrir, op. cit.*

2 — A entrada na vida adulta

1. Yalom, Irvin, *op. cit*; p. 195.

2. Hadot, Pierre, *Discours et mode de vie philosophique*, Paris, Les Belles Lettres, 2014, p. 114.

3. Cheng, François, *Cinco meditações sobre a morte — aliás, sobre a vida*, Editora Autoral, 2019, p. 14.

4. Dzierzynski, Nathalie, Goupy, François, Perrot, Serge, "Avancées en médecine narrative", In: Plagnol, Arnaud, Pachoud, Bernard, Granger, Bernard, *Les Nouveaux Modèles de soin. Une clinique au service de la personne*, Paris, Doin, 2018.

5. *Ibid.*

II — O medo de se afirmar

3 — A busca de uma imagem de si

1. É um ponto em comum entre o autoinsulto e o palavrão ou xingamento, o que não é uma observação banal. Pode-se ler sobre este tema em Yves Séméria, *Le Gros Mot*, Paris, Quintette, 2001.

2. Clance, Pauline Rose e Imes, Suzanne A., "The imposter phenomenon in high achieving women: Dynamics and therapeutic intervention", *Psychotherapy Theory, Research and Practice*, vol. 15, nº 3, 1978, p. 241–247.

4 — A busca de um lugar

1. Citado por Irvin Yalom, *op. cit*; p. 521.

2. *Ibid.*

3. Maris, Bernard, *Antimanuel d'économie*, Paris, Bréal, 2003 e 2006.

4. Neuburger, Robert, *Exister. Le plus intime et fragile des sentiments*, Paris, Payot & Rivages, 2014, p. 21.

5. Trechos citados com o consentimento de Leyla (pseudônimo), a quem agradeço imensamente.

III — O MEDO DE AGIR

5 — Do medo de escolher à ruminação mental

1. DUFOURMANTELLE, Anne, *Éloge du risque*, Paris, Rivages Poche, "*Petite Bibliothèque*", 2011, p. 11.

6 — Do medo de agir à procrastinação

1. Fonte: CNRTL, Centre national de ressources textuelles et lexicales [Centro Nacional de recursos textuais e lexicais].

2. WHITE, Alasdair, *From Comfort Zone to Performance Management: Understanding Development and Performance*, White & MacLean Publishing, 2009.

3. TUGEND, Alina, "Tiptoeing out of one's comfort zone (and of course, back in)", *The New York Times*, 11 de fevereiro de 2011.

4. Entre outras boas obras, pode-se citar a de Anne-Marie Gaignard, *Coaching orthographique : 9 défis pour écrire sans faute*, Paris, De BoeckDuculot, 2010.

IV — O MEDO DA SEPARAÇÃO

7 — A relação consigo mesmo

1. Citado por Sêneca em *Cartas a Lucílio* (6–7). Hécato de Rodes é um filósofo estoico que viveu no início do primeiro século de nossa era.

2. YALOM, Irvin, *op. cit.*, p. 520.

3. COWEN, Alan S. e KELTNER, Dacher, "Self-report captures 27 distinct categories of emotion bridged by continuous gradientes", *Proceedings of the National Academy of Sciences of the United States of America,* primeira publicação, 5 de setembro de 2017, https://doi.org/10.1073/pnas.1702247114/.

8 — A relação com o outro

1. Fonte: CID-10, Classificação Internacional de Doenças (OMS).

2. Proposto pelo dr. Philippe Pinel no século XIX.

3. Identificado pelo filósofo Théodule Ribot (1896).

4. KERNBERG, Otto, *La Personnalité narcissique*, Dunod, 1997; reed. 2016.

5. TRISTAN *et al.*, 1977; BERTRAND, 1982; BARROIS, 1984.

6. Fonte: CNRTL, Centro Nacional de Recursos Textuais e Lexicais.

7. Não deixaremos de pensar no mito relatado por Platão em *O Banquete* (por meio da voz de Aristófanes), segundo o qual, no princípio,

os seres humanos eram seres circulares, com duas cabeças, quatro braços e quatro pernas. Eles eram de três tipos: masculino, feminino ou andrógino. Zeus, querendo puni-los por sua arrogância (já que eles tentaram escalar o Olimpo), os dividiu em duas partes. Desde então, cada metade busca a sua outra metade. Diz o mito que essa seria a origem do amor.

8. SÉMÉRIA, Eudes, *Le Harcèlement fusionnel*, Paris, Albin Michel, 2018, p. 13

9. ONISHI, Kristine H. e BAILLARGEON, Renée, "Do 15-month-old infants understand false beliefs?", *Science*, nº 308, 2005, p. 255–258. Note-se que, até 2005, acreditava-se que a teoria da mente só era adquirida por volta dos quatro ou cinco anos de idade.

PEQUENO EPÍLOGO

1. RUSS, Nicole, "Le thème de la mort dans l'ouvre de Rainer Maria Rilke", *Santé mentale au Québec*, 7 (2), 1982, p. 147–150, https://doi.org/10.7202/030153ar/.

Este livro, composto na fonte Fairfield,
foi impresso em papel Holmen Book 60 g/m² na Geográfica.
São Paulo, outubro de 2023.